KB267000

부랑청년 전성시대

부랑청년 전성시대

| 소영현 지음 |

푸른역사

부랑청년 전성시대

차
례

‘영어약부득필사 英語若不得必死’의 정신으로 오늘을 사는 우리에게 국제 공통어는 의문의 여지없이 영어이다. 우리는 대개 영어를 통해 다른 인종과 만나고 다른 문화를 접한다. 아니 그렇다고 믿는다. 100년 전쯤에는 어떠했을까(‘그 시절’에도 외국과의 정치적, 사회적 혹은 학문적 국제 교류가 있었을까, 이런 식의 야만적인 질문만은 던지지 말자. 고조선의 건국 이래 조선 반도에 끊이지 않았던 외침이라도 상기하자!). 그렇다면 이런 질문이 가능할 것이다. 이 땅의 청년들이 ‘그 시절’에도 국제 공통어를 사용했을까. 그랬다면 과연 어떤 말을 사용했을까. 영어? 독일어? 중국어? 러시아어? 일본어? 답변은 예상한 대로다. 그들도 국제 공통어를 사용했다. 근대 초기의 수많은 인쇄물, 신문과 정기적으로 발간된 잡지들, 청년들의 모임을 대표하는 문집 속에서 그들이 말해준다.

흥미로운 것은 그들이 사용한 국제 공통어가 특정 한 국가의 언어가 아니라 ‘에스페란토’라는 이름의 신종 언어였다는 점이다. 서로 다른 언어와 문화를 가진 각국의 청년들이 '에스페란토'를 사용하면서 사상을 교류하고 우정을 나누었다. 근대의 청년들은 에스페란토로 번역된 수많은 외국 서적을 섭렵했으며 그리하여 그들은 우리의 예상보다 훨씬 빠르고 정확하게 외국 서적들을 읽고 영향을 받았으며 자신들의 고민 속에 녹여 놓았다. 최초로 근대 시집(《해파리의 노래》, 1923)을 발간했으며 국민시인 '김소월'의 스승으로 유명했던 김억이나 최남선·이광수와 함께 3대 천재로 이름을 날렸고 《임꺽정》으로 근대문학사에서 잊지 못할 이름이 되어버린 홍명희가 소문난 에스페란티스토였다는 사실도 알 만한 사람들은 다 안다. 이런 일도 있었다. 당시 《동아일보》에는 종종 세계적인 에스페란티스토의 글이 번역문 없이 원문 그대로 실리기도 했다. 에스페란토에 관한 한 번역문이 불필요한 독자의 수가 우리의 예상보다 훨씬 많았기 때문일 것이다. 그러니 보다 순정한 의미에서 국제 교류의 장에 놓였던 이들은 오히려 100년 전쯤의 청년 그들이었는지도 모를 일이다. 에스페란토의 경우를 잠시 들여다보았거니와 근대 초기에 발간된 인쇄물이 말해주는 '그 시절'에는 놀랍거나 예기치 못했던 사건들이 '의외로' 많다. 지금 우리의 삶을 뒤흔들 수 있을 정도는 아니라고 해도 '그 시절' 이야기들과의 만남이 즐거운 것은 연속적 역사 위에 박혀 있는 그 의외성의 영역들 때문일 것이다.

그러나 대개 보석처럼 박혀 있는 이야기들에 대한 우리의 반응은 그저 경탄에 그치는 말랑말랑한 호기심에 가깝다고 해야 할 것이다. 현재를 사는 우리가 '그 시절'의 이야기에 대해 기대하는 바는 대개 '아, 그 시절에도 이런 것들이 있었구나, 100년 전의 청년들도 이런 생각을 하고 살았구나'의 선을 넘지 않는 것이다. 우리 시대의 독자 다수는 그 시절의 이야기 속에서 조금은 낯설지만 우리의 예상을 크게 벗어나지 않는 과거들, '낯설지만 친숙한 과거'와 만나기를 기대하는 것이다. 입신출세의 열기가 뜨거웠다거나 유학을 떠났던 청년들이 무지렁이 '안해'를 버렸다거나, 혹은 불량 여학생의 집결지는 연극장이었다든가 하는 기록들은 그러한 기대를 저버리지 않을 만한 흥밋거리를 제공해주기도 할 것이다. 흥미롭지만 현재의 우리의 삶과는 조금쯤 거리가 있는 그런 이야기들.

여기서 묻지 않을 수 없는 것은 호기심으로 과거를 호출하는 이런 방식의 타당성이다. 엄밀하게 따져보자면 호기심의 선을 넘어선다고 해도 과거를 호출하는 방식이 크게 달라지지는 않는다. 아는 게 힘이고, 지식이 권력이니 세상을 계몽하는 지식의 힘에 비추어보자면, 알고자 하는 충동에 사로잡히는 것은 매우 소중한 것이 아닐 수 없다. 하지만 지적 호기심의 선을 넘어선 진지한 지성의 행보가 주로 과거 속의 낱낱의 일상에서 오늘을 꾸짖을 수 있는 귀감적 사례를 발견하는 길로 향한다면 이런 방식 또한 '그 시절'의 이야기에 대한 정당한 처리 방식은 분명 아닐 것이다. 100년 전의 그들이 그러했듯이, 미래의 후예들에게 삶의 지표가 되기 위해서만 우리가 오늘을 사는 것은 결코 아닌 것이다.

그리하여 우리는 지적 호기심으로 출발해 계몽적 교훈을 얻는 방식, 그 이상의 어떤 것을 원하는 시대에 이르렀다. 그간의 과거 호출 방식을 반성적으로 바라보아야 할 시점에 다다르게 된 것이다. 그렇다면 이제 우리가 질문할 수 있는 것은 과연 무엇일까. 우리는 '그 시절'의 이야기에 대해 무엇을 질문해야 하는 것일까. '그 시절'의 이야기들에 대한 '정당한' 처리 방식이 무엇인지를 질문해야 할까. 과거와 어떻게 만나야 할지를 '보다 진지하게' 고민해야 할까. 정직하게 말하자면, 과거를 호출하는 방식을 둘러싸고 진정한 변화가 요청되는 지점은 바로 우리의 질문법 자체라고 해야 한다. '과거와 만나는 정당한 방식'을 질문할 때 우리는 부지불식간에 어두운 지층에서 고요히 발굴과 조사를 기다리는 '어떤' 과거를 전제하게 된다. 그러나 근대 초기의 자료들을 잠깐이라도 들여다보면 누구나 알 수 있듯이, 그런 과거는 어디에도 없다. 가령 근대 초기는 얕고 부박한 시간 지대이자 짧은 순간에 많은 것들이 세워지고 흔적도 없이 사라질 수 있었던 역동의 시공간이었다.

'그 시절'의 이야기들은 고정되고 불변하는 체계를 구축하고 있지 않으며 당연하게도 매끈한 몇 개의 선분만으로 온전히 포착되는 단조로운 그림을 보여주지 않는다. 차라리 복합적이고 다층적인 무정형의 혼돈 자체에 가깝다. 과거는 현재의 전사前史이자 원형proto-type임에 분명하지만, '지금-여기'의 삶의 기원이 과거의 '바로 그 곳'에 고정되어 있는 것도, 과거로부터 현재까지가 기승전결의 선적 인과론으로 빈틈없이 채워져 있는 것도 결코 아닌 것이다. 그러니 우리의 시선은 오히려 그 질문들이 가능했던 근거지로 돌려져야 하며, 우리의 작업은 질문에 질문을 거듭하면서 답을 찾는 '과정' 자체가 되어야 한다.

물론 하나의 길은 기원 탐색의 '과정'이 될 것이다. 근대가 시작된 이후로, 대개 과거의 것은 나쁜 것으로 서구적인 것은 좋은 것으로 손쉽게 나뉘어져 버린 경향이 없지 않다. 이 가운데에서도 가장 문제적인 것은 근대의 개시라는 이름으로 많은 것들의 기원이 망각되었고 본래부터 있던 것처럼 여겨졌으며 우리의 일상을 구획하는 고정 불변의 틀이 되었다는 사실에 있다. 들추어보면 복합적으로 뒤엉킨 많은 문제들이 그렇게 해서 명료한 이분법의 세계 속에서 깔끔하게 정리되었지만 그 구도가 점차 딱딱해진 것도 사실이다. 따라서 일단 낡고 오래된 일상들과 딱딱해진 삶의 구획들에 의혹의 시선을 겨누어볼 것이다. 우리의 삶을 가능하게 하는 수많은 매트릭스들, 그것들이 고정된 것도 변하지 않는 것도 아니라는 사실을, 역사를 관통하는 시각이 우리에게 깨닫게 해줄 것이다.

이 '과정'에서 경계를 게을리 하지 말아야 한 것은, 아마도 기원 자체가 특권화될 수도 있는 매순간들이 아닌가 싶다. 기원 탐색의 '과정'은 기원 자체를 손쉽게 신비화해 버릴 수 있으며 순식간에 해방구를 성역화할 수 있다. 과거 자체에 대한 질문이 끊임없이 계속되어야 하는 까닭이 여기에 있다. 그러니 과거와 만나는 과정은 언제나 앞선 길을 지우면서 다시 그리는 덧씌우기 혹은 덧그리기의 '과정'이 되어야 할 것이다. 근대 초기에는 빠른 속도로 많은 것들이 사라지면서 등장했지만, 많은 것들이 오래도록 사라지지 않거나 받아들여지지 않기도 했다. 근대라는 것이 본래 동시성 속에 켜켜이 쌓여 있는 비동시적인 것들의 축적이라 일컬어지는 것은 각자의 근대가 이러한 복잡한 단절면을 이루고 있기 때문일 것이다. 어쩌면 이 불연속적인 단절면을 더듬어야 하기 때문에 우리는 과거 자체에 대한 질문을 거듭해서 반복할 수 있는 것일지도 모른다. '우리가 더듬고 있는 이곳은 과연 어디이며, 또 어떻게 이해해야 하는가'와 같은 질문들, 수만 갈래로 나뉘고 억만 겹으로 덧쌓이는 이런 질문들을 통해서 말이다.

박사 학위논문이 어렵다는 얘기를 종종 들어왔기 때문에 접근하기 쉽게 고치고 싶다는 생각을 해오던 터였다. '청년'을 둘러싼 이야기를 어떻게든 다시 써보자고 마음먹었을 때는 왠지 홀가분해진 측면이 있었던 게 사실이다. 그리 어렵지 않을 것이라는 막연한 자신감도 없지 않았다. 논문에서는 곁가지였기에 활용할 수 없었던 흥미로운 자료들을 복원할 수도 있겠다 싶었기 때문이다. 처음에는 아주 겁 없이 가벼운 마음으로 이 책을 완성할 수 있을 줄 알았던 것 같다. 그러나 시작하자마자 깨달은 것은, 나 자신이 당대 문학에 대한 비평문이든 학문적 글쓰기든 제도화된 영역을 벗어난 글쓰기 작업에 그저 우두망찰할 수밖에 없었다는 사실이다. 이 책이 학위논문에서 출발했고 어쩔 수 없이 그곳에 붙들려 있는 측면이 있지만, 그럼에도 학위논문과는 꽤 다른 지점에 가닿을 수 있었다면 그건 전적으로 이와 같은 불능의 경험을 통과했기 때문일 것이다. 글쓰기의 새로운 가능성에 대한 고민이 편차가 뚜렷한 다양한 글쓰기 실험을 촉구했으며, 실험의 결과는 청년문화를 둘러싼 불균질적인 글쓰기의 덩어리들로 흩어진 채 모여 있게 되었다.

열 네 개의 작은 이야기들로 이루어진 이 책은 1900년대 전후에서 1920년대에 걸친 시기에 근대의 대표적 인간형으로 선택되었던 '청년'을 중심으로, 청년이 불려나오고 만들어지며 분류되어갔던 구체적 장면들을 둘러본다. 때로 '청년'을 만들어내는 토양에 시선을 두기도 하고(기독교와 지역감정) '청년'이라는 이름이 지워버린 흔적들을 더듬기도 하면서(여성), 조각난 장면들을 잇대어 '청년' 시대의 희미한 상을 마련해볼 것이다. 이 책은 먼저 〈문화적 인간의 출현〉에 대한 이야기로 출발한다. '청년'이라는 말에 미래의 희망이자 가능성의 무한 지대라는 뜻을 아로새긴 근대 이후, 문화 청년은 시대의 극명한 단절의 지점들을 온몸으로 보여주었다. 그들은 말 그대로 새로운 시대를 열어젖혔다. 물론 좀 더 찬찬히 들여다보면 문화 청년의 출현 내부에는 또 다른 많은 이야기들이 담겨져 있다. 가령, 고급문화 취향을 향유하고자 했지만 그들 청년의 일상은 떠들썩한 소문만큼 그렇게 화려하지 않았다. 그들은 진지했으며 가난했고 열정적이었으나 때로 전투적이었고 본의 아니게 비열했으며 신랄했다. 이렇게 해서 청년을 둘러싼 이야기들이 서로 다른 층위의 작은 이야기들을 이끌면서 방사형으로 뻗어나가게 된다. 그러니 어지럽게 흩어져 있는 이러저러한 길들을 열어보면서 청년에 관한 이야기를 서로 다른 방식으로 자유롭게 직조하는 것도 충분히 가능하다. 물론 이야기들은 조금씩 예상을 벗어난 자리에 놓여 있을 것이며 작은 차이들이 낯선 결론을 말하고 있을지도 모른다. 그리하여 우리는 몇 번에 걸쳐 덧그려진 서로 다른 밑그림들의 중첩 속에서 복합적이고 다층적인 무정형의 희미한 흔적들을 어렴풋하게 상상해볼 수 있을 것이며, 그 겹쳐진 이야기들의 틈새로 우리가 발 딛고 있는 '지금-여기'를 '다르게' 바라볼 수 있는 여백의 시선을 마련하게 될지도 모른다.

2008년 6월
소영현

‘정임’ 과 ‘영창’ 이라는 ‘꽃미남’ , ‘꽃미녀’ 의 탄생을 예기한 최찬식의 《추월색》(1912)에서 대문 밖도 자세히 모르고 지내던 ‘정임’ 은 부산을 거쳐 동경까지 가는 긴 장정에 나서면서 이렇게 중얼거린다. 조선에서 “이 고생을 한 것도 도시 의복을 잘못 차린 까닭이오, 또 동경에 가더라도 조선 의복 입은 사람은 하등下等 대우를 한다는데, 이 모양으로는 아무데도 가지 못하겠다”고 말이다. 시대의 변화를 피부로 감지한 총명한 ‘정임’ 은 일본에 가기 위해 일본 옷을 입고 일본 쪽을 지고자 한다.[1] ‘정임’ 의 이러한 선택을 일본풍에 휩쓸린 유행병으로 비난해야 할까. 존재의 변화가 내면이 아니라 외면에서 온다는 것을 근대로 뛰어들고자 한 그녀 ‘정임’ 이 몸으로 깨닫고 있었던 것은 아닐까.

호모 쿨트라의 출현

근대의 소용돌이 한 가운데 놓여 있던 당대의 젊은이라면 누구든 근대적 청년이 되어야 한다는 시대적 요청을 피할 수 없었다. 나이와 성별에 무관하게 그들은 '우선' 근대를 내면화해야 했고 근대의 기수, 청년이 되어야 했다. 그렇다면 청년이 된다는 것은 무엇을 의미했는가. 근대-화化와 근대적 청년 '되기becoming'는 외모와 패션의 변화로부터 시작된 신체적 감각의 재편 과정이었다.

가상 시뮬레이션 프로그램 식으로 말하자면 그들은 일단 머리를 짧게 자르고 서구식 복장으로 갈아입어야 했다. 근대적 청년이 되기 위해서 남성이라면 세비로sack coat 양복을 갖춰 입고 맥고모를 쓰고 단장短杖을 들어야 했다. 도회 중심가에 위치해 있는 서점에 들러 수입 잡지나 서적을 둘러보고 만년필을 꺼내 뭔가를 끼적여보기도 해야 했으며, '히어로Hero'니 '호오니Honey'니 하는 담배나 '삿뽀로'니 '기린'이니 '아사히'니 하는 '삐루'에 대한 기호도 만들어야 했다. 여성이라면 긴 드레스나 양장 투피스 한 벌쯤은 마련해두어야 했다. 구두와 챙이 넓은 모자, 우산도 반드시 마련해야 할 장신구 목록에서 빠지지 않았다. 신식 학문을 배우면서도 백색 미인을 약속해주는 '호가액' 같은 미백 화장품류나 새로 소개되는 화장법, 패션 경향에도 꾸준한 관심을 기울여야 했다.[2] 유행에 따라 달라지는 치마 길이에도 신경을 써야 했고 여교사 같은 숙녀라면 왜사 적삼에 생수겹 저고리 한 벌 정도는 갖추고 있어야 했다.[3] 활동사진관 구경이나 야시夜市 산보에도 익숙해져야 했으며 때로 도서관이나 강연회, 음악회나 문예전람회에도 들러야 했다.

이런 변화가 어디로부터 왔는가를 묻는다면 일단 '외부로부터' 왔다고 해야 한다. 양복 입은 고종을 떠올려볼 수 있다. 갑신년 다음해인 을미년(1895년, 고종 32년)에 단발령이 공포되면서 조선은 공식 복장을 서양식으로 바꾼다. 1899년에는 외교관의 복장을, 1900년대에는 관리의 복장을 서서히 서양식으로 바꾸어간다. 외교관으로 외국에 나갔던 관리들이 구두를 신고 돌아왔으며, 개화인사, 유학생, 기독교 관련 인사들이 서양식 옷을 입고 구두를 신기 시작했다. 이에 따라 정부 요인과 상류층 남녀가 공식석상에서 양복을 입었다.[4] 이때 입은 남성용 양복이 세비로이다. 세비로는 18세기 유럽의 스포츠 복으로 나타났으며, 미국에서 크게 유행한 뒤 1870년대부터는 남성의 평상복이 된 양복으로, 당시 남성의 양복 차림은 이를 본 딴 것이었다. 그 차림은 우리에게도 익숙한 형태로, 상하의에 와이셔츠와 넥타이를 기본으로 하며, 와이셔츠 칼라는 둥글고 넥타이는 '나비넥타이'라고도 불린 보타이bow tie였다.[5] 긴 드레스나 투피스를 입고 머리를 올리고 챙이 있는 모자를 쓰고 양말에 굽이 낮은 구두를 신는 여성의 양장식 차림은 유학생이나 고관부인들로부터 시작되었다. 1896년 미국으로 유학을 떠났던 박에스터와 하란사河蘭史는 양장으로 돌아와 여의사가 되었다.[6]

대개 패션의 근대화는 여성의 것으로 논의되고 세간의 화제가 되었으며 비난의 대상이 되었다. 근대화에 대한 상반된 입장들이 보여주듯, 근대화의 대표적 표상이던 신여성은 '만나고 싶고 되고 싶은' 선망의 대상이자 맹렬한 비난의 대상이었다. 가령 서양식 구두가 소개된 이후에도 오랫동안 양말이 소개되지 않았기 때문에 벌어진 일이자 서구 문화가 소개되면서 벌어진 해프닝 가운데 하나일 뿐임에

도, 구두에 버선을 신고 도심을 거니는 신여성은 어설픈 근대화의 우
스꽝스러운 부산물로 비난되기도 했다. 그럼에도 분명 외면을 꾸미
는 방식으로 표출된 '근대—화'는 남녀 불문의 시대적 대세였다고 말
하는 편이 정당할 것이다. 그러니 어찌 보면 패션의 변화가 두서없이
이루어진 것과 '열망하는 자와 비난하는 자'가 동시에 양산된 것은
새로운 시대가 시작되는 첫머리에서는 의당 벌어질법한 심상한 현상
이었을 수도 있을 것이다.

현재에 있어서는 장식 또는 한서를 막는 두 가지 목적이 있다 할 수 있습
니다. 그러나 허영심을 만족하기 위하여 장식에만 힘을 쓰면 부지불식간
에 위생 방면에는 해가 됩니다. 제 일第一은 여러 가지 두텁게 입는 것이
좋지 않습니다. 옷을 두텁게 입으면 피부가 약하여지며 또는 모공으로부
터 체내에 오염물을 발산함에 방해가 됩니다. 제 이第二는 옷을 너무 길게
하는 것도 좋지 않습니다. 옷이 길면 동작하기에 불편할 뿐 아니라 땅에
있는 여러 가지 미균黴菌이 붙기 쉬운 고로 대단히 위험합니다. 제 삼第三
은 속옷이나 요대를 단단히 매는 것이 특히 유해합니다. 옷끈을 단단히
매면 횡경막의 신축을 방해하여 근의 운동을 저해하며 혈액의 순환을 불
편하게 하여 내장 제 기관이 압박됩니다. 또한 모양내기 위하여 적은 버
선이나 뒤축 높은 구두(양화洋靴)를 신는 것도 폐습입니다. 적은 버선을 신
으면 족부足部에 혈액순환이 불순함으로 그 성장을 방해하여 뒤축 높은
'구즈'를 신으면 몸이 항상 앞으로 숙여지는 고로 부자연의 자세가 되며
내장과 생식기에 악영향을 줍니다.[7]

그러나 실상에 보다 가깝게 다가가보면, 근대의 패션을 둘러싼 논란은 '그저 심상한 현상' 이상의 복합적 맥락을 담고 있다. 의식의 변화와 같은 보다 복잡한 이야기는 젖혀두더라도, 외면의 변화에 대한 지향에도 그 복석을 단일화할 수 없는 다종의 맥락이 놓여 있다. 의복이 외양을 꾸미는 것인지 추위를 막는 것인지에 대한 논란조차 손쉽게 마무리되지 않았다. 위생을 고려해서 의복을 차려 입는 경향이 근대의 한 면이라면 자신의 가치를 외면을 통해 드러내면서 정체성을 마련하려는 경향 또한 근대의 다른 면이다. 위생을 고려하지 않는 지나친 장식이 내실 없는 허영심으로 비난되기도 했지만, 위생을 위해 자신의 개성을 억압하는 것 또한 바람직하지 않다는 견해가 1920년대까지도 계속되었다. 다양한 층위의 논의가 계속되는 동안 위생을 고려해서든 허영심에 사로잡혀서든 외면의 변화를 통해 당대

→ 1910년대 잡지의 광고란에 가장 많이 등장한 품목은 시계와 안경, 양화, 양복, 모자, 만년필, 그리고 맥주와 연초였다. 특히 근대 초기에 금시계와 금테 안경은 신교육을 받은 청년들의 대표적 상징 가운데 하나였다. 그것은 학교를 우등으로 졸업한 학생들에게 시상되는 물품이었기 때문이다. 우등생은 공책, 연필에서 금시계, 금테안경까지 다양한 근대적 물품들을 상으로 받았다.

의 수많은 젊은이가 근대 청년이 되고 있었다. 물론 그 맥락과 의미
는 서로 달랐으며 지향 또한 같지 않았다. 동경하면서 혐오하고 변화
에 몸을 맡기고도 끊임없이 회의했다. '근대-화' 자체가 그런 과정
이었기 때문이다. 요컨대, 복잡다면함이야말로 '근대-화'의 요체였
던 것이다.

칼포를 들고 호가액을 사러 가는

외면 변화 가운데 가장 두드러진 변화인 의상은 '일단' 사회적 정체
성을 형성하는 데 중대한 역할을 한다. 사회적 신분과 성별의 표지로
서 의상은 상징적 경계를 유지하거나 때로 허문다. 때문에 '어떤 의

→ 근대-화는 먼저 외양의 변화로부터 왔다. 당시 청년들은 세비로 양복에 구두와 챙이 넓은
   모자를 갖춰 입는 것으로 근대적 청년임을 자임했다.

상을 선택하는가'는 각기 다른 시대의 사람이 사회 조직과 이미 결정된 신분 경계 안에서 자신의 지위를 어떻게 인식 했는지 알려주는 척도가 된다.[8] 예를 들어, 일본으로 유학을 떠난 팔봉 김기진은 1923년 5월에 러시아풍 외투 루바슈카를 걸치고 부산항에 도착했다.[9] 일본에서 《씨 뿌리는 사람들》을 통해 브나로드 운동과 만난[10] 청년 김기진은 자신의 사상적 전회를 루바슈카로 대변된 패션의 변화로 표현하고 있었던 것이다.[11]

마루는, 한복판에 도화심목桃花心木 테불을 놓고, 그 주위를 소파로 둘러 응접실로 만들었다. 그리고 안방은 침실, 건너 방은 서재, 뜰아래 방은 식당으로 정하였다. 놋그릇은 위생에 해롭다 하야 사기그릇, 유리그릇만 사용하기로 하고, 세간은 조선 의衣거리, 삼층장 같은 것은 거창스럽데 하여 전부 폐지하였다. 누구든지 그 집에 들어서면 첫 눈에 뜨이는 것은 마루 정면 바람벽 한 가운데 놓인 큰 체경 박히인 양복장과 그 양편, 화류목樺榴木으로 만든 소려한 탁자에 아기자기하게 언처인 사기그릇, 유리그릇이리라.

……

"피아노"

"오올치! 피아노!"

남편은 대몽大夢이 방성方醒하였다는 듯이 소리를 버럭 질렀다. 피아노가 얼마나 그들에게 행복을 줄 것은 상상만 하여도 즐거웠다. 머언하게 뜬 남편의 눈에는 벌써 피아노 건반 위로 북같이 쏘대이는 안해의 보얀 손이 어른어른 하였다.[12]

물론 청춘남녀의 근대적 자기연출법은 실상 외면을 꾸미는 방식에
그치지 않았으며 개인의 경계를 넘어 일상 전반으로 점차 전면화되
었다. 당연하게도 여기에는 그들이 꿈꾼 '이상적 가정'에 대한 열망
도 포함되었다. 현진건의 〈피아노〉에서 폭로되는 것은 '이상적 가정'
이미지를 떠받치는 '근대-추종주의자'의 허영심이지만, 동시에 작가
현진건은 '이상적 가정'이 구축되는 과정이 철저한 자기연출에 의한
것임을 알려주고 있기도 하다. 마루를 소파가 놓인 거실로 바꾸거나
안방을 침실로 꾸미는 일, 트럼프와 손톱 깎는 집게 같은 것을 갖추어
놓는 일, 위생을 따져 살림살이를 장만하는 일, 최신 유행하는 서양식
가구를 마련하는 일, 두드려본 적도 없는 값 비싼 피아노를 집안에 들
여놓는 일, 이런 일에 골몰하는 근대적 부부를 통해 현진건은 '이상
적 가정'이 저절로 탄생하는 것이 아니라 하루하루의 일상을 통해 만
들어져야 하는 것임을 분명하게 보여주고 있는 것이다.

당연한 말이지만, 그렇다고 '근대-되기'가 '외부로부터' 시작된
것만은 아니다. 변화의 스펙트럼은 이전에 없던 것의 등장에만 한정
되지 않았다. 많은 것이 이전과는 다른 맥락에 놓이고 새로운 의미를
부여받았다. 담배를 예로 들 수도 있을 것이다. 사실 담배는 조선인
의 일상에서 빼놓을 수 없는 일부였지만 특정인의 기호품은 아니었
다. 담배와 조선의 관계는 대개 부정적인 관점에서 이야기되었다. 대
한제국 시기의 외국 선교사들이 조선인의 이색 풍경으로 포착하기도
했거니와 근대적 인쇄매체가 발간된 이래 어디에서건 '조선에는 남
녀노소를 불문하고 곰방대를 물지 않은 자가 없다'는 한탄 서린 세
태 평을 발견하기는 어렵지 않았다. 어떤 이들에게는 의학적 효용이

높은 약물 대용으로 사용되었고 어떤 이에게는 생활의 여유를 자랑할 수 있는 부의 상징으로 활용되기도 했지만, 대개 담뱃대는 발 빠르게 근대화하지 못한 조선적 지체遲滯의 단면으로 지적되었다.

흥미롭게도 외국산 연초들이 수입되면서[13] 그런 담배가 곰방대가 아니라 궐련의 형태로 조선 사회에 하나의 고급한 취향으로 자리 잡게 되었다. 고급 취향에 일가견이 있었던 김동인이 맛 좋기로 유명한 칼포(칼표 궐련, 刀標 煙草)만을 고집했음은 잘 알려진 사실이다.[14] 1920년대 들어서면서 연초전매국에서는 담배 수입을 전면적으로 금지하고 전매국에서 제조한 권련만을 판매하라는 시행령을 내렸다. 이 시행령은 대대적인 담배 밀수를 불러왔다. 밀수 담배의 대표격은 당연하게도 칼표 궐련이었다.[15] 인력차부가 꺼내드는 담배가 칼표가 되는 시절이 오고야 만 것이다.[16] 물론 이런 변화에는 외래산 담배의 현격한 풍미 차이와 함께 이국풍 문물에 대한 호기심과 선망이 섞여 있었다. 그러니 엄밀하게 말하자면 국내 연초를 고급화한다고 한다고 해서[17] 외래산 담배에 대한 선호를 막을 수는 없었을 것이다. 궐련은 단지 궐련이 아니라 '새로운 것', '근대적인 것'을 의미하는 하나의 상징이었던 것이다.

전적으로 새로운 것이든 다른 맥락으로 이해된 것이든, 근대적 상품이 근대적 변화상을 단적으로 보여줄 수 있는 것은 그래서이다. 그러니 신문과 잡지에 실린 광고를 통해 근대 청년의 문화적 일상을 들여다보는 것도 충분히 가능하다. 광고를 통해 근대 청년이 원했던 '근대-화'의 실상을 품목들을 통해 확인할 수 있는 것이다.[18] 1910년대 잡지에서 광고란에 가장 많이 등장한 품목은 시계와 안경, 양화

(수제화), 양복, 모자, 만년필, 그리고 연초와 맥주였다.[19, 20] 양장식 구두와 양복, 양말과 다양한 형태의 모자, 시계와 안경, 만년필 등의 필기구 등이 광고에 등장하면서 양장 신사와 미인의 상이 구체적으로 마련될 수 있었다. 이 품목들을 통해(이는 이 품목들을 실질적으로 구입했는가의 여부와는 무관한데) 근대 청년들은 근대적 신체의 차별화된 표징을 마련할 수 있었다.

나는 크리스마스를 지난 지 이틀 후에, S와 S의 형님으로 더불어 진남포를 향하여 떠났다.

우리(나와 S) 머리에는 〈K와 그 어머니의 죽음〉으로 가득 차서, 엉성한 객차 안에 들어앉아서 차 떠나기를 기다리고 있었다.

S는 커다란 무테안경을 끼고 황갈색 낙타 목테를 휘휘 둘러 감은 채로, 외투에도 손을 찌르고 유리창에 기대어 앉았다. 무슨 그가 흔히 하는 괴상하고 별한 생각을 하고 있는 아무 말 없이 눈을 감고 있었다.

나는, S의 형님의 YMCA 설립의 필요와 서양인 배척 불가론을 "네네", "그래요 그래요"로 열심 없이, 나의 네플류도프 모자를 슬슬 쓸면서 듣고 있었다.

S는 끝에 은마구리한 지팡이를 가지고 슬슬 굴리기도 하고 칼포를 펄펄 피우면서 버얼건 스토브를 들여다보고 무슨 생각을 하고 있다. 그의 단골의 괴상한 예술관, 자연관, 인생관을 지어내는지, 어떤 소설의 복안을 꾸미는지 알 수 없거니와 좌우간 무슨 생각을 하고 있었다.[21]

매일신보지의 '호-카액' 광고가 뚜렷이 보인다.

'옳지 잊어버리지 말자. 나오거든 저것을 한 댓 병 사다주겠다. 영선은 도무지 화장 할 줄을 몰라서……' 또 중얼거렸다.

호-카액을 바르면 이렇게 얌전한 미인이 된다고 본 때를 보이기 위하여 그려 있는 일본 현대식 미인이 희미한 가운데도 눈이 말똥말똥해서 내려다본다. '왜 나를 자꾸 보나. 너는 싫다야. 미인은 싫여'[22]

이렇게 해서 당대의 눈으로 보면 '괴상한' 취향을 가진, 그러나 그런 방식으로 개성을 취하게 된, 그런 존재들이 등장한다. 그들은 서양 음악이나 미술에 전문가다운 조예가 있어야 했으며, 의복과 구두에 신경을 써야 했고 담배 한 갑이나 커피 한 잔에도 분명한 기호를 드러내야 했다. 은장식의 단장을 손에 쥐고 칼표 담배를 퍽퍽 피우며 연인에게 '호가액'을 선물할까 하는 사이, 그들만의 청년 문화가 그곳에서 지펴지고 있었다.

명월관 : 하등사회의 영업장? 문화의 명소?

그렇다면 근대 청년이 그들만의 문화와 예술을 논했던 공간은 구체적으로 어디였을까. 근대를 '박래 泊來' 적인 것으로 경험할 수밖에 없는 후발 근대 주자들에게 공공 영역과 사적 공간은 엄밀하게 구분되기 쉽지 않았다. 가령 서양 음악을 만날 수 있었던 유성기는 일반적으로 주관적이며 타인과의 소통이 불가능한 칸트적 취향 taste 의 계발과 연관된 박래품이지만, 1900년대 전후의 조선에서 유성기는 연설과 토론이 이루어지는 공공의 장소에서 대중의 관심을 끌기 위한 호객의 도구로 활용되었다.[23] 만민공동회 등의 토론–연설회는 대중이 정치사회적 관심을 드러낼 수 있는 공공 영역의 등장을 의미하기도 하지만 공적 의사소통을 가능하게 해 줄 개인이라는 단위가 이 과정과 맞물려 만들어지기도 했다.[24] 연극이나 영화와 같은 문화 행사의 경우도 다르지 않았다. 그러니 근대 초기의 청년 공간을 둘러보는 자리에서는 공적/사적, 문화적/비문화적 경계에 대해서 좀더 유연해질 필요가 있다.

이런 관점에서 보자면, 영국에 커피하우스가 있었고 프랑스에 살롱이 있었으며 조선에는 명월관이 있었다고 말할 수도 있을 듯하다. 문예적이고 정치적 비판의 거점이 되었던 커피하우스나 살롱과 기생(예기)을 만날 수 있는 요리점이 동일한 가치를 지닐 수 없었음은 분명하다.[25] 명월관은 궁중요리와 고급 술 그리고 기예를 파는 요릿집이었다. 가무성歌舞聲이 높았으며 공연하는 기생들의 자태가 화려했던 곳이다. 연극장이나 화류계와 함께 요릿집이 '하등사회의 영업장'이라든가, '부랑청년의 집합소'라든가 하는 비난의 소리가 높았던 것은 이런 연유에서이다.

그러나 근대 초기의 대표적 문화 공간이던 종로 청년회관이나 예배당을 청년 문화의 산실이라고 부르기에는 수적으로 너무 미흡했다. 일본 유학생이나 엘리트 청년들이 주고객층이던 다방이나 살롱도 끽다점喫茶店 이상의 의미를 갖는 공간이 되기는 1920년대 말에서 1930년대 초 무렵에 이르러서이다. 그것도 '남촌의 카페, 북촌의 빙수집'이라는 말이 말해주듯, 남촌의 카페가 북촌까지 번져가기까지는 10년 이상의 시간이 소요되었다. 사실 다방이나 카페와 같은 공간 역시 자유로운 의사 표현과 토론이 가능한 공공의 영역이었다기보다 대체로 내밀한 사적 개인을 발견할 수 있는 영역으로 기능했다.[26] 무엇보다 1930년대 전후로 번창했던 다방과 카페의 가장 큰 특징 가운데 하나가 '에로 서비스'와 음담패설, 연애 분위기와 같은 것이었음을 염두에 둔다면, 명월관과 카페 사이의 간극은 그리 크지 않았다고 보아야 한다. 명월관이 청년들의 문화적 소통 공간일 수 있었던 시대 조건이 여기에 있다.

청풍명월에서 이름을 따온 명월관은 1909년에 궁내부 주임관奏任官 및 전선사장典膳司長이던 '안순환'이 궁중에서 나와서 차린 요리점이었다. 명월관 본점은 종로구 돈의동 145번지에, 지점은 종로구 서린동 147번지에 있었는데, 1918년 명월관이 화재로 불에 타자, 안순환은 이후 새롭게 태화관[27]과 식도원을 세웠다.

명월관은 경성 요리점 중에 수위首位를 점하여 내외 인사의 상찬을 박득博得함이 십여 년에 달한지라 설비는 별반 흠결함이 무無하다 위謂할지나 내객 면목을 수隨하여 응접에 소홀한 폐도 불무不無하겠고 단但히 삼층옥의 서변西邊에 초자창硝子窓을 무수히 동개洞開하였음으로 매야每夜에 가무성歌舞聲이 인이人耳를 경동警動하며 무수영舞袖影의 인목人目을 현란眩亂하기로 내인來人 거객去客이 여운회집如雲會集하여 신교상新橋上과 광장 중에 만이만목萬耳萬目이 영롱황홀玲瓏怳惚하여 천상선락天上仙樂과 여如히 환도環堵(담을 돌다)관청觀聽한 즉 혈기미정血氣未定한 청년인과 심지요탕心志搖蕩한 부랑자가 자연 염이艶羨하여 유희적 사상을 돌연 야기惹起할지니 차此

는 풍기風氣의 상손傷損하는 바라 유시由是로 문명사회의 연회하는 요리점이 거개 심오深奧하여 성색聲色의 천로淺露함을 기피함도 사회면목을 존중하는 바이니 동관 서변에 격자창을 폐쇄하고 조장홍벽雕牆紅壁으로 개축하여 내객의 좌석을 안온케 하고 외인外人의 관청觀聽을 방두防杜하기로 급급 개량함을 희망하는 바이오[28]

1918년 9월 《반도시론》에 실린 〈경성의 요리점과 기생〉이라는 글에는 1910년대 후반의 대표적인 요리점과 기생조합이 소개되어 있다. 명월관, 장춘관長春館, 태화관太華館, 혜천관惠泉館 등의 요릿집의 문제점이나 개선되어야 할 점이 지적되고 있으며, 광교조합, 다동조합, 한남조합, 신장조합 등의 기생조합의 명칭의 유래와 특징이 간략히 소개되고 있다. 이 글에 따르면 불에 타 소실되기 전의 명월관은 설립된 지 십여 년에 달했으나 손님들에게 두루 평이 좋은 요리점이었다. 기생들의 가무와 연희가 과도한 곳이기도 했다. 문명사회의 연회에는 기생의 가무와 연희가 어울리지 않는다는 비판도 시작되고 있었다. 〈경성의 요리점과 기생〉의 필자는 담을 세워 방문객을 위한 편안한 좌석을 마련할 때 명월관이 근대적 공간으로 다시 태어날 수 있을 것이라는 발전적 방안도 내놓고 있었다.

여기서 다시 묻지 않을 수 없는 것은 '명월관이라는 공간과 근대 청년문화의 상관성'이다. 명월관은 그저 구태의연한 연희의 공간이자 부랑청년들의 타락의 온상지였을까. 동일한 질문을 기생조합을 향해서도 던질 수 있다. 기생들은 진정 청년을 타락시키는 불온한 존재들이었는가. 최근의 연구가 밝혀주고 있듯이, 실상 기생조합에서는 레코드를 취입하고 악기와 춤을 공연하는 대중적 스타가 탄생하고 있었으며, 이들을 중심으로 이전에는 없었던 새로운 문화가 구축되고 있었다. 청년을 포함한 대중의 일상에 중대한 지각 변동이 일어나고 있었으며, 무엇보다 근대 초기에 새롭게 만들어지고 있던 문화에는 현재적 기준에 따르면 고급과 저급으로 나뉠 다양한 층위가 뚜렷한 구분 없이 한데 뒤엉켜 있었다.

> 보성전문학교 법률 제 이회 주학 졸업생 리민홍 남형우 윤세영 씨 등이 삼월 일일에 혜천탕에서 연회를 배설하고 교사와 임원과 강사를 청하여 대접한다더라[29]

> 이번에 일어졸업생 삼십여 명이 작일 하오 사시에 해교 교사를 명월관으로 청하여 대접하였다더라[30]

실제로 당시의 신문 기사들을 통해 살롱과 다방이 존재하지 않던 시절, 명월관은 고관대작, 엘리트 지식인, 애국지사, 예술가가 함께 드나드는 조선의 대표적 명소이자 명실상부한 회합의 장소였음을 확인할 수도 있다. 1910년대 중후반까지도 명월관의 실질적인 주고객은 대개 부유한 집안의 자제들이었지만, 1920년대 전후로 이곳을 이용하는 고객층은 일본 유학생으로 바뀌며 점차 문인과 신문 매체 관련 인사들이 주고객층을 이루게 되었다.[31] 이 시기를 거치면서 고등인사와 엘리트 청년들의 환송과 축하, 졸업과 송년 행사가 이곳에서 치러졌다. 명월관 등의 요릿집은 종로 청년회관이나 예배당과 함께 공공연한 청년들의 회합의 장소로 활용되고 있었던 것이다. 조금 과장하자면 유학생 청년들의 요릿집 출입은 타락의 징후라기보다는 점진적으로 소비문화적 주체가 되어가는 과정의 산물이었던 셈이다. 정치·사회·문화의 영역이 점차 분화해가면서 청년의 공간 내에도 그에 따른 분화가 일어나고 있었던 것이다.

문화적 인간의 출현

외면의 변화로부터 시작된 근대 청년의 어렴풋한 형상은 반복되는 일상으로 구체화되면서 신인류의 탄생을 선포하게 된다.

세민은 얼굴이 갤속한 듯하면서도 타원형이오, 눈에는 샛별 같은 정기가 나타나고 키가 날씬한 미소년이다.[32]

영순英淳은 금년 이십 사세의 꽃 같은 청년이다. 얼굴이 윤곽은 갈족하고 살빛은 희며 이마가 훤하고 눈썹이 검으며 눈이 파랗고 뺨이 토실하여 일반 친구는 그를 '미소년'이라고 별명한다. 세루[33] 양복을 입고 분홍 와이셔츠에 파란 넥타이를 맨 후 새까만 캡을 쓰고 어디로 나아갈 때는 '청춘의 미'를 유감없이 발휘한 참말 미소년이라는 별명에 부끄럽지 아니하리만치 어여쁘다.[34]

갸름한 얼굴에 살결은 하얗고 이마가 훤하며 눈썹이 까맣고 눈이

총기로 빛나며 뺨이 토실한 그들은 어느 양가집 규수가 아니다. 시와 소설을 주업으로 삼는 예술가를 자처하는 이들 미소년은 음악회 등 문화 행사에 참여하고 도시생활을 즐기는 청년 예술가이다. 최첨단의 근대 문화를 온몸으로 체현하고는 있지만 그들이 휘황한 근대의 풍경에 부나비처럼 뒤따르는 것은 아니었다. 그들은 근대의 소용돌이와 거리를 유지하고 적막과 우울을 느끼는 존재이자, 공상과 사유를 즐기고 내면세계를 확보하고자 하는 낭만적 예술가 상에 가깝다.

만세 사건으로 경성 감옥에 3개월째 갇혀 있는 〈운명〉의 '오동준'의 유일한 즐거움은 이런저런 공상을 하면서 시간을 보내는 일이다. 흥미롭게도 그는 연인인 'H'와 결혼식을 하고 만주지방을 거쳐 시베리아로 가보는 공상으로, 톨스토이가 농사를 짓던 '야스나야 폴리야나'로 가보아야겠다는 희망으로 들뜬다. 청년 화가인 한 청년은 머리를 자라는 대로 그냥 두는 것에서 자연의 미와 예술가의 혼을 발견하고자 했다.[35] 그들 청년이 치장한 외양이 때로 허영처럼 보이고 겉멋처럼 보이는 것은 그들이 보여준 과도한 낭만성 때문이기도 하다.[36]

패션의 첨단을 걸었든 파격적 패션을 추구했든 그들 청년은 엘리트 청년 일반과 자신을 '문화적 존재'의 이름으로 구별 짓고 있었으며, 따라서 이들 청년은 한편으로 '도회적인, 지적인, 모던한' 존재로서 열렬한 동경의 대상이었으나 동시에 '허영심으로 가득찬, 경박한, 센티멘탈한' 이미지로 격렬하게 비난받는 존재이기도 했다. 시대의 아우라였던 이들이 이전과는 다른 감각과 경험의 경계를 보여주고 있었기 때문이다. 그들 자신이 첨단 문화의 표징이면서 또한 그들은 언제나 보다 첨단의 세계를 향해 만족할 줄 모르는 갈증을 겪어야 했던 존재들이었다. 이른바 문화적 인간이 출현하고 있었다.

덧없이 흘러가는 유혹의 소용돌이는 패션으로 외면화된 근대 자체이기도 하다. 그러나 항간의 오해와는 달리, 외면의 변화를 통칭하는 패션이 그저 사라져버릴 덧없는 것만을 의미하지는 않는다. 오히려 패션은 긴 역사적 관점에서 보자면 허영심의 표현이거나 사회적 정체를 구성하기 위해 왜곡된 정념이 아니라 모더니티 자체의 일상화라고 해야 한다. 모더니티를 선언한 보들레르가 말했듯이 모더니티란 '시간화된 비시간성'인 이중화된 경험 구조이다. 근대적 청년의 등장이 패션과 함께 시작되고 '청년-만들기'와 '청년-되기' 열풍으로 드러난 것은 역사적으로 보더라도 당연한 현상이었다. 물론 이것이 다는 아니다. "안경을 끼고 구두를 신고 피아노를 연주하거나, 차를 타고 원족(소풍)을 가거나 배를 타고 해외로 나간"[37]다고 근대적 청년이 되는 것도 근대적 가정을 만들 수 있었던 것도 아니다. 패션이 사회적 정체성의 표지인 것만은 결코 아니었다. 의식의 미세한 영역에서 일상생활의 소소한 지점까지 그들은 근대적 지향을 향해 활짝 열려 있어야 했다. 청년의 풍경이 곧 근대의 풍경일 수 있는 것은 그래서이다.

다음은 1910년대 이후 경성 거리를 활보하던 부랑청년들의 특질에 대한 설명이다. 청년과 부랑청년은 이렇게 달랐을까. 부랑청년 구별법을 간단하게 소개해보면 이렇다. 그는 화려한 양복을 입고 금테 두른 안경을 쓰고 시계를 찬다. 당시 경성에서는 매우 드물던 자동차를 타고 데이트를 다니며 서양식 음식에 익숙하다.[1] 대개 학생 신분이기는 하지만 학교생활이나 공부에는 그다지 관심이 없다. 구두 신는 법, 사오십 원짜리 양복 입는 법, 스틱 드는 법, 서양요리 이름 알기, 술 먹는 법, 기생과 입 맞추는 법, 춤추는 법, 활동사진관이나 연극장에 가서는 특등석을 고집하는 법[2]에 대해서는 너무나 잘 알고 있다.

부랑청년 전성시대

공부야 하건 못하건 사상은 어찌 되었든 머리에 아무 대학모자나 쓰고 몸에 아무 중학 유니폼이나 입고, 가로街路 상에 썩 나서면 스틱크나 잘 놀리고 하숙에 돌아오면 하녀와 수작이나 잘하면 이 구하는 바 청년이라 할는가 …… 오직 신조의 세비로 양복에 금테 안경 금시계를 보기 좋게 꾸미고, 일본사람도 오히려 불급不及하리만큼 '세루하가마'[3]에 '기누다비'[4]나 떨쳐입었으면 기고만장하여 …… 지식상 기초는 아무것도 없고 시대적 자각은 천여하면서도 연애문학이 어쩌니 연극문제가 어쩌니 하여, 진지한 취미와 견확한 관찰도 결여한 피상적 예술관을 허장하여, 본업의 법률 공업은 낙제의 성적이로되 내직의 연극견습활동 사진관 출석에나 급제하였으면 족하다하는 청년을 구하는 바 기인其人이라 할는가?[5]

부모 잘 만난 덕분에 겨우 의식衣食 걱정 아니 하는 것을 큰 행복으로 아오, 사오인 혹 팔구인씩 떼를 지어, 이집 저집, 남촌 북리로 몰려다니며, 술 먹기가 큰 사업이오, 도박이 정해놓은 여흥으로 알고, 귀중한 시일을 무의미하게 허송하며, 그 중에서도 화류계까지 출입하면 으뜸가는 '한량'이라고 하며 …… 끊을 수만 있으면, 이런 것들과는 동포하는 관계를 칼로 베어버리고 싶소. 좀 너무 박절한 말 같지마는, 우리 동포도 이 이십세기의 다른 민족들과 같이, 어깨를 견주어 문명한 생활을 하고자 하면, 이런 유의유식하는 부랑청년들은 미친 개 토벌하듯이 있는 대로, 다 처없애버려야 하겠다고, 나는 단언하오.[6]

그렇다면 건전한 '청년'의 특질은 무엇이었을까. 흥미롭게도 '청년'의 묘사는 언제나 추상적이고 모호했다. 강건하다거나 근면하

다거나 열정에 찬 존재가 '청년'이기는 했지만, 그들은 하나의 이
상적 이미지에 가까웠다. 반면 부랑청년에 대한 묘사는 외모와 겉
모습에 집중되어 있고 어디에서나 생생했다. 그러면서도 천편일률
적이었다. 1910년대부터 등장하기 시작한 부랑청년에 대한 논의의
패턴은 이와 같으며 이 패턴은 그대로인 채 1930년대까지도 반복
되었다. 부랑청년에 대한 논의가 패턴화한 이유는 무엇일까. 부랑
청년이 비판의 대상이 된 메커니즘이 있다면 그건 과연 무엇이었
을까.

1910년대는 물론이거니와 1920년대에 이르러서도 지식인 청년들
은 청년의 청년다움을 매우 강조했으며, 동시에 청년답지 못한 청년
들을 강력하게 비난했다. 이때의 지식인 청년들이란 유학생을 포함
해서 조선에서 중학교 정도 이상의 교육을 받았거나 고등보통학교를
졸업한 정도의 지식을 가진 청년들을 가리켰다.[7] 이들의 등장과 함께
'부랑청년-불량청년'이라는 용어에 민족과 사회를 망각하고 그저
활동사진집이나 요릿집에 가서 노는 것밖에 모르는 자들이라는 내포
가 담기기 시작했다.

물론 이들만 부랑청년에 속한 것은 아니다. 민족이나 사회에 대한
기여 의사가 전혀 없는 청년들, 직업이 없거나 생산의 장에 속하지
않은 청년들, 개인적인 입신출세 욕망에 사로 잡혀 지식 습득을 관료
가 되기 위한 수단으로 사용하는 청년들, 부모에게 생활을 의지한 채
고루한 의식을 떨쳐버리지 못한 청년들, 유교 도덕에서 아직도 벗어
나지 못한 청년들과 서구 문명을 겉핥기식으로 흉내 내는 청년들이
모두 부랑청년으로 지칭되었으며 비판되었다. 지식인 청년의 눈으로

보면 청년의 일상적 삶이 문명과 근대의 원리에 일치하지 않을 때 그런 청년들이 바로 배척의 대상인 부랑청년이었다. 금테 안경을 쓰고 손에 꼬부라진 단장 하나를 집고 새 양복을 입고 나서면 개화꾼인 듯 보인다 해도[8] 그들 모두가 시대가 요구하는 청년은 아니었다. 근대 초기에는 특히 양복을 말쑥하게 차려 입고 '반도의 신사입네' 하는 불량청년들과 신식 머리에 말쑥한 옷차림을 하고 불량청년들과 어울리는 기생들이 집중적으로 비판되었는데, 실상이야 어떻든 그들은 순정한 청년들과 처녀들을 허영심에 빠져들게 하는 원흉으로 지목되었기 때문이다.[9]

문제는 고등부랑청년이다

우리 서울에는 부랑자가 많다 더욱이 고등부랑자가 많다. 그들의 이상을 듣고 보면 가히 사회개혁과 인문조장人文助長에 씩씩한 용기도 될 듯하고 그들의 지식을 촌도忖度하고 보면 능히 방탕아에 비참한 말로와 부랑자란 서러운 이름을 아무보다도 먼저 두려워 피하여야 옳겠거늘 어쩐 일인지 그들은 한갓 자기와 자기에 정신을 잃고 낮을 밤에 이어가면서 홍등녹주紅燈綠酒와 월태화용月態花容에 속절없는 쾌락과 꿈결 같은 환희에 유위有爲한 일신一身을 아낌없이 파묻기로 능사를 삼는다.

종로 네거리에 서서 해가 기울고 날이 새도록 살펴 보거라 하이칼라 양복에 노란 구두를 빠드득거리면서 외투 고비에다 두 손을 찌르고 무테 안경을 번쩍이며 허둥거리고 왕래하는 청년신사들에 십중팔구는 거의 다 어

느 중학 어느 전문 출신 아닌 것이 없고 어느 기생 어느 요릿집에 나지미
(단골손님: 인용자) 아니요 단골 아닌 이가 없다.[10]

부랑청년 가운데서도 가장 문제적인 집단은 고등 부랑청년 집단이
었다. 얼핏 살펴보아도 '고등'과 '부랑자'라는 말이 지닌 의미 사이
에는 어떤 불일치가 내장되어 있다. 이들은 왜 '고등'이고 어떤 이유
로 '부랑자'인가. 1919년 경성 풍경의 일부는 바로 이들 부랑청년이
차지하고 있었다. 근대적 학교를 다니면서 근대적 의식을 접했고 서
양 문화에 익숙했으나 그들의 의식을 일상생활에서 쉽게 펼칠 수 없
었던 존재들, 이들이 이른바 '고등부랑자'였다. 3·1 운동 전후로 변
혁의 기운이 이들에게 가져다준 양가적 감정, 희망과 좌절감을 가슴
에 품고 있었기에, 이들은 아버지 세대의 고루한 인습에 순순히 순응
하지도 근대적 일상을 살아갈 뚜렷한 방안을 마련하지도 못하고 있
었다. 과거 세대와의 단절을 의식 차원에서 이루어내고 있었지만 현
실에서는 부모에게 의존한 생활을 지속할 수밖에 없기도 했다. 그리
하여 이들은 의식과 생활의 간극 앞에서 살아 있는 시체生屍처럼, "참
담한 포로생활"[11]을 이어간 것이다.

이들 청년은 스스로 집안 식구와 자신들의 취미가 전혀 다르다는
사실을 안다. 사회에 대한 불만도 있다. 현재의 생활에서 아무런 의
미를 찾을 수 없기는 하지만, 큰 목소리로 사회적 행동을 하지는 않
는다. 이런 까닭에 그들은 누구와도 소통할 수 없는 고독의 고통을
겪게 된다.[12]

말하자면 이들은 실질적인 자살 형식을 취하지 않는다 해도 대부

분이 일종의 정신적 자살 상태에 놓여 있었다. 때로 이들 청년들은 반항아적 기질을 발휘하면서 현실을 거부하거나 타락의 나락으로 떨어지기도 했다. 신문 기사식으로 표현하자면 "경향 각처에 불량한 청년이 주색에 침혹沈惑하여 귀중한 금전을 소비함을 고사막론하고 천금으로 바꾸지 못할 방년芳年을 허송"[13]하기도 한 것이다. 근대적 의식을 피상적으로 받아들이고 따라야 할 유행처럼 받아들인 존재들이 없지 않으며 그렇기에 일부 청년들의 헛-근대화 의식이 비판의 도마에 오른 것은 나름의 사정이 있었던 것이기도 하다. 그러나 부랑 청년들이 술집과 기생집을 제집 드나들 듯 드나들었다는 사실의 이면에는 다른 맥락이 담겨 있기도 하다. 청년들 가운데는 실제로 의식과 일상의 간극을 해소하지 못한 채 현실에서 도피해서 스스로 부랑자의 외피를 덧쓴 경우도 없지 않았던 것이다.

타락 청년, 예술가 청년

근대 초기에는 '명월관'으로 대표되었던 기생집과 요릿집이 청년 타락의 단골 장소로 그려진 것이 사실이다. 기생집과 요릿집을 드나들며 사랑 타령을 늘어놓던 소설가들은 이런 의미에서 타락한 청년들이며, 당시 사회적 시선으로 보자면 예술을 하는 일, 소설을 읽는 일은 타락을 자초하는 길이었다. 1920년대 초까지만 해도 소설에 대한 사회적 인식은 대체로 불량청년이 이성을 유혹하려는 광고문이거나 편지에 불과한 것이었다.[14] 특히 당시의 문학작품은 대개 격변하는 세태 속에서 개성에 눈을 뜨면서 벌어지는 일들, 구세대와의 관계에서 발생하는 충돌과 번민을 세밀하게 보여주었다. 그리하여 주관적 감정에 치우친 경향도 적지 않았다. 사회 일각에서 문학을 불량배들의 '몹쓸 장난', '타락배'의 '자기변명'이라고 비판한 것도 그들의 과도한 감정 표현 탓이 크다.[15]

예술 종사자들은 스스로를 부랑청년으로 의식화하기도 했고 소설에 대한 오해를 해소하기 위해 논쟁에 나서기도 했다. 1910년대의 지식인 청년들이 현실과 의식 사이의 간극으로 고통 받았다면, 문학에서 부랑자는 종종 긍정적인 의미를 부여받았다. 이런 의미에서 미래를 이끌고 나갈 전위 부대와는 '다른' 청년상을 만들어내는 데 일조한 사람은 김동인이다. 김동인은 '예술청년=부랑청년'이라는 도식을 새로운 구도 속에서 재구성했다.

S-

자네가 죽었다는 것은, 참으로 우리들에게는 믿기 어려운 일이네. 우리의 눈앞에, 엄연히, 자네의 주검이 누워 있을지라도, 우리는, 역시 자네의 죽음을 믿기 힘드네. 자네가 죽어?

그러나, 사실은, 어찌할 수 없을 테지. 우리 몇몇 친구 가운데서, 자네는, 홀연히 없어지고 말았네. 자네를 불량청년不良靑年으로 보던 어떤 사회는, 자네의 죽음을, 오히려 기뻐할지도 모를 테지. 또는, 자네의 생활의 무규칙한 일면만 보던 사회는, 자네의 죽음을, 타락자의 자멸이라고까지 할지도 모르겠네. 그러나, 자네를 알던 모든 사회는, 자네의 죽음을, 조선의 불행으로 슬퍼하는 점을, 자네는 잊어서는 안 되네.

자네가 XX中學에 입학한 것은, 열두 살 나는 해이었었지. 내가 자네와 처음 만난 것은, 그때이었었네. 나는, 그때를 돌아볼 때는, 언제든, 토필을 들고 흑판에 나가서, 수학을 푸는 소년 천재를 보네.

그 뒤에는, 동경 건너가서, 나는, ○○교校 문과文科에 들 때에, 자네는 이과에 들면서, 우리는, 서로 좀 떨어졌지, 자네의 규칙 없는 생활은, 벌써 그때부터 시작되었네. 학과學科는 돌아보지 않고, 활동사진에 가서는 서양 사람의 풍속을 엿보고, 밤에는 술을 먹으러 돌아다니고 …… 그러던 자네가, 무사히 졸업한 것을 우리는, 오히려 놀라운 눈으로 보았네.

그리고, 또, 자네가 귀국하여, K인쇄회사에 월급쟁이로 들어앉을 때에, 우리는 또 한번 놀랐네. 자네 같은 사람이, 일정한 규칙에 복종하여야(하) 는 회사원이 되리라고는, 뜻도 안 한 바이므로. 그러나 얼마 아니 하여, 자네가, K인쇄회사 기사가 된 것은, 자네가, 미리부터 계획한 일인 줄을 알은 때의 우리의 놀람은, 얼마나 하였을 줄 생각하나? 자네 같은 사람에게, 계획이며 목적이라는 것이 있을 줄은, 뜻도 안하였네.[16]

1924년에 《개벽》에 실린 김동인의 소설 〈거츠른 터〉[17]에서 인쇄 기술을 발전시키기 위해 혼자 외롭게 실험을 거듭하다가 죽음을 맞이한 주인공 'S'는 전형적인 불량청년이다. 그의 생활의 상당 부분은 술로 채워져 있고, 무엇보다 그의 일상은 무규칙 자체였다. 그는 사회에서 통용되는 통념에 따라 행동하지 않았으며, 그에게는 일상생활에서 반드시 지켜지는 룰이라는 것이 없었다. 회사에 다니면서도 기상 시간이 일정하지 않아 출근하지 않는 날이 태반이며, 집에 친구가 찾아온다 해도 자신은 실험실에 틀어박혀 내다보지 않는 경우도 많았다. 불량청년 'S'는 평범한 사람의 눈으로는 이해하기 힘든 부류의 사람이었다.

그러나 김동인의 재해석에 따르면 그의 죽음은 '타락자'의 자멸이 아니라 '조선의 불행'이었다. 장례식에서 친구 'Y'가 읽은 조문을 통해 드러난 불량청년의 진면목은 다음과 같다. 그는 사회적으로 이해되기 어려운 존재였지만, 내면세계를 가지고 있었고 스스로에게 부여한 사명감과 미래 기획에 입각해서 자신만의 일상을 꾸린 존재였다. 청년과 불량청년을 가르는 기준이 무엇이냐에 따라 불량청년은 불량할 수도 아닐 수도 있었다. 누군가의 눈으로 보면 불량청년이지만 '다른' 시선에 의해 틀을 깨뜨리는 창조적 존재일 수 있다. 부랑청년에 관한 논의에서 우리가 기억해야 할 사실 가운데 하나가 이것이다.

청년과 부랑청년

그렇다면 도대체 청년은 누구이고 부랑청년은 누구인가. 언제부터 누가 청년과 부랑청년을 구분했는가. 'young/youth/young men'의 번역어인 '청년'(청년회, 오배청년吾輩靑年, 아동포청년我靑年同胞, 동포청년, 우리청년, 한국청년, 청년자제 등)이라는 용어는 기독교 청년 단체를 중심으로 사용되다가, 미디어의 영향력에 힘입어 1905년 이후 대유행어가 되었다.[18] 새로운 시대가 열린다는 것은 그 시대를 이끌어 갈 새로운 주체가 구성된다는 것을 뜻한다. 과거-현재-미래의 시간

구도 속에서 현재의 의미를 강조하는 근대가 시작된 이후, '청년'은 근대적 주체의 실질적 명칭이 되었다. 상실한 국권을 다시 회복하고 문명국가와의 격차를 좁힐 뿐 아니라 새로운 시대에 적합한 문화를 만들어낼 주체의 이름이 청년이었다.

그리하여 '청년은 사회의 운명을 지배하고 민족의 대표가 되어야 한다'[19]는 식의 논의가 인쇄 매체 곳곳에서 역설되었다. 그러나 이 논의들은 구호성 발언에 가까웠으며 실질적인 논의의 구체성을 확보하지 못했다. 연령이나 성별 혹은 계급 등의 구체적인 의미망 속에서 청년이 누구인가에 대한 질문은 반복되었으며, 누가 어떤 국가 형태와 어떤 문화 양식을 원하는가에 따라 그 실질적인 정의도 달라졌다. 청년 아닌 존재들에 대한 비판의 강도도 거세졌다. 청년론이 폭넓게 유행하자 발맞추어 부랑청년에 대한 논의가 급증했다. 언제, 어느 시기에나 청년론은 그 자체보다 청년이 아닌 자들 이른바 부랑청년에 관한 더 많은 논의를 거느렸다. 청년을 둘러싼 새로운 개념 규정이 부랑청년에 대한 정의 방식도 변화시켰다. 부랑청년에 대한 정의가 거꾸로 청년이 누구인지를 알 수 있게 해주었다. 주체를 구성하는 방식이 본래 그러하듯이, 실질적으로 부랑청년의 범주를 정하는 방식이 아니고서는 청년이 누구인가를 지칭하는 것은 불가능했기 때문이다.

1900년대 대표적인 신문 미디어인 《독립신문》이나 《대한매일신보》에서 '부랑자'란 게으르고 나태한 자들, 주색잡기에 빠져 가산을 탕진한 자들을 가리켰다. 근대화와 도시화가 촉진되면서 '부랑자'는 주로 허영심과 사치심에 물든 자들을 지칭하게 되었다. 민족의 미래를 짊어지고 구시대적 폐습을 몰아내야 할 의무를 수행해야 하며 학문에 정진해야 할[20] 청년이 자신의 임무를 소홀히 하고 사치심과 허영심에 들뜬 행동을 일삼을 때 그들에게 부랑청년이라는 레테르가 붙여졌다. 적어도 근대 초기에 청년다운 청년이 되기 위해서는 사치를 하지 않고 허영심에 들뜨지 말아야 했다.

‘청년’이라는 텅 빈 기호

‘청년’에 관한 논의로 조금만 더 들어가 보자. 젊은이와 청년, 미성년은 대개 ‘어리지도 늙지도 않는’ 중간적 존재를 가리킨다. 구체적인 함의 차이야 있겠지만, 그 미묘한 차이를 가늠하기는 쉽지 않으며, 교차 사용해도 무방한 용어들이다. 그러나 1960~1970년대에 청바지와 통기타로 상징되는 ‘청년 문화’가 그러하듯이, 근대 초기의 ‘청년’은 보다 특수한 맥락에서 사용되었다. 중국과 일본을 통해 유입된 번역어 ‘청년’은 민족의 중추이자 근대적 국가 건설의 주춧돌이 되어야 할 존재를 지칭했다.

오배청년이야말로 실로 국가의 중추며 주동력이니라.[21]

말하자면 과거와 결별하고 미래를 선취해야 하는 이상적 주체 모델이 바로 ‘청년’이었다. ‘청년’이라는 용어의 내포와 외연은 ‘과거’와 ‘미래’의 요청과 당위의 내용에 따라 바뀔 수밖에 없다. ‘청년’은 어떤 이념이나 시대적 요구도 수용할 수 있는 유동적 기호이다. 단일하지도 균질적이지도 않았으며 불확정적 성격을 가진 '청년'이라는 기호는 개체와 공동체의 관계성에 대한 물음을 해결하는 과정에서 개별적인 표상으로 구체화되었다. '청년'이라는 기호는, 개인과 사회, 민족과 국가, 계몽과 구국, 교육과 문화와 같은 영역 사이의 역학관계 속에 놓여 있었기 때문에, 개인이자 사회와 민족의 일원이라는 복합적 성격을 가지게 되었다. 청년 범주는 그 상관관계의 경계선상에서 만들어졌다.

'청년'이 경계선상에서 규정된다는 것은 구체적으로 무엇을 의미하는가. 청년 단체 가운데 하나였던 '청년학우회'를 잠깐 살펴보자. 1909년(융희 3년) 8월에 '신대한' 건설을 위해 모인 윤치호, 장안운 이외 18명이 중심이 되어 청년 단체인 '청년학우회'가 조직된다. '신대한'의 건설을 지향한다고는 했지만, 이 조직의 실질적 관심사는 정치적 혁신이나 사회적 제도 개혁이 아니었다. 이들이 내세운 조직 원리는 도산 안창호의 무실역행의 실천 즉 인격을 갈고 닦는 자기수양에 가까웠다. 때문에 '청년학우회'는 사회가 요청하는 인물을 육성하기 위해 지육智育, 덕육德育, 체육體育에 힘쓸 것을 강조했다.

'청년학우회'가 실행하고자 한 사업 내용을 살펴보면 정신문화적 개혁을 추구한 이들의 경향이 보다 분명하게 드러난다. 이들은 품행을 감독하는 일, 청년이 할 수 있는 공공사업을 실행하는 일, 근면하고 용감한 정신을 고취하는 일 등을 덕육의 주된 내용으로 삼았다. 체육항목에는 위생 관련 내용의 훈시, 운동장의 설비, 순회 경기를 시행하는 교육이 포함되었고, 지육을 위해서는 기관 잡지를 간행하고 유익한 서적을 간행하며, 도서종람소를 설립하고 순회강연을 실행하는 일, 토론회와 강연회를 실행하는 일, 간이 박물원을 설립하는 일 등을 추진하고자 했다. 청년 단체가 실행하고자 한 사업의 내용은 이것들이 실질적인 사회 운동으로 확산되는 1920년대 중반 이후까지 계속되었다. 새로운 사상인 사회주의가 도입되기 이전까지 청년 단체의 성격과 사업 내용은 대체로 이러했다.

청년의 등장과 '청년학우회' 활동의 상관성을 두고 기억해야 할 점은 두 가지이다. 각개 각층의 서로 다른 젊은이들은 복합적인 정치적 맥락 속에서 '청년'으로 호명된다. 그러나 '청년'이 누구이며 무엇을 해야 하는 존재인가라는 질문이 이루어지는 현실의 장에서는 정치적 맥락이 배경적 논의로 멀리 물러난다. 그러니 근대 초기의 '청년'의 출현과 관련해서 중요한 점은 정치적 호명의 메커니즘 자체가 아니라 '청년'이라는 이름에 새겨진 계몽의 내용들이었다. 누가, 누구를, 그리고 무엇을, 어떻게 계몽할 것인가가 청년을 호명하는 자리에서 우선적으로 논의되어야 했던 과제였던 것이다.[22]

그렇다면 다시 청년의 범주로 돌아와 보자. 개인과 사회, 민족의 경계선상에 놓인 것이 청년이라고 할 때, '신대한 건설' 주체로서의 '청년'의 함의는 매우 한정적이고 명료한 것처럼 보인다. 그러나 내적 함의는 실상 그리 단순하지 않다. '청년'이 '신대한 건설'의 전위가 되어야 한다고 할 때, '청년'의 내포는 '신대한'의 함의에 따라 달라질 수밖에 없는 유동적인 것이기 때문이다. '신대한'을 건설하려는 '주체들'의 성격 또한 이때 호명된 청년의 성격을 규정하는 중요한 변수 가운데 하나이다. 실질적인 정치 구도와 판도에 따라 배제해야 할 존재 즉 '청년-아닌-존재'를 규정하는 작업으로 '청년'의 함의는 다시 한 번 뒤바뀐다.

수많은 변수의 상관관계와 부정적 규정 속에서만 청년은 완결된 정체성을 향한 하나의 지향이자 형성적 범주로서 규정될 수 있다. 그리하여 청년 담론은 '청년-아닌-존재'를 배제하는 방식을 끊임없이 반복하면서 구체화되고 또한 무수히 많은 복수적 층위로 분화한다. 때문에 '청년'의 함의가 규정되는 과정을 고찰하는 작업은 '청년'을 호명하고자 하는 정치적, 이데올로기적 헤게모니의 국면 변화를 파악하는 작업이 된다. '청년'과 '청년-아닌-존재'를 가르는 기준은 한국 사회의 정치·사회적 국면을 가르는 중핵과도 같은 기준인 것이다.

부랑청년 전성시대

'청년-부랑청년'을 둘러싼 논의가 계속되지만 점차 학교 제도가 마련되기 시작한 1910년대를 거치면서 청년은 적절한 시기에 학교에 입학하고 공부를 해서 미래를 준비해야 한다는 의식이 생겨나기 시작했다. 이러한 변화 속에서 '부랑청년'은 허영심과 사치하는 마음에 들떠 미래를 준비해야 할 학생으로의 의무를 다하지 않는 존재들을 가리키게 되었다. 1910년대에는 《매일신보》에, 1920년대 이후에는 《동아일보》에서 실린 부랑청년에 관한 기사들은 주로 학교 제도에 편입되기를 거부하거나 여기서 이탈한 청년들에 관한 것이다. 심지어 1910년대는 부랑자 전성시대임이 선포될 정도였다. 여기에는 이유 없이 폭력을 일삼고 사회 질서를 교란하는 불량배들까지 포함되었다. 《매일신보》에 실린 기사들이 주로 부랑청년을 회개와 개과천선의 대상으로 다룬다면, 1920년대 이후의 《동아일보》는 이들을 검거의 대상으로 언급한다.

이 시기를 거치면서 부랑자를 다루는 방식은 사적인 방식과 공적인 방식으로 뚜렷하게 나뉜다. '사람치고 성질이 본시 부랑한 자는 한 사람도 없으며, 혹 예외로 부랑할 만한 소질이 있는 사람이라도 선량한 교육의 방법으로 예방할 수 있다' 는 입장에서 부랑자가 생겨나는 것을 미리 막으려는 시도가 생겨났다. 청년 자신의 학문이 천박하고 지식이 부족한 것도 문제이지만, 무엇보다 청년의 타락을 막지 못한 여타 원인이 해결되어야 한다는 것이었다.

기왕 가정교육을 수受한 자 학교교육을 수受한 자 사회교육을 수受한 자에 부랑한 자—최다最多하거늘 갱更히 하등교육을 수受한 연후에 능히 기과其過를 개改하고 기其 차差를 천遷할 자—유有하리오 …… 현금 청년은 거개 타락하고 거개 부랑하여 일인도 가히 인격을 유지하는 자—무無하다 위謂할가[23]

시대의 타락한 풍조를 개량할 때 부랑자의 출현을 막을 수 있다는 이런 논의는 실제로는 은밀하게 식민 주체의 통치 정책[24]과 만나고 있었다. 식민 주체는 통치의 착취 구조를 지속시키기 위해 최소한의 윤리와 도덕을 확립하고자 했다. 이러한 논의 맥락에서 청년의 "유희자료와 타락처소"인 기생조합과 요릿집을 법으로 금지시켜야 하며,[25] 공설공탁소와 부랑자감화원을 설립해서 부랑청년들을 가두고 교화를 시켜야 한다고 주장하게 되었다.[26] 여기서 부랑자가 생겨나는 원인과 책임이 부랑아를 제대로 교육시키지 못한 부랑적 부모, 나아가 부랑적 가정과 사회에 있다는 책임 전가 논리가 만들어졌다.[27]

가정과 사회의 교화와 더불어 1910년대 후반에 이르면 부랑자들에 대한 직접적인 법적 처벌도 이루어진다. 상습적으로 시내를 배회하면서 행인에게 행패를 부리고 폭행을 일삼는 부랑자들은 검거와 구속의 대상이 되었다. 1920년대 중후반에 이르면 "백주대로 상에서 공장에 통근하는 공녀工女에게 입에 담지 못할 악담을 건네거나 밤이면 공장 부근을 배회하면서 불미한 언사를 농弄하며 혹은 공사公舍의 문패門牌 떼기를 일삼는 부랑청년"[28]의 수는 급증했으며 그들, 조선 청년들이 점차 부랑자가 되어가는 현실세태, 부랑자의 수효가 증가하는 현상에 대해서는 일본 경찰 당국에서도 문제를 삼을 정도가 되었다.

그러나 사실 식민지배 당국이 이 문제를 국가, 사회 차원에서 심각하게 다루었는지는 의문의 여지가 있다. 부랑자들이 모이는 주요 거점 가운데 하나였던 유곽의 경우를 보더라도, 점차 모든 시가지에서 유곽이 늘어가는 추세였지만 식민 주체는 유곽을 법적으로 제재하려는 적극적인 태도를 취하지 않았다. 조선에서 매매춘이 성행하기 시작한 것은 1908년 9월 15일 '기생 및 창기 단속시행령 제정건'과 같은 해 9월 25일 기생과 창기를 구분하고 경시청령 제5호 '기생단속령'과 제6호 '창기단속령'을 제정하면서부터이다.[29] 특히 일제가 1916년 '유곽업 및 창기 취체규정'을 제정하면서부터는 유곽을 통한 매매춘이 공식적으로 이루어지기 시작했다.[30] 본래 이 규정의 취지는 요리점과 음식점을 통해 음성적으로 이루어지던 매춘업과 사창가를 단속하는 데 있었다. 그러나 공창이 당국에 세금을 내기 때문이었는지 단속은 요식행위에 가까웠다. 무엇보다 조선인 부랑자들은 일본인 고리대금업자들의 주 고객층이었다. 그러니 부랑자를 구속할 강경한 법률을 제정하지 않는 것은 식민 주체의 실질적 이득과 연관되어 있었기 때문이기도 한 것이다.[31]

어쨌든 거시적인 관점에서 보자면, 사회와 국가 원리에 위배되는 자들은 중심부에서 서서히 그러나 철저하게 분리되고 배제되어갔다. 1915년 9월 11일부터 10월 31일까지 경복궁 뒤 터에서 열린 박람회 이후, 두 번째로 박람회가 개최된 1929년 9월 12일부터 10월 31일까지[32] 50일 동안 경성 시내에는 대대적인 부랑자 검거 소탕 작전이 실시되었다. 이례적인 큰 행사를 앞두고 경찰서에서는 관내 여관과 음식점, 기생집, 요릿집 등을 수색하고 부랑자들을 철저하게 '미리' 검거했다.[33] 그리하여 이 시기에 이르면 부랑자는 그저 불법을 자행하는 검거의 대상일 뿐이게 된다. 식민 주체의 기준에서 보면 그랬다. 그런데 근대 초기의 청년-부랑청년 담론 전체를 놓고 보자면 부랑청년을 배제하는 논리는 '배제하려는 주체가 누구인가'와는 그다지 관련이 없었다. 요컨대, 부랑청년은 식민 지배자의 위치에서도 민족 지도자의 위치에서도 필요에 따라 배제하고 포섭하고 이용하는 존재, 국민이 아니면서 국민인, 민족이 아니면서 민족인 그런 존재였다. 문제는 부랑청년이 아니라 청년과 부랑청년을 가르는 기준에 있었던 것이다.

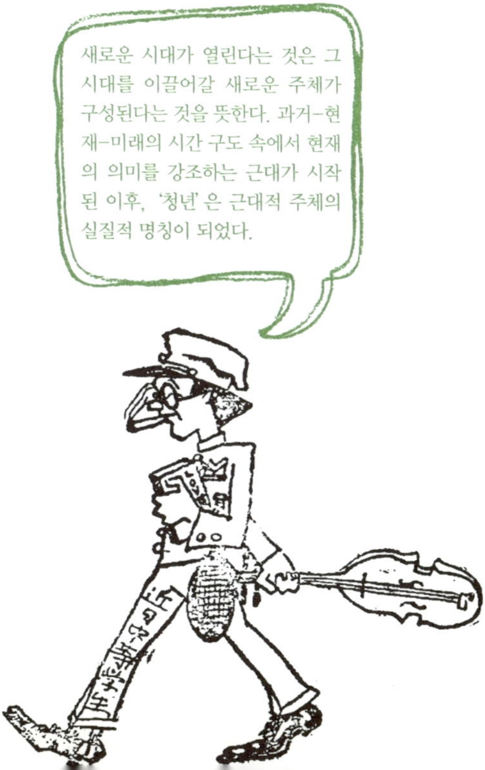

윤옥潤玉은 재조도 남보다 뛰여날 뿐 아니라, 또한, 향학向學의 정성도 남보다 특별한 고로, 공마公麼한 중학교 졸업만으로 만족할 수 업다―언제든지 해외유학을 해보리란 마음으로 자기의 할 수 있는 데까지는 부모에게 허락 있기를 운동하나 운동의 결과는 매우 재미롭지 못하다.[1]

치명은 그 부친의 명령대로 그 학업을 중지하고 고향으로 내려갈까 생각하였다. 아니 내려가면 부모의 명을 어기는 불효자로 생각하였다. 그러나 치명은 차마 학업을 버릴 수 없는 것으로 확인하였다. 설혹 일시의 불효를 감히 할지라도 학업을 계속함이 정당한 줄로 자신하였다. 자기의

입신출세의 시대

집은 그 형 치선으로 인하여 망함을 면치 못할 줄을 알았다. 그 형이 망하여 놓은 후에는 자기에게 부흥할 의무가 돌아올 줄로 확신하였다. 자기가 일시의 불효를 끼치지 아니하면 자기의 집은 영구히 망할 것으로 인정하였다. 치명은 필경 눈물을 머금고 내려갈 수 없는 뜻으로 상서上書하였다.[2]

원래 빈한한 집에서 생장했으나 학문을 닦아 훌륭한 사람이 되겠다는 큰 뜻을 품고 경성(동경—미국 등)에 올라와 낮에는 일을 하고 야학교를 통학하며 되도록 검소하고 소박한 '노력적' 생활을 하고,[3] 결국 성공해서 금의환향하는 것으로 완성되는 이야기는 급격한 근대화를 겪어온 우리에게는 매우 익숙한 내러티브 가운데 하나이다. 이는 학력을 통해 관료로 대변되는 제도의 중심부에 안착하는 것으로 상상되는 입신출세주의의 전형적인 내러티브이다. 물론 1970년대 이후 산업화 사회에 접어들면서 한국 사회에서 입신출세주의는 경제계의 성공 신화와 맞물려 한차례 변형을 겪으며, IMF 시대 이후 무한성장시대의 신화가 깨지면서 입신출세의 가능성은 매우 희박하거나 거의 불가능한 것으로 받아들여진 것이 사실이다. 그럼에도 한국 사회는 매우 오랜 기간 입신출세주의 신화에 사로잡혀 있었다. 특히 근대 초기에는 그 상상적 믿음의 열기가 대단했다. 이 경향을 설명해줄 수 있는 다양한 원인이 있겠으나, 기억해야 할 점은 이 경향이 입신출세를 실현한 다수의 사례에 의해 강화된 것만은 아니었다는 점이다. 입신출세주의는 근대로 편입되는 과정에서 당연한 수순처럼 나타난 근대적 주체 형성의 핵심 메커니즘 가운데 하나였다.

물론 입신출세주의를 바깥에서 바라보면 이렇다. 그러나 내부에서 바라보면 즉 입신출세주의를 내면화하고자 했던 청년들의 입장에서 바라보면 '다른' 논의가 가능하다. 청년의 입장에서 보자면, 입신출세를 하기에는 장애가 많았고 실패의 위험도 도처에 놓여 있었다. 입신출세주의 내러티브가 반드시 빛나는 성공만을 약속해주지도 않았다.[4] 《청춘》 3호에 실린 현상윤의 소설 〈박명薄命〉이 보여주듯이 미래의 행복을 위해 '동경'으로 유학을 떠나 법과에 입학한 후 해마다 우등성적으로 진급하고 졸업을 앞두었던 한 청년은 객지에서의 고생을 젊은 시절의 아름다운 추억으로 회상하고 싶었으나 금의환향하지 못하고 이국땅에서 불귀의 객이 되고 말았다. 입신출세는 노력하는 자 누구에게나 열린 가능성으로 청년들을 유혹했지만 개인의 노력만으로 그들에게 입신출세가 가능하지는 않았던 것이다. 새로운 건설의 시대에 낡은 채로 남겨질 것에 대한 공포감은 그들을 입신이니 출세니 하는 것들에 매진하도록 채찍질하기도 했다. "앞길에 사자가 입을 벌리고 달려오며 뒤로 호랑이가 으르렁거리고 쫓아오는 듯한 공포"[5]가 그들에게 전진의 에너지가 되기도 했던 것이다. 그렇다면 입신출세주의 내러티브는 어떻게 지금과 같은 정형성을 획득하게 되었을까. 우리는 언제부터 이런 내러티브를 자연스럽게 받아들인 것일까. 과연 무엇이 오늘날의 청년들에게까지 학력에 대한 열망을 내면화하게 한 것일까.

"하늘은 스스로 돕는 자를 돕는다." 우리에게 매우 익숙한 이 문구를 우리는 초등학교 시절, 전과목의 지침서이자 사전이자 학습 부교재였던 'ㅇㅇ전과' 류의 첫 페이지에서 만난 바 있다. 외국 속담이나 격언쯤으로 아는 이 문구는 실은 1859년에 영국인인 사무엘 스마일즈Samuel Smiles가 발간한 《자조론Self-Helf》이라는 연설모음집을 대표하는 일종의 표어이다. 출처도 분명하지 않은 이 문구가 어떻게 우리의 일상에 그토록 밀착될 수 있었을까.

《자조론》이 출간된 1859년은 역사적 전환을 선도한 주요 저작들이 발간되었다는 점에서 매우 뜻 깊은 해이기도 했다. 같은 해에 《종의 기원》(찰스 다윈, 1859)과 《자유론》(J. S. 밀, 1859)이 출간되고, 이 책들은 영국뿐 아니라 전세계로 번역, 소개되어 사회적 영향력을 행사했다. 《자조론》은 각계각층 인물들의 성공 사례와 그들의 불굴의 의지를 이야기 형식으로 서술하고 교훈을 전달한 일종의 소규모 위인전기 모음집이다. 이 책은 일본, 중국, 우리나라에서도 선풍적인 인기를 끌었다. 《자조론》의 인기는 유길준의 《서유견문》(1895), 후쿠자와 유키치福澤諭吉의 《학문의 권장學問のすすめ》(1871)·《문명론의 개략文明論之概略》(1875)·《서양사정西洋事情》(1866) 등에 견줄 만큼 높았고 그 영향력도 컸다.

일본에서 이 책이 처음 번역된 것은 1871년 나카무라 마사나오中村正直에 의해서이다. 그는 이 책을 《서국입지편西國立志編》이라는 제목으로 번역했으며, 이후 1906년에 아제카미 켄조畔上賢造가 이를

《자조론自助論》이라는 표제로 번역했다. 이 책들이 저본이 되어, 우리나라에서는 1906년 6월 25일 《조양보》라는 잡지의 창간호에 소개되고, 1906년에서 1908년 사이에 《대한매일신보》, 《서우》, 《대한학회월보》, 《소년》 등의 학회지와 종합잡지에 여러 차례 소개되었다. 최남선은 1918년 4월에 전체 13장 가운데 6장을 발췌한 번역본을 단행본으로 출간하고, 《청춘》 지에 대대적인 광고를 실었다. 이후 홍난파가 《청년입지편-일명 자조론》이라는 제목으로 다시 번역하기도 했다.[6]

　일본에서와 마찬가지로 《자조론》이 소개되면서 당대의 청년 주체들은 근대적 의미의 입신출세주의에 눈뜨게 되었다. 《자조론》은 '최선을 다해 노력을 한다면 누구에게나 입신출세의 길이 열려 있다' 는 내용을 위인의 삶을 통해 간접적으로 제시하였다. 개인의 해방과 국가의 해방이 근면한 노력 즉 스스로 돕는다自助는 동일한 원리의 산물이라는 인식이 유포되었다. 이로부터 '학문에 정진하고 신체를 단련하면서 정신을 수양한다면 신분고하를 막론하고 누구나 사회적 신분상승의 꿈을 이룰 수 있고, 인간은 누구나 학문에 뜻을 두면 사물의 이치를 깨달을 수 있으며, 개인이 문명을 각성하면 국가의 발전은 저절로 이루어질 것이라는 낙관적 인식이 널리 일반화되었다. 이후 입신출세를 지향하는 태도, 뜻을 세우고 넓혀서 세상에 나아가 출세한 후 금의환향하는 인간이 고평되는 분위기가 조성되면서, 바야흐로 입신출세의 시대가 열렸다.

유학을 떠나야 출세하는 시대

입신출세주의에 의하면 입신출세는 철저하게 학력을 획득할 때에만 가능한 어떤 것이었다. 때문에 입신출세주의는 유학 열풍과 밀접하게 연관되어 있었다. 물론 근대 초기에 직업을 얻거나 입신출세를 위해서만 학문을 활용해서는 안 된다는 경계의 목소리가 없던 것이 아니며,[7] 입신출세주의를 긍정적인 관점에서만 논의한 것도 아니다. 입신출세주의는 입학난, 취직난, 경제난 등의 당대적 상황에 의해 신화화된 경향이 없지 않다. 그럼에도 입신출세주의는 유학 열풍이 낳은 새로운 내러티브라고 해야 한다. 입신출세에 관한 이야기가 대개 더 발전한 도회로 떠난 유학과 연관되어 있는 것은 그 때문이다. 근대적 학문에 눈을 뜬 후 태어나서 한 번도 떠난 적 없는 고향에 머무른다는 것은 끊임없이 진보하는 근대에 처한 청년들에게 그들 자신이 선택한 '자발적 뒤처짐'으로 받아들여졌다. 그러니 《자조론》의 세계가 끼친 영향과 함께, '언제부터 근대적인 입신출세에 대한 논의가 시작되었는가' 라는 질문은 '언제부터 청년들이 유학을 떠났는가' 라는 질문과 만나게 된다.

근대 초기에 청년들의 일반적인 유학 공간은 '동경東京' 이었다. 미국 유학이 본격화된 것은 1920년대에 들어선 이후이다. 조선 최초의 동경 유학생은, 병자수호조약 체결 이후인 1881년, 심상학·고영희·어윤중·홍영식·조병직·박정양 등의 신사대관들로 조직된 일본문물시찰단과, 그 다음해 일본으로 떠난 수신사 박용호, 동부사 김일식과 그 수행원인 김옥균·서광범·민영익 등이다.[8] 이후 일본 유학은 잠시 금지되다가 1895년(을미년) 138명의 정부 유학생이 파송되는데, 이들은 모두 일본에서 만 엔円에 새겨진 초상의 주인공인 후쿠자와 유키치가 교장을 맡은 게이오 대학慶應義塾에 그가 생존하던 당시에 입학했다.

관비 유학생답게 그들은 귀국해서 주요 관직을 맡고, 국운의 출렁임 속에서도 이른바 '출세'의 가도를 달렸다. 1900년대부터 동경으로 향하던 적지 않은 사비 유학생들도 귀국 후 사회의 고위층과 상층부를 차지했다. 이 시기를 거치면서 유학생들은 결속을 다지기 위한 유학생 단체의 필요성을 강변했으며 집단으로서의 영향력을 행사하기 시작했다. 이때 "학약불성學若不成이면 사불환향死不還鄉"을 외치

며 학비난 문제로 일제히 손가락을 잘랐던 '단지斷指유학생'(1906)이 등장하기도 했지만, 조선의 3대 천재라 불린 최남선·홍명희·이광수가 유학하던 시절이 이 시기이기도 했다. 1910년대를 거치면서 4년제 제국대학은 아니지만 와세다早稻田대학과 메이지明治대학 등에서 조선 유학생들은 훌륭한 성적으로 진급하거나 졸업하면서 엘리트 유학생의 층을 두텁게 하기 시작했다. 우리에게 친숙한 최남선의 형인 최두선·이광수·현상윤·김여제 등이 와세다대학을 졸업한 장본인이었다. 요컨대 1910년대를 거치면서 유학은 입신출세주의와 본격적인 연관을 맺기 시작한 것이다.

→ 〈동경유학생생활〉(《청춘》 2호, 1914년 11월.)과 함께 실린 삽화. 근대 초기 청년들의 일반적인 유학 공간은 일본 동경이었다. 1910년대를 거치면서 유학은 입신출세주의와 본격적인 연관을 맺기 시작했다.

3·1 운동 이후, 1920년대 중반에 접어들면서 1,000~2,000명 정도 수준을 유지하던 일본 유학생 수효가 몇 년 사이에 3,000명 이상으로 급격하게 증가하였다. 물론 간토대진재로 인한 조선인 학살 사건 이후 청년들의 일본 유학열은 주춤했고 그 사이에 청년들은 중국을 유학 대상지로 선택했다. 중국은 문화수준이 낮고 교육받은 조선인을 필요로 하는 일자리가 많았던 것이 한 요인이었다. 1927년 중국의 국민당이 반동으로 돌아서면서 청년들은 다시 중국에서 일본으로 유학을 떠나게 되었다.[9]

일본이나 중국 등 아시아권과 비교하자면 미국으로 떠난 유학생의 수는 미미했다. 대학교, 중학교, 소학교를 모두 포함해서 1917년에 미국에서 졸업한 유학생은 십여 명에 불과했다.[10] 3·1운동 이후 증가하기는 했지만, 1924년에도 재학생 수는 200여 명 정도였다. 1924년 7월 4일에 발포된 신이민법은 미국행 유학생의 증가를 가로막는 큰 장애 요인이었다. 신이민법으로 유학생들은 유학을 목적으로 도미한 경우 반드시 학생 신분이어야 하며 그렇지 않을 경우 강제출국당할 수 있는 처지에 놓였다. 더구나 미국 유학생 90퍼센트 이상이 고학 생활로 학업을 유지하던 상황에서, 1920년 이후 1929년까지 미국 사회가 심각한 경제공황에 처하면서 방학 동안 학자금을 조달하기도 어려워졌고 이런 이유로 이후 유학생의 증가율이 주춤하게 된 것이다.[11]

유학생의 희소적 가치는 여전히 금의환향으로 이어졌지만, 거시적인 관점에서 보자면, 한국 사회의 고위층은 점차 일본 유학생 출신에서 미국 유학생 출신으로 바뀌어갔다. 무엇보다 한국 사회에 외국 유학생 출신이 늘어갔고, 이에 따라 유학이 곧 금의환향을 약속한다는 환상 역시 1920년대를 거치면서 조금씩 깨져간 것이 사실이다. 유학생들의 개별적 차이가 표면화되기 시작한 것이다. 그렇다면 유학을 떠난 청년들은 과연 누구이며, 그들 사이에는 어떤 차이가 놓여 있었던 것일까. 지역별 차이는 없었을까. 유학을 떠난 학교는 어디였을까.

제국대학 9인 조도전 대학 47인 명치대학 77인 경응대학 4인 상업대학 9인 중앙대학 42인 일본대학 37인 동양대학 15인 법정대학 2인 전수대학 4인 상지대학 2인 입교대학 2인 농업대학 1인 조동대학 1인 고등공업 3인 고등사범 3인 치과전문 3인 미술학교 4인 음악학교 2인 청산고교 3인 명치고교 3인 수의전문 1인 물리학교 1인 약학교 1인 원예학교 1인 비행학교 2인 식민유역 3인 각 중등학교 379인 미상 238인 총계 902인

1917년 12월 말 현재 일본에 거주한 조선인 가운데 4퍼센트였던 589명이 유학생이고 이 가운데 456명이 동경에 거주했다. 이후에도 유학생의 동경 거주 비율은 거의 바뀌지 않았다.[12] 이와 함께 유학생 학우회의 다양한 조사 결과는 자못 흥미로운데, 이미 확인한 바, 1921년을 기준으로 동경 유학생을 1,000여 명으로 추산하고 있었다. 이는 1919년과 비교해서 2년 사이에 50퍼센트 이상 증가한 수효이다. 앞서 살펴본 것처럼 이 수효는 몇 년 사이에 또 배 이상 증가했다. 이 통계에 따르면, 전체 유학생 가운데 경기·전라·경상 삼도 출신의 수효가 가장 많았음을 확인할 수 있다. 타 지역 출신의 비율은

많지 않지만 그 가운데에서도 황해도와 평안도 출신이 매우 적은 반면 함경도 출신이 상대적으로 많았다.

지역이나 출신과 무관하게 이들 유학생들은 대체로 전문과에 많이 다녔고, 선문과 중에서도 법정과 정치, 경제과를 지원한 편이다. 미국 유학생이 신학, 교육학, 이·공학 등 최첨단의 근대적 학문 분야를 전공했다면,[13] 일본 유학생 가운데 사학과 수학을 전공하는 유학생은 상대적으로 적었다. 학비·연한·실력 등이 그 원인이었다. 실력이 좋지는 못하나 입학을 쉽게 하고 싶은 학생들, 여기에 학비 때문에 연한이 짧은 경우를 선호하는 학생들이 보통 전문과에 입학했다.[14] 학비 부족으로 와세다대학에 가지 못한 학생이 학비가 상대적으로 적게 들었던 외국어학교에 입학하는 식이다.[15]

일본행 사비 유학의 경우 1920년까지도 유학 원서를 도지사를 통해 조선총독부에 제출하고 허가를 받아야만 했다. 유학생 모두가 이런 절차를 거친 것은 아니지만, 이런 규정이 유학생의 자격을 제한한 것은 분명하다.[16] 그런 점에서 유학만이 입신출세를 보증해준 것은 아니었던 셈이다. 1924년 6월 12일에 경성제국대학이 개교함으로써 서양식 교육이 소개된 이래 조선에서도 명실상부한 최고학부로 진학이 가능해졌지만, 그렇다고 유학열풍이 사그러들지는 않았다. 입학생 수를 기준으로 보더라도 문과 이과를 다 합해도 168명 가운데 조선인 학생은 겨우 44명에 불과했다.[17]

좀더 현실에 밀착해서 들여다보자면 1920년대 이후 유학생의 3분의 1 아니 절반 이상이 학비를 스스로 충당하면서 유학생활을 어렵게 꾸려가야 했으며, 조선인 학생 대부분이 졸업을 해도 일자리를 구할 수 없는 보다 심각한 문제에 봉착해 있었다. 현재에도 그렇거니와 1920년대에도 이미 유학만 떠나면 성공할 수 있다는 신화는 대개 사실이 아니기 쉬웠지만 유학생들은 식민지 현실이 허용하지 않는 고등학문에 대한 열정과 학벌이 보장해줄 미래에 대한 낙관적 전망, 양자 가운데에서 진동하고 있었던 것이다.

무엇을 전공해야 하는가

내가 물에 빠져 죽으려 하기는 가장이 죽은 줄로 생각하고 나 혼자 세상에 살아 있기가 싫은 고로 대동강에 빠졌더니, 사람에게 건진 바이 되어 살아 있다가 가장이 살아서 외국에 유학하러 갔다는 소식을 들었으니 나는 이 집을 지키고 있다가 몇 해 후가 되든지 이 집에서 다시 가장의 얼굴을 만나 보겠으나, 아버지께서는 딸 생각 말으시고 딸 대신 사위의 공부나 잘 하도록 학비나 잘 대어주시기를 바랍나이다.(이인직, 《혈의 누》)

형식과 선형은 지금 미국 시카고대학 사년생인데 내내 몸이 건강하였으며 금년 구월에 졸업하고는 전후의 구라파를 한번 돌아 본국에 돌아올 예정이며 김장로 부부는 날마다 사랑하난 딸이 돌아오기를 기다려 벌써부터 돌아온 후에 할 일과 하여먹을 것을 궁리하는 중
병욱은 음악학교를 졸업하고 자기의 힘으로 돈을 벌어서 독일 백림에 잇해 동안 유학을 하고 금년 겨울에 형식의 일행을 기다려 시베리아 철도로 같이 돌아올 예정이며 영채도 금년 봄에 동경 상야(우에노) 음악과 피아노

과 성악과를 우등으로 졸업하고 아직 동경에 있는 중인데 그 역시 구월 경에 서울로 돌아오겠다 더욱 기쁜 것은 병욱은 베를린 음악계에 일종이 채一種異彩를 발하고 명성이 치치噴噴하다는 말이 근일에 도착한 베를린 어느 잡지에 유력한 비평기의 비평과 함께 기록된 것과 영채가 동경 어느 큰 음악회에서 피아노와 독창과 조선 춤으로 대갈채를 받았다는 말이 영 채의 사진과 함께 동경 각 신문에 게재된 것이라 듣건댄 형식과 선형도 해마다 우량한 성적을 얻었다한다 삼랑진 정거장 대합실에서 자선음악회 를 열던 세 처녀가 이제는 훌륭한 레듸가 되어 경성 한복판에 떨치고 나 설 날이 멀지 안이할 것이다(이광수, 《무정》)[18]

사실 서사공간에서 '유학' 모티프가 등장한 것은 그 연원이 오래 되었다. 근대 초기 소설에서 외국 특히 미국과 일본, 유럽 등은 주인 공이 '유학'을 떠나는 공간으로, 현실의 갈등 국면을 타개할 수 있는 가능성의 공간으로 등장해왔다. 최초의 신소설인 《혈의 누》를 포함 해서 유학을 떠나거나 유학을 마치고 돌아온 인물들이 등장하는 소 설이 적지 않으며, 유학 관련된 언급이 있는 작품도 《설중매》, 《송뢰 금》, 《은세계》, 《추월색》, 《모란병》, 《쌍옥적》, 《춘외춘》, 《쌍옥루》, 《우중행인》, 《금강문》, 《박명》, 《눈물》, 《무정》, 《소년의 비애》 등[19]으 로 매우 많은 편이다.

근대 초기 소설에서 유학을 떠나는 인물의 수효가 많은 것은 특이 한 현상이며 현실과의 연관성 속에서 깊이 천착해볼 문제임에 분명 하다. 그러나 이러한 경향에도 이들 인물 가운데 유학을 떠나야 할 내적 근거를 분명하게 지니고 유학길에 나선 인물을 찾기는 의외로 어렵다. 그들은 대개 대의와 시대의 요청에 의거해서 유학길에 올랐으며, 1910년대 이후에는 점차 학력에 의해 신분을 뒤바꿀 수 있는 새로운 가능성을 찾아 유학을 떠났다. 결과적으로 신소설을 포함한 근대소설에서 '유학' 모티프는 인물이 근대적 인물형으로 재탄생하기 위한 통과의례 가운데 하나로 활용된 것이다.

'유학' 동기가 이렇다 보니 전공과목 선택도 별다른 계기 없이 이루어지는 일이 많았다. 근대적 학과 과목의 구체적 내용에 익숙하지 않은 근대 청년들에게 전공과목을 선택하는 일은 고등학문을 갈망하는 그들이 봉착한 커다란 곤란함이 아닐 수 없었다. '미술을 전공하기로 결정을 하면 조선에는 마땅한 미술학교가 없으므로 일본 등으로 떠나야 한다. 그러나 의학을 공부하고자 한다면 경성 내의 의학전문학교에 진학해도 된다.' 오늘날의 감각으로 보자면 '미술이냐 의학이냐'의 선택지는 서로 너무나 이질적인 지향을 내포하고 있다. 그러나 모든 학문이 '근대'이고 '고등'이며 '신진'일 수 있는 근대 초기에는 '미술이냐 의학이냐', '음악이냐 화학이냐'의 선택이 충분히 가능할 수 있었다.

어디로 떠나든 부모의 허락과 동의를 얻는 일도 쉽지는 않았다. 그리하여 때로 그들은 동경행 기차표를 마련하고 동경에 먼저 가 있는 벗과 친척을 믿고 아무런 준비 없이 유학길에 오르기도 했다. 1920년 배재중학교를 미처 마치지도 않고 얼마 되지 않는 여비만을 가지고 동경으로 떠난 김기진은 동경에 도착하고 나서도 몇 주일간 상급학교 진급 문제로 고민을 거듭했다. 당연하게도 그때까지 어떤 과목을 전공할 것인지를 정하지 못했기 때문이다.

나는 영어학교에 다니면서 2, 3개월 동안 생각을 해보았다. 무엇을 전문할까? 여러 해 전부터 마음 속에 그리던 미술을 해볼까? 아니, 차라리 가엾은 인생들을 구제하는 의학을 해볼까? 공업을 일으킨다는 일은 자본을 필요로 하는 일이니까, 자본이 결핍한 우리네 환경에서는 불가능한 일이 아니냐? 영원히 남을 것, 인류가 오래오래 두고두고 아끼며 사모하며 배울 것이 무엇일까? 그것은 문학이 아닌가? 그렇다면 나는 문학을 전공해야겠다. 그런 내게 글재주가 있는가? 나는 글재주가 부족하다. 그러나 부족한 것은 사실일지라도, 힘써서 안 되는 일이 어디 있겠느냐. 그럼, 문학으로 작성하고서 노력해볼까?……

……

"나도 아무리 생각해도 공부를 더 해야겠기에 건너왔다. 기진이, 너는 무엇을 할래?"

어느 날 형님은 나에게 이렇게 묻기에 나는 얼른 대답하기를―

"나는 문학을 하렵니다. 형님은 무엇을 전문하시겠어요?"

형님은 이 말을 듣고서는 눈을 조금 가느다랗게 뜨고 나를 바라보면서

"문학은 내가 하려던 것인데, 네가 문학의 길로 나갈래―? 그럼, 나는 무얼 하란 말이냐."

이같이 말하는 것이었다. 자기 마음에 내 생각이 마땅치 않다는 확실한 의사가 들어 있는 것이었다.

"중학 다닐 때 글은 형님이 잘 지으셨고, 그림은 내가 잘 그리었지요. …… 허지만, 문학을 나한테 맡겨주시고, 형님일랑 미술을 하십시오. 우리 바꾸십시다! 그래서 형님은 미술, 나는 문학, 그리고 제 동생은 음악을 가르치십시다. 모두 우리를 빛내고, 영원히 남을 것이 아니예요?"

나는 형님의 의사를 번복시켜보려고 이런 말을 했었더니, 한참 걸릴 줄 알았던 형님의 태도는 뜻밖에도 용이하게 전환되고 말았다.
"그래라! 그러면 문학은 네가 가져가거라. 나는 미술을 전공하겠다. 서양화를 전공해보겠다."[20]

누이에게 몇 십 원을 얻어 들고 무작정 떠난 유학길에서 그는 고민에 고민을 거듭한 끝에 전공할 학과를 결정한다. 그렇다고 해서 그의 선택이 자신의 재주에 근거한 합리적인 선택만은 아니었는데, 재주가 있건 없건 어떤 경우에도 노력보다 중요한 것은 없다는 믿음, 미래에 대한 낙관적 희망과 자신에 대한 무한한 신뢰를 후원자 삼아 그는 그렇게 전공을 선택하고 자신의 길을 개척해 나가고자 했다. 근대 초기의 청년들은 대개 정보보다는 믿음에 기반해서 학과든 미래든 무언가를 선택하곤 했다. 물론 여기에는 오늘날의 시선이 만들어내는 과장된 해석의 지점들이 있을 것이다. 시대적 거리는 일반적으로 낭만적 동경을 불러오게 마련이다. 하지만 아무런 정보 없이 미지의 새로운 공간에 스스로를 내던지는 근대의 청년들, 그들의 호기로움을 지금-이곳으로 낭만적으로 불러와보는 것도 불투명한 미래를 사는 이즈음의 청년들에게 그리 나쁜 선택은 아닐 듯싶기도 하다.

생활 체험으로서의 유학 시대

'유학'이 입신출세를 위한 도구로 활용된 측면이 없지 않다고 해도,

일상으로 채워진 유학생활 자체가 입신출세를 위한 하루하루였던 것은 물론 아니다. 근대 청년을 주인공으로 하는 소설이나 에세이에서 엿볼 수 있는 유학생활이라는 것은 대개 오랫동안 외국생활을 하는 것이라기보다 외국에서의 생활을 '잠깐' 경험해보는 것에 가까웠으며, 무엇보다 유학생활은 근대 신문물을 생활감각으로 익히는 과정이었다. 유학생들은 남녀가 함께 어울릴 수도 있었고 연극장에서 가서 '하물렛트(햄릿)' 연극을 볼 수도 있었으며 음악학교 음악회에 참석해서 러시아 처녀의 독창을 들을 수도 있었다. 활동사진과 소설에 친숙했지만, 때로 혼자 남겨진 숙소에서 고독감이나 공포감을 경험하기도 했으며 전차를 잘못 타고 낯선 공간에서 진땀 흘리는 경험을 해보기도 했다.[21]

초행이어서 길이 서투르니 어찌 하느냐고 H군과 의논한 결과 P의 안내를 받기로 하였다. 우선 P를 앞세우고 재판소에 있는 K군을 만나보려고 찾아갔으나 귀국하여서 만나지 못하였다. 여기서 또 다시 전차를 타고 강기岡崎 공원에 구경을 갔었다. 보슬보슬 내리는 세우를 맞으면서 동물원을 보고는 박람회로 들어갔다. 항공박람회라기에 항공에 관한 지식의 자료를 진열한 줄 알았던 나는 정작 가보고서는 도리어 낙심하였다. 나더러 공정하게 말하라면 '동물진열즉매회動物陳列卽賣會'라고 하고 싶었다. 여기서 돌아오는 길에 원산공원에 잠깐 들렀다. 아! 원산이야말로 지나는 손으로 하여금 자연의 아름다움을 자연이 찬양하게 하는 자연의 미가 있음을 자연이 깨닫게 한다.[22]

걸음을 옮겨 일 '정町'이 '정町' 나아가니 석제 목제 이삼층 높은 집과 우뚝우뚝 솟아있는 연통이며 번듯이 걸어놓은 '일미네슌'이 모두다 사오십년 달은 문명이나마 어지간하게 사람의 눈을 놀라더라 길게 뽑아 썩 심하게 소리하는 '사무라이'의 옛 노래를 들으면서 가두에 잠깐 발을 멈추니 이곳 저곳으로 데걱데걱하는 격일擊釼 소리며 꽝–하고 넘어지면 또 다시 달겨붙는 유도장의 광경이 하나하나 귀와 눈에 들어오고 또 한 편에서는 '믿으시오 믿으시오 평화와 사랑은 하나님의 증거하신 오인 인류의 가장 큰 복음이니 사랑과 평화의 주되신 예수를 따라와 믿으시오' 하는 구세군의 노방 설교가 있어서 듣는 사람으로 하여금 이상한 생을 일으키게 하더라.[23]

현상윤이 남긴 유학생활에 관한 기록에서도 알 수 있듯이, 유학은 학문 연마뿐 아니라 근대적 문물을 일상적으로 체험하는 일종의 '생활체험'이었다. 하녀가 공손하게 받들어 나오는 아침 밥상에 놓인 '미소시루' 한 그릇과 '다꾸왕' 두서너 쪽을 먹고 활기찬 학교생활을 시작하고 진지한 실사회의 산 교훈을 공부하는 한편으로 산보를 하는 중에 '아스팔트의 페이브먼트' 위를 걸으면서 '눈부시게 걸어놓은 일루미네이션'을 구경하고 구세군의 노방 설교를 듣는다. 일요일이면 전화로 가까운 친구를 불러 우에노上野, 히비야日比谷 등의 공원으로 사람 구경, '베쓰볼', '풋볼' 구경을 하면서 근대적인 문화를 육체적 감각으로 체험한다. 이러한 경험을 통해 일상 속에서 생활의 취미도 감회의 종류도 이전과는 전적으로 달라졌음을 깨닫게 되는 것, 이것이 바로 유학생활의 하루하루였던 것이다.[24]

"얘 ○○야 너 내가 참말이다 그만치 공부를 하얏스면 판임관判任官이나는 하기가 아조 쉽겟고나 거 제일이더라 저 건넌골 백선달白先達 아들도 벌서 토지조사국 기수技手라든가 했다구 저 어른도 깃버하더니 접대 잠간暫間 단길러 왔다는 것을 보니 과연 그럴 듯하더라—신눌한 금줄을 두루고 길죽한 검을 느렸는데 참말 조터라—너도 그걸 해보아라" 하고 권면적勸勉的 은근한 말을 준다.

좌중이 씻은 듯이 고요하고 밤은 캄캄하게 어두엇다. 나는 웬셈인지 이 말에 몸이 내려 눌린다, 숨이 답답하야지고 가슴이 욱어 드는 듯하다[25]

그렇다고 해서 유학생활이 하루하루 신기하고 매일매일 신선한 경

험의 연속인 것만도 아니었다. 점차 일본과 조선의 근대화의 수준, 민족이 처한 현실에 대한 자각, 지식인으로서의 정체성에 대한 인식을 피할 수 없게 되고, 때문에 1910년대 중반 이후, 동경 유학생들은 자신이 겪은 정신적, 심리적 갈등을 글쓰기로 표현할 수밖에 없었다. 그들의 부모와 친지들은 동경 유학을 마치고 돌아오면 입신출세를 하고 빈한한 가정을 일으켜 세울 것이며, 공부를 많이 한 자식 덕분에 잘살 수 있게 될 것을 믿었다. 그러나 식민지 관료로서의 삶을 원하지 않는 유학생들은 부모로 상징되는 전근대적 무게에 눌려 방황과 자학을 일삼게 되고, 생활과 학문 사이의 간극을 경험하고 정신적, 심리적 갈등에 휩싸일 수밖에 없었다. 입신출세를 하기 싫어서가 아니었다. 그런 일들에 관심이 없어진 것이 문제였다.

여전히 한편에서는 '유학'을, 학문에 정진해서 학력을 쌓고 이를 토대로 신분상승을 꾀할 수 있게 해주는 토대로 이해하는 관점이 존재했으며, 한 켠에서는 고등학문에 대한 열망 자체를 생활 세계와 유리된 '순정한' 세계로 나아가는 관문으로 이해하는 관점이 생겨나기 시작했다. 학문을 도구로 혹은 목적으로 바라보는 서로 다른 견해가 분화되기 시작했으며 이는 청년 군상의 분화, 실질적인 입시 열풍과 맞물려 보다 복잡한 양상을 띠게 되었다.

입시열풍에서 시험공포증까지

학생이 가장 대단하게 여기는 것은 입학시험 학년시험 졸업시험 셋이니 여간한 사람은 이 시험으로 하여 곧 과도한 공부로 하여 중대한 뇌의 기능을 상해하는 것 같도다 근본 학교의 목적은 학생을 시험하자는 것도 아니요 또 학생이 학교에 다님도 시험받자함도 아니요 실상 무슨 학문을 자기의 뇌수에 사신 빅으려함이라 곧 시험이란 것은 자기의 뇌수 중에 박아 논 사진의 일부분을 되박아내는 것이니 일평생 사진박음을 맡은 귀중한 뇌수의 직무로는 한 소소한 일이거늘 학생의 실지를 보면 이 한 소부분되는 복사로 하여 귀중한 원판을 상해하는 폐단이 많으니 가탄할지로다 고로 원판에 상함이 될 관계에 대하여 대강 말씀하겟노라[26]

《청춘》 창간호에는 입시와 시험에 관한 흥미로운 기사가 실려 있는데, 이 기사는 학문에 관한 근대적 인식 전환의 국면을 단적으로 보여준다. 위 인용문이 그 첫 문단인 이 글은 이미 학문과 입시가 청년 학생들에게 매우 중요하다는 입장을 전제했는데, 기사의 소제목들은 구체적으로 이러했다. 〈밤새고 공부함의 해害〉, 〈과도한 공부는 시험공포증이 생김〉, 〈시험전의 고민증〉, 〈거처의 선택법〉, 〈먹는 것〉, 〈운동시간〉, 〈공부시간의 일정一定〉, 〈뇌를 급작스럽게 쓰지 말라〉.

이 기사에서 특히 흥미로운 것은 공부와 시험에 관한 논의를 의학적, 생리학적, 심리학적 관점 등 육체와 정신에 대한 다양한 근대적 학문의 관점에서 접근한다는 점이다. 예컨대, 이 기사에 따르면 과도한 공부는 시험공포증을 불러올 수 있다. 시험공포증은 무엇일까. 이 기사는 이렇게 설명한다.

시험공포란 것은 공부 매우 한 명예의 병증이거늘 이렇듯 면려(勉勵)한 성근(誠勤)도 생각하여주지 아니하고 학업은 분수도 살펴보지 아니하고서 다만 시험의 성적만으로 남을 비평함은 진실로 억지의 일이어니와 더욱 지방에서 도회처로 처음 나온 학생 같은 이에게 대하여는 더 억지의 일이라 할지니 시속에 이른바 수줍다함은 사람이 많다든지 방이 넓다든지 하는 외부의 관계로 오관을 자격하여 어느 때에는 혈관수축신경이 항분(亢奮)하여 얼굴이 벌겋고 뇌에 피가 느나니 이 때문에 맑던 정신도 한참 흐릿하여져서 의외에 잘못하는 일이 적지 아니하니라[27]

공부를 열심히 했으나 그만큼의 결과물을 얻지 못할 때 생겨나는 병증이 시험공포증이다. 말하자면 수줍음과 같은 성정 때문에 노력만큼의 결과를 얻지 못할 때도 있다는 것인데, 기사에서는 이를 혈관수축신경이 확장되어 얼굴이 붉어지고 뇌에 피가 늘어나게 되어 정신이 흐려지고 결국 좋은 성적을 내지 못하게 된다는 식의 인과적인 설명으로 재구성한다. 여기에 덧붙여 좋은 성적을 얻을 수 있는 구체적인 방안을 제시한다. 기사에 따르면 공부를 포함한 생활을 규칙적으로 하기 위해 거처를 선택하는 법, 먹는 법을 알아야 하고, 공부 시간과 운동 시간을 적절하게 안배하는 법을 숙지해야 한다. 요컨대 이 기사는 공부라는 것이 그저 열심히 하는 것이 아니라 과학적으로 해야 하는 것, 그때에 충분한 효과를 얻을 수 있는 것이라고 주장하고 있는 것이다.

물론 1910년대 초반에 이 기사로 실질적 도움을 얻은 청년 학생은 그리 많지 않았다. 유학생이라면 모를까 조선에서 입시 문제가 본격화되는 것은 1920년대 이후의 일이기 때문이다. 1920년대에 들어서면서 신학문의 필요성이 점증했고, 이에 따라 취학열이 높아지고 입학난도 심각해졌다. 입학난에 시달리는 아동과 소년 청년을 위해 입학난구제회가 조직되기도 했거니와,[28] 학교마다 입학원지가 동이 나고 책·걸상이 부족해졌으며, 신문과 잡지가 절판되는 기현상이 일어났다.[29] 실제로 1920년대 안국동의 동창이발관 뒷골목은 온통 학생 하숙 천지였으며,[30] 소설을 통해서도 시험을 준비하는 모습, 공부하는 장면, 심지어 여학생이 공부하는 장면들이 드물지 않게 등장하기 시작했다.[31] 여기서 잠깐, 전영택이, 서사를 통해 첨단의 근대적 문화풍경을 날카롭게 포착한 작가답게 서울로 유학 온 여학생의 모습을 〈바람 부는 저녁〉에서 그려내고 있는데 그 모습을 살짝 엿보면 다음과 같다.

정옥은 안방에서 저녁을 먹고 날이 몹시 춥고 바람이 또한 요란스럽게 불기 때문에, 더욱 쓸쓸한 건넌방에 혼자 있기도 싫거니와, 건넌방은 춥고 안방은 따스함으로, 그냥 안방에서 공부한다. 더구나 내일은 임시시험이 있음으로 여러 해 교사노릇하든 아주머니에게 모를 것을 물어가며 산술을 복습하기에 골몰한다. 새로 난 교과서의 미돌법은 옛날에 공부한 아주머니도 잘 가르쳐 주지 못하므로 정옥은 혼자서 교과서와 필기책을 가지고 씨름을 하면서 몹시 애를 쓴다.[32]

그러나 소설에서 여학생이 공부하는 모습이 등장했다고 해도, 근대 초기로부터 해방이 되기까지도 전체 인구 가운데 청년 학생이 차지하는 비율은 그리 높지 않았으며, 엄밀하게 말해서 고등 교육을 받은 청년은 극소수에 불과했다. 식민지 시기 내내 고등 교육 수혜 집단은 전 학생 인구의 0.2퍼센트 수준을 넘지 않았다. 대학 진학이 당연한 것처럼 받아들여진 것도 그리 오래 되지 않은 신풍속에 가깝다. 어쨌든 일부 특권층의 경험이었든 아니든 미래를 준비하는 청년들에게 입시난, 시험 부담 등의 문제는 언제나 공통된 고민 사항이었던 듯하다. 청년 학생들은 이런 고민들을 철저하게 혼자 감당해야 했으며, 그렇게 자신의 미래와 스스로 대결해야 하는 법을 배워나가야 했다. 그들을 움직인 힘이 바로 입신출세 담론, 자신들의 현재의 노력 여하가 미래를 결정할 것이라는 낙관적 희망론이었기 때문이다. "비단옷, 시체時體 양복, 금강석 반지, 자동차 탄 젊은 내외, 양옥집, 앞뒤로 둘린 정원, 집안에서 흘러나오는 피아노 소리"와 함께 살 것이냐, "갑갑한 단간살이집, 손수 밥 짓느라고 연기에 눈물 흘리는 여자, 경황없는 얼굴, 무색한 의복, 필경은 대문 맞은 집 전당국에 드나드는"[33] 삶을 살 것이냐, 적어도 그 시대에는 그들의 미래의 청사진이 자신들의 손에 달려 있다고 굳게 믿었다.

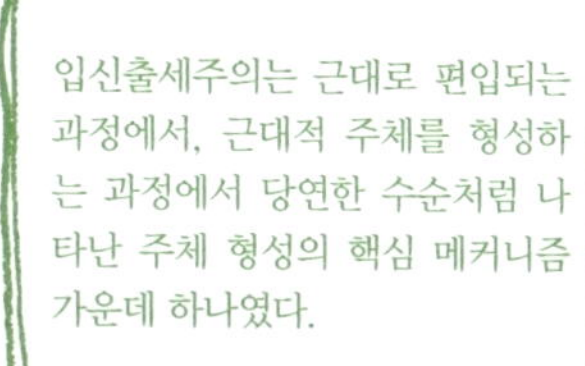

사진으로 보는 청년시대

●

← 화가 이미동이 그린 카페와 전당포가 늘어가는 모습(《신동아》 1933년 6월호). 1930년대 전후로 크게 번창했던 다방이나 카페와 같은 공간은 자유로운 의사 표현과 토론이 가능한 공공 영역이었다기보다는 내밀한 사적 개인을 발견할 수 있는 곳이었다.

→ 고종 가족사진. 고종, 엄비 등 고종일가족이 신식복장을 하고 있는 것이 인상적이다.

●

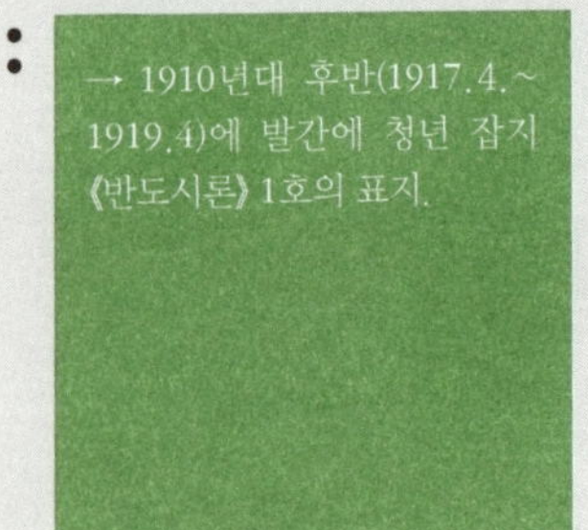

→ 1910년대 후반(1917. 4.~ 1919. 4)에 발간에 청년 잡지 《반도시론》 1호의 표지.

●
●

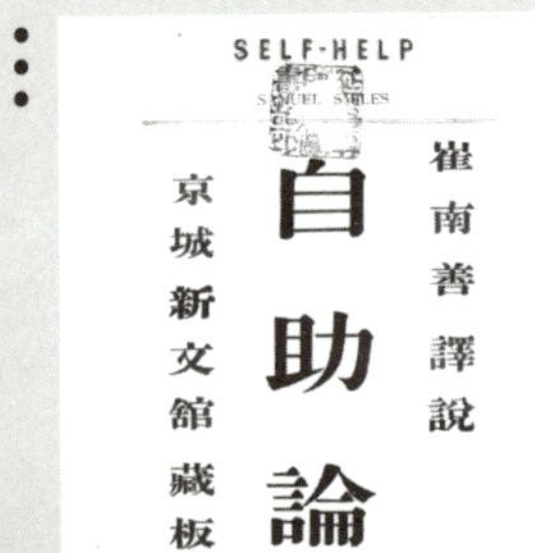

→ 《자조론》. 성공한 인물들의 사례와 그들의 불굴의 의지를 이야기 형식으로 서술하고 교훈을 전달한 책으로, 1859년 영국인 사무엘 스마일즈가 발간한 뒤 일본, 중국, 우리나라에도 소개되어 큰 인기를 끌었다. 이 책이 소개되면서 당시 청년 주체들은 근대적 의미의 입신출세주의에 눈뜨게 되었다.

← 《별건곤》에 실린 명월관 광고. 영국에 커피하우스가 있었고 프랑스에 살롱이 있었다면 조선에는 명월관이 있었다.

─ 일제시대 부산 녹정의 유곽 풍경. 당시 모든 시가지에서 유곽이 늘어갔지만, 식민 주체는 이를 적극적으로 규제하지 않았다. 유곽의 주 고객층은 부랑자들이었는데, 이들을 구속할 강경한 법률을 제정하지 않는 것은 식민 주체의 실질적 이득과 연관되어 있었기 때문이다.

→ 조선일보에 실린 '오년간 중학생 학비'라는 글의 삽화 (1928. 11. 7.). 당시 중학생 교육비는 각 가정에 적지 않은 재정적 부담을 안겨주었다. 일부 청년들이 그 돈을 유흥에 흥청망청 써버리기도 했는데, 이 기사는 그들에 대한 비판을 담고 있다.

← 《청춘》 창간호에 실린 〈시험과 뇌쓰는 법〉. 입신출세주의는 청년 학생들에게 학문과 입시의 중요성을 일깨웠다.

→ 《백조》 창간호 표지. 《백조》·《창조》 같은 동인지에서 유학은 신분상승을 꾀할 수 있게 해주는 토대이자 생활세계와 유리된 '순정한' 세계로 나아가는 통로로 이해되었다.

입신출세주의 내러티브가 만들어낸 신화 가운데 최근까지도 가장 강력한 힘을 발휘하는 것은 고학생 관련 신화이다. 조신을 대표하는 문객 이광수가 동경에서 인력거를 끌면서 고학으로 대학을 다녔다는 이야기와 같은 근대의 고학생 성공 신화에 우리는 너무나 친숙하다. 그들 입신출세주의자들은 세속적으로 표현하자면 '개천에서 용 난' 대표적 사례들이다. 빈한한 집안 출신이거나 조실부모한 고아 출신의 청년이 학업에 정진하여 성공에 이르렀다는 신화 뒤에는 그의 고난의 시절이 '고학생' 의 이름으로 덧붙여진다. 학비를 벌기 위해 낮에 일하고 밤에 공부해야 하는 주경야독의 고학생 신화는 근대 초기의 신문과 잡지를 통해 만들어졌다고 해도 과언이 아닌데, 이들 잡지들이 고학생에 대한 관심을 표명했을 때, 그것은 신문과 잡지의 기자

고학생을 둘러싼 몇 가지 신화

와 투고자들이 대개 지식인 청년들이었기 때문이기도 하다. 청년을 위한 종합잡지 《소년》, 《청춘》, 《신문계》 등에 투고된 다수의 소설이 청년과 학생 특히 고학생을 다룬 것도 그 때문이다. 근대 초기의 고학생을 둘러싼 이야기는 가난한 특정 학생에 관한 것이 아니라 청년 일반, 그들 자신과 동료들의 이야기였던 것이다.

고학생 생활 백서

고학생들은 체면 불구하고 흐린 날 맑은 날 할 것 없이 노동을 해야 했으며, 주간에 일을 하는 학생은 야학夜學을 하고 야간에 일을 하는 학생은 주학晝學을 해야 했다. 그들의 생활 패턴은 대개 이러했다. 아직 어두운 새벽에 일어나 신문이나 우유를 배달한다. 이후 학교생활을 하고 오후에는 다시 일을 한다. 어떤 학생들은 이곳저곳 약이나 만두 등을 팔러 다니기도 한다. 늦은 밤에나 하숙집에 돌아온 그들은, 새벽까지 책을 읽고 부족한 공부를 보충한다. 잠깐 눈을 붙이고 나면 다시 긴 하루가 시작된다. 때로 그들은 운 좋게 누군가의 원조를 받기도 하지만 그로 인해 놀림의 대상이 되기도 한다. 주경야독의 생활을 이어가는 것도 쉬운 일은 아니지만, 의지가 약해지는 순간들을 견디는 것이 가장 참기 어려운 일이었다.

어떠한 약방에서 몇 가지 약을 받아가지고 밤이면 공원이나 연극장이나 요리점으로 돌아다니며 약을 팔아 월사月謝와 식가食價를 당하면서 낮에는 여전히 학교에 다니었다. 겨울에는 약을 사는 사람이 없으매 약상을 폐하고 어떠한 서포에 가서 서역書役을 하여주고 그 서역비書役費로써 학비를 변상하였다 몸에는 해어진 의복을 붙이고 머리에는 떨어진 모자를 썼다. 학교에서는 선생을 빼어놓고는 모두 치명을 가리키어 "거지학생"이라 하였다.[1]

고학생 오기영은 전일前日과 같이 우유가방을 등에 메고 목장의 대문을 나서니 시계의 바늘은 이제야 4시 30분을 가리킨다. 쏟아진다. 눈 밑에 우중충하게 서 있는 목장을 등지고 아직도 꿈속에서 들었는 시중市中으로 향하여 가며 '속히 우유를 배달하고 시간 전에 학교에를 가야하겠다' 고 생각하며 터벅터벅 눈 우흐로 걸어간다. 비단결같이 곱게 쌓인 눈 위에는 그의 발자죽이 그의 가는 곳을 걸음걸음이 쫓아간다.[2]

가령 우유 배달을 마치고 목장으로 돌아가는 길에 고학생 '오기영' 은 교장 선생님을 만나고, 고학생으로 어렵게 공부하는 '오기영' 의 사정을 알게 된 교장 선생님은 '오기영' 을 치하하면서 월사금을 면제해주고 각종 경비에 대한 특전을 주기로 결정한다. 그러나 이 사건을 계기로 전교생에게 그가 우유배달부임이 알려졌고 이후로 놀림감이 되어 마음의 상처를 입게 된다. 물론 그는 그런 시련에 굴하지 않는다. 그는 잡지에서 오려낸 나폴레옹 초상과 고향에서 굶주리며 빈곤에 울고 있을 부모와 자신의 어린 동생들을 떠올리면서 고통스러운 노동이 행복으로 변하는 '성공' 의 그날까지 다시 한 번 참고 견딜 것을 스스로에게 다짐한다.

소설은 희망찬 미래를 기약하면서 그렇게 끝난다. 그러나 실제 고학생이 현실에서 겪는 정신적, 육체적 고통은 매우 끔찍한 것이었고 학업과 병행할 수 있을 만큼 만만한 것이 아니었다. 《개벽》 10호에 실린 정창선의 실제 경험담에 따르면, 고학 생활은 차라리 죽음을 선택하고 싶은 만큼 고통스러운 것이기도 했다. 육체적 고통이 아니더라도 고학생을 바라보는 외부의 시선 또한 그리 호의적이지 않았다. 그들은 때로 거지나 도둑으로 오해받기도 했다.

세민은 얼마 전부터 삽곡정澁谷町 (시부야 : 인용자) 조금 안 집을 세내어 가지고 자취를 한다. 매일 새벽에는 신문배달을 하고 저녁에는 조면造綿 공장에 가서 두 시간씩 일하여 주고 몇 원 받는 돈으로 잔명을 보존하여간다. 세민에게 가장 기쁘고 즐거운 시간은 오전 구시부터 오후 4시까지 상학上學하는 시간이다. 한번은 잠을 좀 늦도록 잔 고로 신문배달이 늦어지고 따라서 상학 시간도 늦어졌음으로 조반도 못먹고 학교에 갔으나 자미滋味 있는 시간인 고로 배고픈 줄도 몰라서 삽곡(시부야)행을 탔다. 세민은 전차 안에 있는 사람들을 돌아보면서 빙그레 웃는다. 그의 웃음은 '나는 너의 모르는 신비한 것을 안다' 는 자만심에서 발하는 것이다.[3]

C : 아-K군, 지금 오나. 밤이 매우 깊었는데.

　　아마 자정은 되었을 걸? 그래 몇 갑이나 팔았었나?

K : 몇 갑이다-무언가. 죽도록 고생만 하고 빈손으로 돌아왔네.

　　고학도 못하겠데. 할 수 없이 내일부터는…

C : 왜 그러나. 그래 한 갑도 못 팔았어?

K : 그까짓 것. 한 갑 두 갑 팔면 무엇 하나.

고생은 고생대로 하고 천대는 천대대로 받고….

아—어쩌면 이 세상이 이다지도 냉랭한가.

C : 이 세상이 냉랭한 줄 이제야 알았었나. 고학하는 처지에 고생 말은 왜
하나. 천대! 천대 아니야 우又 천대를 받을지라도 기어코 분투하여 세
상과 더불어 싸울 밖에 없네. 우리가 집을 떠나 이 곳을 향할 때 물론
이러한 내두來頭를 예상한 것이 아닌가……. 그래 천대는 무슨 천대
를 받았나? 말 좀 하게. 나도 참고삼아 좀 들어두세.

K : 여보게. 대체 고학생은 웬 놈의 고학생이 많은가. 종로에를 가도 고학
생, 외 따른 골목에를 가도 고학생, 염집 사랑에도 고학생, 술집에도
고학생, 눈에 보이는 것은 전부가 고학생이데 그려. 우리도 고학생의
하나이지만 고학생이 이렇게 많으니까 천대를 아니 받을 수 있나. 이
사람 보고도 약 사라 저 사람 보고도 약 사라. 산 사람 또 보고 또 사달
라며 준 사람 또 보고 또 달라하니 사실은 역증도 날 터이요 가증도
할 듯하데. 누구든지 고학생 약팔아주기 위하여 돈을 한 주머니 넣고
나오기 전에야 만나는 학생마다 다—어떻게 팔아 주겠나. 바꾸어 생각
할지라도 그렇긴 그럴 듯하데. 그러나 여보게. 이런 분하고 억울할 데
가 어디 또 있겠나. 도적놈 소리를 듣게 됨이… 아 – 실로 가슴이 아
플 노릇일세.[4]

평안북도 영변군에 원적을 치置한 송종우宋宗宇 씨는 방년이 이십일이라 가
산이 유여裕餘하고 입지가 고상함으로 거금 4년에 경성 오성五星중학교에
입학하여 열심히 연구하다가 일일은 원대한 목적으로 지나에 유학할 지늘

를 결심하였으나 사事가 여의치 못하여 부득이라 일본에 유학하기를 갱의 更意하고 삼년 전에 결심 도해渡海하여 일본대학 법률과에 입학 연공硏工하는 중 거년 자기의 본가에서 사오인의 흉변凶變을 당한 후에 학자금을 풍족히 송래送來치 못할 줄 추지推知하고 부모의 마음을 안安케 하기 위하여 오륙 개월을 동경 신축에서 신문배달까지 하고 학자금을 얻어서 열심 통학하였으며 금년에 지至하여는 자기 가家에서 송래하는 풍족한 학자금으로 열심히 공부하다가 삼사 개월 전부터 우연히 시사時事가 비관에 입入하여 귀중한 세월을 무익히 송送하다가 거 오월 일일은 자살하기를 결심한 듯 동경 국정구麴町區 구단하九段下에 거주하는 고학생 동세현董世懸씨와 이전부터 친밀할 뿐 아니라 동씨는 자선심이 풍부하고 동포형제 되는 사람이라 고로 오월 일일 야夜에는 소유의 하숙에서 투숙치 아니하고 동씨 가家에 내來하여 투숙하다가 야반에 독약을 복服하고 고통 하는 소리에 동씨가 경기하여 복통함인가하고 즉시 선량한 의사를 청래請來하여 수술을 가加하였으나 독약이 무정이라 수遂히 이일 칠시 경에 영면하였더라.[5]

어떤 면에서는 고학생에 대한 사회의 온정어린 시선이 고학생이 넘쳐나는 상황을 만들기도 했으며, 상당한 재력이 있는 사람이나 부랑청년 등이 고학생을 자처하기도 했고, 이런 상황이 고학생에 대한 비난으로 이어지기도 했다. 일을 하면서 공부를 지속해가는 일이 육체적, 정신적으로 견디기 힘든 고통이었지만, 고학생 가운데는 어렵게 번 돈을 학비가 아니라 유흥비로 사용하는 경우가 없지 않았다.[6] 이런 일들이 빈번했기 때문에 약을 파는 등의 일을 핑계로 술집에 드나드는 일에 익숙해지거나 하는 상황에 대해 고학생들이 스스로 경계를 게을리 하지 않기도 했다. 고학생으로 산다는 것, 고학 생활을 경험한다는 것의 고통은 미래의 '그 날'이 안겨줄 영광으로는 쉽게 극복하기 어려운 극심한 것이었기 때문이다. 때문에 급기야 고학생은 죽음과 같은 극단적 선택을 하고 말기도 했다.

그럼에도 그들은 대개 시련의 고비마다 '일정한 학문에 이르기 전까지는 귀국/귀향하지 않을 것'을 다짐하곤 했다. 자신에 대한 '자긍심'과 함께 그들을 그 고통에서 벗어나게 해줄 유일한 해결책이 바로 학력임을 그들은 너무나 잘 알고 있었기 때문이다.

학력을 쌓음으로써 주어진 계급과 신분을 극복할 수 있을 것이라는 이러한 논리는 분명 근대적인 자유와 평등 이념을 담보한다.[7] 노력하는 태도를 긍정하는 관점과 학력 우선주의의 긍정적 측면이 여기에 있다. 개인을 존중하고 개인의 능력과 노력하는 태도를 높이 평가하는 이러한 경향은 근대 이전의 계급 구조를 급속도로 재편성할 수 있는 원동력이 되었다. 물론 학력을 존중하는 태도는 점차 계급 차원의 구조적 문제를 개인들의 능력이나 노력의 문제로 환원함으로써 부조리한 계급 구조를 합리화하는 기제가 되기도 했으며, 무엇보다 학력에 대한 물신적 숭배 현상을 낳은 것이 사실이다. 그러나 적어도 근대 초기에는 학력을 쌓으려는 개인적인 노력이 사회 구조를 혁신적으로 변동시킬 수 있는 긍정적 계기로 작용했다. 고학생 신화가 입신출세주의 내러티브와 긴밀하게 연관될 수밖에 없는 것은 그래서이다.

유학생? 고학생! 지침서

고학생은 학생은 학생이되 학비와 생활비를 조달하기 힘든 형편이어서, 학업과 함께 일도 해야 하는 학생을 가리킨다. 역설적이긴 하지만 고학생이 등장했다는 사실은 일차적으로 학생의 수효가 증가했다는 것을 말해준다. 특히 젊은이들이 자신이 태어난 땅에서 죽을 때까지 살아가는 것이 아니라 공부를 위해서 또는 직업을 얻기 위해 다른 지방으로, 다른 나라로 이동하는 일이 빈번해졌다는 것을 의미한다. 따라서 사비 유학생의 수효가 급격하게 늘기 시작한 1910년대 전까지 고학생의 존재는 그리 두드러진 관심의 대상이 아니었던 것이다.[8]

보다 선구적인 학문을 향한 조선 학생들의 열정이 그들을 경성과 동경 등 첨단의 도회로 몰리게 했다면, 이러한 현상은 조선에만 해당하지는 않았다. 근대 초기의 동경 역시 일본의 지방 청년들이 학문을 위해 모여든 곳이고 고학생이 넘쳐나는 곳이었다. 1910년대 전후로 일본에서는 고학생을 위한 책자가 다수 간행되었다. 예컨대, 동경실업연구회의 《동경 고학 성공법》(1915), 후카우미 도요지深海豊二의 《입지성공 : 고학의 이면》(1916), 노기 아이타로野木愛太郎편 《고학과 마음대로 취직하기》(1917), 오부 가오시로大生川志郎의 《동경 고학생 안내》(1921), 데구치 기수出口競의 《동경의 고학생》(1921) 등을 들 수 있으며, 데구치의 《동경의 고학생》은 판을 거듭하여 발행했다고 한다.[9] 고학생 지망자들은 이 책들을 통해 직업과 학교에 대한 정보를 얻을 수 있었다.

일본에서와 마찬가지로 조선에서도 선배 유학생들은 물심양면으로 유학과 고학을 위한 준비를 돕고자 했다. 박춘성의 조사에 따르면, 1921년 당시 유학 비용의 대강은 다음과 같다. 1개월 학비로는 60원 정도가 소요되었는데, 식비가 보통 25~6원, 방세가 5~6원, 학비가 5~6원이며, 기타 차비와 교제비, 서책비 등으로 20원 가량이면 한 달 생활이 가능했다. 조금 절약해서 방세를 따로 하고 식당 생활만 한다면 40원 가량으로도 빠듯하게 생활이 가능했다. 그러니 유학을 준비하는 학생 혹은 가족은 매월 40원 가량의 경비를 충당할 수 있을지 가늠해 보아야 했다. 이러한 예산 책정이 불가능하다면 유학 생활 내내 순純고학생 생활을 해야 했다.[10] 국내의 경제가 부진한 상태이다 보니, 본국의 후원 아래 있더라도 동경 유학생의 생활은 대개 구차했던 것이 사실이며, 학비를 받지 못해 학업을 중단하는 학생의 수효가 적지 않았다.

○ 신문분전新聞分傳 : 신문을 분전하는 것으로, 노동시간은 하오 10시에서 상오 8시, 매월 급료는 6~7원에서 10원이다.

○ 신문매자新聞賣子 : 신문을 매거하는 것으로 신문사와 계약하고 염가로 매취買取하여 철도마차방이나 번화시가지에서 판매하는 것으로, 급료는 일삭一朔에 십원 정도이고 호외가 나올 때에는 과대한 이익을 얻게 된다.

○ 우유분전牛乳分傳 : 우유를 분전하는 것으로 노동시간은 아침저녁으로 2번으로 오전 2시부터 5시까지 한번과 오후 4시부터 6시까지 한번이다. 급료는 6, 7원에 불과하다.

○ 사자생寫子生 : 관청수용官廳需用 문부文簿를 사자寫字한다. 급료는 장당 적동화 2전 5리이다.

○ 인력차부人力車夫 : 직업 가운데 가장 낮은 것으로, 인찰지印札紙 한 장에 적동화赤銅貨 2전 5리이다. 노동 시간은 야간 10시에서 12시까지니 매일 평균 50전을 얻되, 지사志士의 동감同感을 만날 때는 1원 이상도 번다.[11]

학업과 노동을 병행해야 했기 때문에 고학생들은 주로 약 행상, 신문 배달, 인력거 인부, 엿장사, 회사의 직원으로 일했고, 그렇게 해서 1개월에 10원 내외를 벌었지만, 이런 정도의 수입으로는 기본 학비와 생활비를 하기에도 버거웠다. 그래서 10리나 되는 먼 길을 아침저녁으로 걸어 다니면서 옷 한 벌로 한 철을 나고, 그것도 모자라면 결국 월사금을 내지 못하고 출학黜學을 당하고 말았다.

미국이라면 경우가 좀 달랐는데, 미국에서는 노동을 천시하지 않았으며 일하면서 공부하는 것을 자연스럽게 생각했다. 미국 유학생들은 대개 서부에서 생활했으며, 이들은 여름방학 3개월 동안 다음 학기의 학비를 벌 수 있었다. 4~5백 달러 정도의 비용으로 한 해 학비와 생활비를 충당할 수 있었고,[12] 경비가 비싼 동부 콜롬비아, 예일, 하버드, 프린스턴, 브라운 대학에서도 학비 3~4백 달러에 기숙사 비용 등을 포함하면 7~9백 달러 정도의 경비로 학업을 지속할 수 있었다. 서부에서는 실과 따기, 김매기 등을 하고 3~4백 달러의 급료를 받았으며, 동부에서는 방 닦기, 마루 쓸기, 유리창 닦기, 그릇 부시기, 상床심부름 하기 등으로 2백 달러 정도의 급료를 받았다.[13] 점차 고학생 사이에서 정보 교환을 위한 조직의 필요성이 요청되고, 1920년대 이후가 되면 고학생 중심의 단체도 만들어졌다. 책자뿐 아니라 다양한 인적 네트워크가 고학생을 위한 지침서가 되고 있었던 것이다.

갈돕, 갈돕, 고학생을 동정하라

1920년대에 접어들면서 사회주의 사상의 도입과 함께 고학생에 대한 관심은 동정, 자선, 상호부조 담론 위에서 빈민에 대한 관심과 겹쳐졌다. 그리하여 "고학생은 사회의 일원이 되기 위하여 혹은 사람다운 직무를 다하기 위하여 학문을 하고자 하나 학비가 없고 도와주는 이가 없어 직접 학비를 벌기 위해 거리로 나선 이들"[14]로 규정되기에 이르렀다. 고학생은 이 사회의 주동 세력인 학생 청년이면서 속물적이고 타락한 부르주아와 대립하는 빈민의 위치에 놓인 존재로 명명되었던 것이다. 《개벽》과 《동아일보》 같은 신문, 잡지에서 '고학생' 문제에 많은 관심을 표명한 것은 이러한 이유에서이다.

동정의 메커니즘은 동정의 주체와 대상이 분리되는 지점에서 시작된다. 주체와 대상 사이의 거리가 동정이 발생할 수 있는 조건이 되는 것이다. 루소가 말하는 동정의 메커니즘이 약자를 향한 강자의 미덕으로 설명될 수 있다면, 근대 초기 우리의 '동정' 담론은 계몽 담론과의 상관성 속에서 전개되었다는 점에서 특징적이다.[15] 가령, 이광수가 "나의 몸과 맘을 그 사람의 처지와 경우에 두어 그 삶의 심사와 행위를 생각하여준다"고 정의한 '동정'[16]에는 '내가 아닌 다른 사람을 걱정한다, 남을 사랑한다, 다른 사람의 고통을 자신의 고통인양 생각한다'는 등의 강한 이타주의 성향이 내포되어 있다. 따라서 이때의 '동정'은 도덕적이고 윤리적 현상이며 문화적 행동이다. 개인의 '정' / '감정' 보다 개인과 개인 '사이'의 '동정'을 강조한다는 것은 사회가 공동체의 유지를 위해 자아의 희생을 받아들일 준비가 된 ‘사회적’ 인간을 육성하는 것으로 관심을 돌리고 있음을 말해 주는 것이다.

고학생 담론이 ‘동정’이나 ‘상호부조’ 논의와 동일한 층위에서 전개될 수 있었던 것은 ‘동정’ 담론을 요청하는 이런 시대 맥락과 맞물려 있었기 때문이다. 상부상조를 해야 하는 세상에서 ‘서로 돕고 서로 사랑하자’는 취지에 입각할 때 비로소 고학생에 대한 관심과 실천이 시작될 수 있기 때문이다.

> C : 여보게 그의 고마운 뜻은 물론 고맙거니와 그도 고학, 우리도 고학, 그도 장부, 우리도 장부인 바에 하필 그에게 도움만 받는다는 것이 너무나 못생긴 짓이 아닌가. 이로부터 우리도 힘껏 애써 그에게 일분이라도 도울지언정 그의 도움은 받지 말도록 하세. 우리는 너무 무능한 것을 표하니까.
>
> K : 그도 그렇겠네. 그러나 우리네끼리는 진정한 호의 하에서 서로 돕고 서로 사랑하자는 것이니까 피차 서로 도울 밖에 없지. 그가 굶으면 우리도 굶고 우리가 먹으면 그도 먹고. 이렇게 서로 도울 밖에 없지. 공산주의의 실행은 실로 우리 고학생 세계데. 글쎄 먼젓 달 N군에게 돈 10원 온 것을 우리 7, 8인이 평균 분배를 하지 않았나.
>
> ……
>
> K : 아닌 게 아니라 주어서 언짢다는 사람은 없네.
>
> 세상은 분명히 상부상조의 세상이건만…
>
> C : 세상은 과연 ‘구로뽀도킨’ 주의의 세상일세. 공연히 권력가 몇 놈이

있어서… 아–순길이 어머니 수고하십니다. 이런 고마울 데가 어데 있소. 댁에서도 분주하실 터인데. 아– 고맙습니다.[17]

남은 솜옷을 입었다. 하이칼라 서방님들은 외투까지 입었었다. 때는 추운 때가 분명하다. 무명 고의적삼은 좀 추워 맞는다. 그러 굳게 먹은 그의 뜻은 한서를 가리지 아니한다. 다만 많이 팔아서 한 푼이라도 더 얻기에 애를 쓴다. 이 골목 저 골목 이집 저집으로 분주히 다니며 '갈돕 만두' 소리를 높이 부른다. 문안을 들어서며 "만두 좀 삽시오" 하다가 안 산다는 반어 反語 끝에는 '갈돕' 2자를 붙인다. 그리다가 "갈돕이고 을돕이고 아니 산다는데 어서가–" 소리가 나올 때는 그 만두장사는 아이고 고학생은 혼자말로 "만두를 몰라주십니다" "아니 사람을 몰라주십니다" 하고. 그리고 억울한 음조로 "술과 담배, 기생과 칼포에게 몇 십원 몇 백원씩 내버리지 말고 이 고학생을 좀 도와주렴!?" 하고 크게 부르지지겠지. 아– 언제나 우리 사회도 자신을 알며 동정을 알는지[18]

1920년의 일이다. 상부상조 담론의 유행과 함께 고학생들이 '갈돕만두'를 팔기 시작했다. '갈돕만주'로도 알려졌는데[19] 보통의 만두(/만주)에 서로 손을 잡은 갈돕회 낙인을 찍고 '갈돕만두(/만주)'라고 불렀다. 고학생들은 만두(/만주)를 팔아서 간신히 생활을 지탱해갔고 팔다가 남으면 식사대용으로 먹기도 했다. 적군을 막기 위해 진지 앞에 던져두었던 쇠못을 가리키는 영어 'Caltrop'에서 유래한 말이라 해서 불온하다는 오해를 받기도 했지만 '갈+돕'은 '서로 돕는다'는 의미가 강한 말이었다.[20] 고학생들의 학비와 생활비 마련을 위한 자리에서 '갈돕'은 도움이 되는 말이었다. 그러나 너나없이

‘갈돕’이라는 말을 사용하면서 ‘갈돕만두’든 뭐든 차차 잘 팔리지 않게 되고, 결국 고학생은 학비와 생활비를 마련할 수 있는 다른 방책을 강구해야만 했다. 이외에도 현실 여건이 고학생을 위해 긍정적으로만 움직이지 않았다. 가령, 충분히 예견 가능했던 바, ‘갈돕만두’에 대해 말하자면, ‘갈돕만두’ 유행은 곧 일본인 장사꾼들이 제작한 현미떡 ケンマイパン 으로 바뀌고 말았다.[21]

때문에 고학생을 구제하기 위한 제도적 장치의 마련이 적극적으로 요청되었다. 1920년 11월 일본 동경에서는 노동하면서 공부하고 생활하는 조선인 고학생과 노동자를 구제하고자 박일병, 홍승노 등의 발기로 동우회라는 모임이 생겨났다. 대표적인 아나키스트이기도 했던 박열, 황석우, 김약수, 백무, 최갑춘 등을 간부로 하는 이 고학생 동우회는 총회원수가 200명이 넘는 큰 조직이었다. 이들은 모든 고학생의 입학 준비와 일반 노동자의 인격을 향상시키기 위해 강습회를 여는 일, 노동자의 단결과 자각에 힘쓰기 위해 각 지방에 지부를 두고 순회 강연회를 열어 세계 대세와 노동자의 지위를 깨닫게 하는 일, 의사를 초빙하여 고학생과 노동자를 무료로 치료해주는 일, 기숙사를 설치해서 노동자와 고학생을 수용하는 일, 본국에서 새로 건너온 고학생과 노동자에게 직업을 소개하고 학교 입학 절차를 도와주는 일, 잡지를 발행해서 지식을 개발하는 일 등을 기획하고자 했다.[22]

경성에서도 고학생을 위한 단체인 ‘고학생 갈돕회’가 결성되었다. ‘고학생 갈돕회’는 1920년 6월 13일 승동 예배당에서 발기 총회를 연 후, 6월 21일 중앙예배당에서 창립총회를 열었다.[23] 1922년 4

월 1일에는 김영준金永俊, 전유덕田有德 등이 주축이 되어 여자고학생 상조회도 창립되었다.[24] 고학생 단체에서는 고학생을 위한 다수의 강연과 공연을 열었다. '고학생 연극회', '자선음악회' 등 다양한 문화 행사가 동정과 자선의 맥락에서 열린 것이다. 청년 학생들이 중심이 되어 연극회를 열고 입장권을 판매하면서 고학생을 위한 기금을 마련하기도 했다.[25] 어쨌든 고학생에 대한 긍정적 분위기는 사회주의 사상의 유입과 함께 1920년대 전반기를 거치면서 정착기에 접어들었다.

고학생 담론과 현실의 간극

진실이란 있다고 말하기도 어렵거니와 있다 해도 언제나 쓰라리게 마련이다. 고학생은 사회의 관심이 집중되면서 동정과 자선의 대상이 되었으나 동시에 새로운 신분 위계 속에서 하층부를 구성하게 되었다. 고학생에 관한 수많은 이야기가 신화가 될 수밖에 없는 것은 당연하게도 현실에서 고학생 성공 사례가 그리 흔하지 않았기 때문이다. 사실 고학생 다수가 학업과 일을 병행하는 생활고에 지쳐갔고 그리하여 학업을 중도에 포기하는 사례도 많았다. 입신출세를 위해 고학 생활도 참고 견뎌야 한다는 내러티브가 근대적 청년의 상을 마련하는 자리에서 중요한 요소로 자리 잡고 있었다고는 해도, 담론 너머의 현실에서 고학생들이 실질적으로 얼마나 입신출세에 성공할 수 있었는가는 미지수가 아닐 수 없다.

사실 입신출세주의와 고학생의 상관성은 한국의 근대적 주체 형성 과정과 함께 논의해야 할 문제이다. 고학생을 둘러싼 신화는 사회의 격렬한 변화 가능성과 새로운 사회로의 이동 가능성을 예견하게 해준다. 누구에게나 평등한 기회가 열리고 자신의 노력을 통해 기회를 잡을 수 있다는 소박한 믿음, 이것이 사회의 역동성을 이끌어낸 원동력이었음을 고학생 신화는 잘 보여주고 있다. 따라서 개별 고학생이 입신출세주의에 사로잡혔는가, 입신출세에 성공했는가의 여부는 이런 관점에서는 그리 중요한 문제가 아닌지도 모른다. 그 개별 사례의 스펙트럼은 다양할 것이며 수많은 고학생이 서로 다른 이유와 명분으로 자신의 고난의 청춘을 견뎠겠지만, 담론과 현실의 간극이 바로 거기에 놓여 있었다. 간과하지 말아야 할 것은 개별 사례의 통계와 무관한 담론적 진실이 현실을 변형시키거나, 조금 과장해서 말하면 조작하고 왜곡할 수도 있다는 점이다. 우리가 현실을 지배하는 담론들에 대해 경계의 시선을 늦추어서는 안 되는 이유가 여기에 있다. 기원을 알 수 없는 신화가 되어버린 고학생과 입신출세주의 담론도 예외는 아니다.

담론과 현실의 간극을 보여주는 대표적 경우로 여기에 담론이 포섭하지 못하는 '다른' 참고 사례를 덧붙여 둔다. 고학생 담론이 근대주체 형성 과정에 어떤 영향을 미쳤는가와는 무관하게 그들 고학생은 지식인이면서 노동자였고 지식인이 아니면서 노동자도 아니었다. 그들의 실질적 위상은 우리의 자의적 기준에 의해 그리 손쉽게 구분되지 않았다.

박근朴槿이라는 친구와 또 한 학생과 함께 나는 방을 하나 빌렸다. 방세는 월 12원이었다. 나는 곧 매일 아침 8시 이전에 신문을 80부 배달하는 일자리를 구했다. 보수는 월 10원이었다. 또 한 학생에게 화학과 대수를 배우면서 나는 동경제대東京帝大에 응시할 준비를 하였다.

당시 동경에 있는 조선 유학생의 3분의 1 이상이 고학을 했다. 대개 그들은 인력거를 끌거나 신문이나 우유를 배달하거나 인쇄소에서 교정을 보았다. (굶주린 학생들이 아침길에 아직 따뜻한 우유를 길거리에서 슬쩍 훔치는 경우가 너무 많았기 때문에 일본인은 자물쇠가 달린 조그마한 우유상자를 만들어 도난을 방지했다) 그 밖의 학생들은 일이 많은 조그마한 마찌꼬바에서 일을 하기도 했다.

600여 명의 학생이 인력거를 끌었다. 한 번만 손님을 태우면 그 돈으로 충분히 하루를 살아갈 수 있었다. 좋은 돈벌이였다. 하지만 중국 학생이나 일본 학생은 체면 때문에 이런 일을 하려고 하지 않았다. 우리는 고물상에 가서 그네들의 중고품 옷을 샀다. 1910년대 이래 동경에 온 조선인 유학생들은 대개 이런 식으로 고학을 하였다. 그들은 일본인들의 머슴이었다. 그러나 그들은 일본으로 하여금 자기들의 학비를 지불하도록 만들었던 것이다.

(중략)

일본에 있는 조선 유학생은 일하고 있는 사람과 돈을 가지고 있는 사람, 이 두 부류로 명확하게 구분되었다. …… 우리 800명의 '룸펜들'은 전 조선인 학생들을 지배했다. 그리고 이 지배를 우리는 '프롤레타리아 독재'라고 불렀다. 우리는 갖가지 학생집회를 열었고 프롤레타리아 철학을 충분히 활용하여 마음대로 '달걀껍질' 들을 가르쳐주었다. 우리 일하며 공부하는 파가 돈 있는 파보다 지적으로 훨씬 앞섰다. 모두가 마르크시즘을 연구했다. 또 빈곤과 투쟁으로 머리가 예리해졌고, 지식에서는 현실성을 획득했다. 부유한 '달걀껍질' 들은 우리를 두려워했으며 뒤에서는 우리를 '비적匪賊' 이라고 불렀다.[26]

자선은 어떻게 음악회를 만났을까

1909년 3월 7일자 《대한매일신보》에 실린 자선연주회 기사와 1916년 10월 29일 《매일신보》 일요일자 3면에 실린 자선음악회 기사에서 시작해보자. 자선 공연, 그 가운데서도 '자선음악회'가 늘어나기 시작한 것은 1910년대 전후의 일이다. 이 시기를 기점으로 근대적인 공연, 예술, 관객 개념이 구축되기 시작했다. 근대 이전의 공연 형식이던 연행燕行도 여전히 이루어졌지만, 특정한 시공간을 대상으로 표를 구입하고 공연을 소비하는 새로운 방식이 점차 확산되었다.[1] 공연 시간이 지나면 공연장에 입장할 수 없다는 구체적 실감[2]이나 신체에 각인되는 공연문화 감각은, '공연 관람' 경험 자체를 근대적 존재로 재탄생하기 위한 하나의 조건으로 만들고 있었다. 이 과도기적 상황이 자선과 공연이라는 서로 다른 두 영역의 결합을 촉진했다.

자선+음악회=조선식 모럴

자선부인회에서 경성고아원에 경비 군졸함을 개탄히 여겨 해원에 연조를 목적으로 자선연주회를 일주일 위한하고 일간 단성사에 배설한다더라[3]

자선음악회
청년회관에서
유겸철俞兼喆 등 제 씨의 발기로 계동 공립학교의 경비를 보조키 위하여 삼십일 하오 칠시 반부터 종로 청년회관 안에서 자선음악회를 거행하고 좌기와 같이 여러 가지 음악을 탄주할 터이라는데 동정 있으신 신사숙녀에게 재미있는 음악도 들으시려니와 진심으로 찬조하시기를 바란다더라

중요한 주악 순서
◀주악 '이왕직 양악대' ◀독창 '스미쓰 목사, 하듸 양, 우드 양, 김인식金仁湜 외 제씨' ◀사현금 '조선호텔음악 주임 암○각嵒○覺 군' ◀양적 독주 '양악대장 백우광白禹鑛 군' ◀피아노 독주 '내외국 부인' ◀합창 ◀구악연주 '정악전습소'

물론 이것이 다는 아니다. '자선'과 '음악회'를 하나의 문화로 자리 잡게 한 계기들은 다른 곳에 있었다. '자선음악회'는, 인용문을 예로 들자면, 경성고아원이나 공립학교 설립과 운영에 필요한 경비를 마련하기 위한 행사이기도 했지만, 당대 청년들을 위해 청년회관에서 행해진 문화행사의 일환이기도 했다. '자선' 문화와 '음악회' 행사 양자가 근대 초기에 등장한 새로운 문화 현상이었음을 감안한

→ 《별건곤》 표지 삽화

다면, '자선'과 '음악회' 가운데 어느 쪽에 더 큰 비중이 있었는지를 가늠하기는 쉽지 않다. 분명한 것은 두 문화가 '타인'을 전제하는 것이었으며, '타자의 발견'이 바로 두 문화 현상이 결합할 수 있는 사회문화적 토양이었다는 점이다.

자선은 근대적인 것

울산 거하는 박시철씨가 고아원에 와서 시찰하고 회원 경비를 원주 리우선씨가 독히 담당함을 대단히 칭송하고 행탁에 있던 지화 오원을 연보하고 갔다더라[4]

동대문 밖 장평리에서 양약국 하는 이기정씨는 의술이 고명한데 약국을 설시한 이래로 그 근처 수만호 인민 중의 빈한한 사람의 병든 자와 그 동리 흥인학교 학도들에게 대하여는 항상 무료로 치료하여줌으로 이씨의 자선심을 모두 칭송한다더라[5]

1910년대 전후의 자선이라는 말은 의미가 완결된 용어가 아니었다. 1910년대에서 1920년에 걸쳐 점차 의미 구획을 마련하던 참이었다. 물론 범박하게 보아, 1900년대의 '자선'은 개인적인 차원에서는 누구나 행할 수 있는 선행이었으며, 단체의 차원에서는 사회에서 할당된 여성적 자질의 구현에 가까웠다. 카네기A. Carnegie에 대한 소개가 단적으로 말해주듯,[6] 개인적 차원에서라면 '자선'은 누구나 할 수 있는 일이었다. 기생이나 부호, 양가댁 규수나 종교인 혹은 청년 모두가 개인의 선한 마음이 시키는 대로 고아원을 유지하기 위한 경비나 수재의연금을 내놓으면서 '자선'을 행할 수 있었다.

'자선'은 '사업'의 차원에서 이루어지기도 했다. '자선'이 단체의 이름으로 행해진 것은 근대적 자선 단체가 최초로 결성된 1907년의 일이다.[7] 자선 사업을 좀더 찬찬히 살펴보기 전에 밝혀둘 것은 단체 차원의 '자선 사업'이 등장 초기에는 사회에서 여성이 담당할 수 있는 적절한 임무로 할당되었다는 점이다. 서구적 문명화를 절실하게 요청했던 근대 초기, 자선은 여성이 문명화되어 사회의 일원으로서 기여할 수 있는 방법 가운데 하나로 이해되었다. 사회에서의 여성의 역할이 한 집안 내에서의 어머니 역할의 확장판으로 이해된 것이다. 이는 1900년대라는 시대가 여전히 근대적인 의미의 개인과 사회 개념이 흐릿하고 모호한 모색기였기 때문인데,[8] 뒤에서 확인하겠지만, 이러한 경향은 1910년대 중반 이후 점차 변모하기 시작하며, 급기야 '자선심'과 '자선적 행위'는 문명한 청년의 자질로 격상된다. 근대적 의미의 '자선'은 후자의 것을 가리킨다.

'자선부인회' 소결

한성 내에 유지한 부인들을 중심으로 한 자선부인회는, 1907년 9월 4일에 자선심을 계발하고 자선 사업을 실천하기 위해 결성되었다. 여성 단체들이 연합해서 설립한 자선부인회는 광통방 부정동 18통

10호를 사무실로 사용하기 위해 월세로 빌렸다. 이후에도 이곳저곳으로 사무실을 옮겼지만, 그 사이 작은 사무실에서 경성 고아원을 유지할 수 있는 방법을 강구하고자 했고, 고아원과 맹아원, 자혜병원 등을 설립할 일, 고아와 장애인, 병든 사람을 구제할 다양한 방법 등을 고민했다. 그들의 창립 취지는 이러했다.

자선이라 함은 사람 자 착할 선 두 글자이라 하늘이 주신 사람에 성품에 진실로 있는 바이기로 금수와 곤충이라도 곤란하고 죽을 지경이면 측은한 마음이 자연 감동함은 자선심에 나옴이거늘 하물며 사람이 사람에 곤란하고 죽을 지경에 빠진 것을 보면 자선심이 나지 아니할 이치가 있으리오 그러나 지식이 암매하여 사람의 도리를 다하지 못하기로 미개명한 야만이라 이름이라 근래 문명한 열국에 남자보다 여자가 자선심을 발하여 자선력을 행함에 무부무모한 고아도 수용하며 장님과 벙어리도 교육하며 곤궁한 사람의 병든 것을 구제하되 재력을 생식하는 방침은 각종 자선사업을 설시하여 자선 목적을 관찰케 하는 방법이 있는 지라 우리 부인사회에 교육을 권면하며 실업을 장려한다하되 다만 자선 의무를 문명한 사람과 같이 실행치 못함을 부끄러 각부인 사회를 연합하여 자선부인회를 설시하였으니 다만 회만 설시하고 자선 목적을 당하지 못하거나 시종이 여일치 못하면 차라리 아니 설립하니만 같지 못할 것이니 유지하신 동포 자매는 일심찬성하시와 완전히 실행하고 영원히 유지하여 한 실마리 같은 자선심이 전국 동포의 행복되기를 축하오며 성인의 말씀의 하였으되 적선지가에 필요여경이라 하였으니 하늘이 주신 착한 성품을 다하면 남만 구함이 아니라 자기의 적선한 음덕으로 복음을 받을 것이니 깊이 생각하

심을 바라나이다

융희 이년 팔월 일[9]

자선부인회는 창립 후 6개월이 지나지 않아 회원이 120여 명으로 늘어났다. 회원의 회비와 기부금으로도 실질적인 사업 경영이 가능해진 것이다. 첫 번째 사업은 '기아수용소'인 '경성 고아원'을 설립하고 운용하는 일이었다. 회장에 동년위궁 부인 심씨, 평의장에 조동윤씨 대부인 이씨, 총부장에 이지용씨 부인 이옥경씨 그리고 평의원에 김윤식씨 부인 권씨, 총무에 이수자씨, 회계에 김희천씨 부인 임씨로 구성된[10] 자선부인회가 전체 회의를 통해 결의한 이 사업안은 매우 시급한 사회 문제를 해결하기 위해 1908년 2월 5일부터 매달 경비 50여 환을 자선부인회에서 지출하는 것으로 하고 시행되었다.

당시, 생활고가 아니더라도 갓 태어난 아이들은 강보에 싸여 개천이나 좁은 길가, 다리 아래 버려지는 일이 빈번했는데, 그 아이들 다수가 짐승에게 뜯어 먹히거나 버려진 채 죽어갔다. 정부에서도 나서서 여학교에 부속 유치원을 만들고 아이들을 수용하고 돌보려고 했으며,[11] 이 문제를 해결하기 위해 자선부인회는 아이를 버린 부모들을 책망하거나 풍속을 교정하기에 앞서, 아이들의 생명을 구하고자 했다. 또한 자선부인회는 열악한 재정 상황을 타개하고 자선 사업을 확장하기 위해 1908년 8월 5일 회부 성격의 잡지인 《자선부인회잡지》를 발간했다. 잡지를 발간하면서 재정 확충만을 의도하지는 않았다. 자선부인회는 자선 사업을 실행하는 동시에 자선에 관한 교육을 시행하고자 했다. 가령, 아이를 버리는 부모들과 이러한 풍속을 교정하기 위한 장기적인 교육을 실시하고자 했다. 자선의 근대적 의미를 널리 알리고 자선심을 북돋고자 했으며 부가적으로 기부금을 마련하기 위한 통로로 활용하고자 했다.

부인 안목에 널리 보시게 하여 첫째는 이 글을 보시고 자선심이 유연히 감발하여 각각 하늘이 주신 착한 성품 근본이 밝아지시기를 바라며 둘째는 이 자선부인회의 목적이 도달하기로 찬성하시기를 바라는 마음으로 이 잡지를 발행하는 바라 이 잡지를 국문으로 발간함은 일반 동포 자매의 청람을 공코자 함이오니 일월에 일차씩 구람하시와 이 잡지의 문법도 비평하시고 자신 의무의 자선 목적을 찬성하실 마음이 계시오면 본회에 입참도 하실 것이오 매삭 구람해독하시는 부인은 본회 찬성원으로 인정하겠사오니 만일 이 잡지로 인하여 일반 동포 자매의 자선심이 대발전될 지경이면 비단 본 회의 목적을 도달할 뿐 아니라 전국 부인의 자선심이 감동하여 하늘이 주신 착한 성품 근본이 각각 회복할 것이니 이 잡지의 유조함이 만에 하나이라도 있다 하리로다[12]

지금까지 살펴본 바에 따르면, 자선이라는 말은 불쌍한 사람을 사랑하고 불쌍한 사람에게 착한 일을 하는 것을 가리킨다.[13] 그러나 그렇다고 해서 자선이 성선설에 입각한 인간의 착한 품성을 의미한 것은 아니다. 이 시기의 자선 논의에서는 '인간이 본래부터 착한 품성을 지녔다' 는 사실은 그리 중요하지 않았다. 그보다는 '착한 품성' 이라는 것이 계발되어야 할 인간적 자질이라는 점, 점차 진화하는 문명적 자질로 이해되었다는 점이 오히려 강조되었다. 근대적 의미의 개인과 사회의 관계에 대한 논의가 새롭게 시작되면서 '자선' 개념에도 변화가 생긴 것이다. 말하자면 자선은 개인의 착한 품성 자체보다는 사회를 위한 선한 행위에 가깝게 되었다.

예를 들어보면 이렇다. 만일 강도가 사람을 죽이려는 장면을 보았다고 하자. 이런 상황에서라면 어떤 행동을 자선심에 입각한 것이라고 말해야 할까. 강도를 죽이거나 혹은 다치게 하면서 한 사람의 생명을 구하는 것이 옳은가, 강도의 목숨도 소중히 여겨 강도를 공격하지 않는 것이 타당한가. 《자선부인회잡지》에 실린 글 〈자선부인의 연설〉에서 '김홍경'은 강도를 공격하지 않는 행위는 결코 자선심 있는 행동일 수 없다고 못 박는다. 이러한 관점은 모든 생명 있는 것이 다 소중하다거나 모든 인간이 용서받을 수 있다는 관점과는 조금 다르며, 여기서의 자선은 무조건적인 사랑이나 선행이 아니라, 차라리 사회의 도덕에 합당해야 하며 법률에 의해 정당화될 수 있는 행위,[14] 착한 품성에 기초한 행위이지만 사회를 이롭게 하는 행위라고 해야 한다. 이렇게 되면 '자선'은 '사회의 일원으로서의' 개인의 자질을 가리키면서 근대적인 사회 활동이 된다.[15]

담론 차원에서 보자면, 종교적인 범주에 속하는 것이자 여성적 자질로 분류된 '자선' 개념은 1910년대 '동정' 담론의 유행과 결합하면서 대사회적 의미를 획득하였다. 집단, 전체 혹은 사회에 대한 인식이 점차 뚜렷해지면서 소집단을 규정할 수 있는 새로운 개념이 요청되었고, 개인들로 이루어졌으나 갈등과 상호충돌을 피할 수 없는 수많은 소집단이 존재해야 하는 상황이 마련되었다. 그리하여 여기서 그 내부 갈등이 어떻게 해소될 수 있는가에 관한 질문이 제기되었는데, 이런 문제제기가 행위 혹은 문화로서의 공동체 윤리 문제를 이끌어낸 것이다. 역지사지易地思之의 마음으로 타인을 헤아리는 이광수의 '동정'이 각광받은 것은 이러한 시대 맥락에서이다. 이광수가 굳이 강조하지 않았더라도, 인류의 아름다운 행위들, 자선과 헌신, 관용과 용서, 공익을 위한 사상과 행위 등은 인류의 가장 귀한 특질 가운데 하나인 '동정'으로부터 나온다.[16] 타인을 '동정'하는 능력과 자선 행위가, 청년이 갖추어야 할 자질이자 문명인의 척도일 수 있는 것은 그래서이다. 따라서 문명한 사회일수록 문명한 사람일수록, 그 사회와 문명한 존재는 내면 깊은 곳으로부터 동정을 자연스럽게 발현시키고 자선을 실행할 수 있어야 한다.

물론 '자선'과 '동정' 개념이 등장하자마자 당장 개인의 내면과 사회적 인식에 어떤 변화가 생겨난 것은 아니다. 그럼에도 분명한 것은, 근대 이전에는 존재하지 않았던 개념들이 그리 오래지 않아 우리의 일상을 지배하게 되었다는 사실이다. '자선'이 강조되던 시대로부터 얼마 지나지 않아, 적어도 자선이 사회적으로 바람직한 행위라는 사실을 부인하기는 어려운 시대가 곧 도래했다.

야학에 쓸 쵸-크가 없으므로 나는 생각다 못하여 K의 집을 찾기로 했다. 근년 삼십이 좀 넘는 이 K란 사람은 몇 해 전까지 일본 어떤 대학엘 다녔다는 사람이다. 그래도 일본까지 유학한 사람이며 또 이 마을에 제일가는 지주님으로 그만 돈이야 염려 없으리라고 믿기 때문에 찾아가니 때마침 K가 사랑에 있었다. 몇 분이 지난 후 야학사정 이야기를 하고 오늘밤 쓸 쵸-크가 없어서 선생을 찾아 왔은즉 돈 원이나 의손義損하여 달라고 간청하였다. 얼굴을 찌푸리며 듣고 있던 K는 내 말이 끝나자마자 할 수 없다고 막는다. 그래도 나는 선생 같은 (이)가 힘을 안 쓰시면 누가 쓰겠느냐고 하며 잔돈이 없으시거든 일원이라도 좋으니 좀 동정해달라고 몇 번 설하였으나 한 푼 없다고 딱 잡아떼는 바람에 나는 그냥 그 집을 나섰다.

오는 길에 삼년 전 보교普校를 졸업한 후 빈궁에 시달리며 남의 땅을 부치는 S라는 금년 18세 난 소少청년을 만났다. S는 절을 하며 "어디 갔다 오십니까"고 묻는다. 나는 너무나 분한 김에 S에게 K의 집에 갔던 이야기를 하였다 . S는 픽 웃으며

"그랬습니까. 그러면 제게 이십 전이 있으니 위선 몇 개 사다 오늘 밤 쓰십시오 내일 제가 한갑 사오겠습니다"

하며 백전白錢 두 닢을 내어주고 간다. 나는 고맙게 S에게 절하였다. 집에 돌아오며 나는 S와 K를 대조하여보았다.

그날 밤 공부를 한참 할 때이다. 야학시찰 다니는 주재소 소장이 구장區長과 같이 왔다. K도 같이 왔다. 그 시간을 끝내고 나는 그들을 맞았다. 소장이 야학에 대하여 몇 마디 묻고 나서 가려고 할 때다. K가 돈 가방을 내더니 일 원짜리 두 장을 구들溫突 위에 내어 놓으며 백필白筆이나 사다 쓰라고 한다. 나는 놀래었다. 다음 순간 조소와 증오의 눈초리로 K를 한참이나 쏘아 보았다. 내 대신 소장이 고맙다고 인사ㄴ말을 하였다. 그들이 갈 때 어둠 속에 만족한 듯이 빙그레이 웃는 K의 얼굴을 나는 보았다. 나는 이 집어주는 두 장의 지폐를 손바닥에 놓고 물끄러미 바라보며 빙그레이 웃던 K의 얼굴을 다시 한 번 생각고 어이없어 너털웃음을 한참 웃었다.[17]

음악회라는 공간

그러면 음악회는 어떻게 근대적 의미의 '자선' 과 만나는가. 이 메
커니즘을 살피기 전에, 음악회라는 공간의 의미를 잠깐 짚어보자. 피
아노가 연상시키는 서양풍의 로맨틱한 분위기와 부르주아적 경향[18]
은 음악회를 통해 상상된 공간에서도 고스란히 반복되는데, 이에 따
라 음악회는 개인의 고급한 취향을 계발할 수 있는 특별한 공간으로
이해되었다. 《폐허》[19]지에 실린 민태원의 〈음악회〉가 말해주듯, 종
로 청년회관의 음악회는 "도처에서 이야깃거리가 되었으며 경성의
유식계급 그 중에서도 청년 사회에서 다대한 호기심과 반가운 맘을
가지고 기다리는"[20] 하나의 사건이었다.

경자의 침방寢房에 마주 앉은 두 사람은 역시 음악회 이야기를 하였다 심
숙정은 먼저 입을 열어서

심 "어떻든지 잘하기는 잘하지"
하 "잘하고 말고 첫째 목소리가 어쩌면 그렇게 큰가"
심 "글쎄 말이야 여자의 성량으로는 썩 굉장한 성량이야"
하 "일본서도 제일이라는 걸"
심 "그만하면 그렇고 말고"
하 "그런데 오늘 저녁에는 너무들 떠들어서 하는 사람도 자미滋味가 적었
　　을 터이야"
심 "애 참 왜 그리들 떠드는지 좀 조용히 있었으면 좋겠더구만"

하 "아직 정도들이 유치하고 음악의 취미를 모르니까 그렇지"

심 "그런데 좀 조용히 하여달라고 그 말을 이르러 나왔던 사람이 누구야"

하 "글쎄 그게 누구인지 나는 첨에 꼭 일본사람으로만 알았지"

심 "글쎄 말이지 말하는 것이 꼭 일본사람 같지 않아"

하 "아무렇든지 퍽 마지메[21]한 사람이지"

심 "마지메하고말고 나는 그렇게 마지메한 사람 첨 보아서 그런데 어디
    학교에 다니는 모양이지"

하 "글쎄 학생복을 입었을 때는 필경 그런 것이지"

심 "어느 학교를 다니노"

하 "글쎄 머리 길은 것하고 음악학교에 다니는 사람이 아닐까 그렇지 않
    으면 미술학교나"

심 "그도 괴이찮지 또 몰라 문학이나 아닌지"

하 "아무렇든지 퍽은 마지메한 사람이야 말도 별로 없고"

심 "마지메하고 말고 그 걸음걸이하고"

하 "몹시 꼭한 사람 같지"

심 "외양으로 보기에도 무슨 자신을 가진 사람 같아……"[22]

　음악회에 다녀온 여주인공들, '하경자' 와 '심숙정' 이 나누는 대화
가 말해주듯, 음악회라는 공간은 세계관에서 패션에 이르는 다양한
변화를 감지할 수 있는 곳이자 '고급한' 문화가 만들어지는 곳, 말하
자면 유행의 발원지였다. 음악회 등의 문화 행사는 당대의 문화 수준
의 가늠자였고, 무엇보다 남녀의 만남을 허용했던 공식적인 사교의
장이었다.[23] 음악회에 관한 대화가 공연과 함께 음악회에 참석한 사

람들에 대한 것으로 채워진 것도 그 때문이다. 음악회라는 시공간을 경험하면서 이들은 점차 문명화되고 근대화된 존재로서 자신을 인식할 수 있었다.

그런데 그렇다면 이들 청년이 음악회에 참석할 수 있는 방법은 무엇이었을까. 대개 음악회가 청년회관에서 열렸음을 고려하면, 청년회관에서 열리는 행사에 참여하기 위해 청년들은 어떻게 해야 했을까. 그들은 일단 신문 광고란을 통해 공연 소식을 확인할 수 있었다. 혹은 청년회관 앞에 항상 나붙어 있었던 다양한 강연회와 공연 안내 광고문을 확인할 수도 있었다. 신문을 통하지 않더라도 북촌의 번화가였던 종로를 지나는 청년들이라면 누구나 문화 행사에 관한 많은 정보를 접할 수 있었다. 청년회관은 노동공제회 강연회와 노동대회 그리고 음악회와 연극 공연이 한 자리에서 이루어지는 경성 최고의 공연 행사장이었던 것이다.[24]

이들 행사 다수는 문화 계몽의 차원에서 이루어졌지만, 그 가운데 문화행사로서의 가치를 발하던 공연도 없지 않았다. 조선 사회에 큰 관심을 불러일으켰던 떠들썩한 문화 행사로는 야나기 무네요시柳宗悅의 부인인 야나기 가네코柳兼子의 독창회를 빼놓을 수 없다.[25] 1920년 4월 30일자 《동아일보》 3면에는 야나기 가네코 부인의 사진과 함께 동아일보사 주최의 독창음악회 광고가 실린다. 이후 《동아일보》에는 5월 23일까지 야나기 부부와 공연 소식, 곡 해설 등 공연에 관한 다양한 소개가 이어졌다.[26] 1920년 5월 4일 (화요일) 오후 7시, 경성 종로 중앙기독교 청년회관에서 열린 이 공연의 입장료는 이등석 2원, 이등석에 1원오십전, 삼등석에 1원이었다. 입장권은 독창회가 열리기 전에 독창회장인 청년회관 현관에서 구입할 수 있었지만, 매진이 우려될 정도였다.

공연 당일, 동아일보의 염상섭이 개회의 말과 함께 야나기 가네코, 무네요시 부부를 소개한 후, 공연 예정 시간이었던 7시에서 한 시간 늦은 오후 8시에 드디어 공연이 시작되었다.[27] 피아노 반주는 공연을 위해 입국한 동경음악학교 출신 피아니스트 신원직榊原直씨가 맡았다.[28] 공연에서는 1부와 2부에 걸쳐 피아노 독주를 포함한 열다섯 곡이 노래되었다. 공연 프로그램 전체는 이러했다.

제 1 부

1. 토마C. Thomas 작 가극 〈미니온Mignon〉

a. 〈그대여 아는가, 뎌 나라를〉

b. 〈불쌍한 아희가 먼데서 왓도다〉

2. 슈-쎄르트F. Schubert 작

a. 〈놀〉

b. 〈사死와 소녀〉

c. 〈봄의 신앙信仰〉

3. 피애노 독주

4. 마이에르쎄아Myerbeer 작 가극 〈예언자豫言者〉

a. 〈아아, 내 아희야〉

b. 〈은혜를 베푸소서〉

(십분간 휴식)

제 2 부

1. 웨뻬르C. Weber 작 가극

〈자유의 사수〉

〈비록 구름에 싸일지라도〉

2. 쎄르씨 작 가극

〈트로쌔토-레〉

〈불길이 번적인다〉

3. a. 슈만R. Schumann 작 〈월야月夜〉

b. 차이코프스키P. Tchaikovski 작 〈엇지 장미는 이갓치 야외였나〉

c. 쉬트라우스J. Strauss 작 〈무無〉

4. 피애노 독주

5. 쎄—G. Bizet 작 가극 〈카르민〉

a. 하쎄네라

b. 세귀씨 ▶레[29]

오페라를 중심으로 한 낭만파 음악을 선보인 이 공연은 경성 시민들에게 큰 감동을 안겨주었다. 오페라를 접할 기회가 많지 않았거니와 수준 높은 공연을 만나기는 더욱 어려웠기 때문이다. 이 음악회는 기독교 단체나 교회 주최로 종종 열린 음악회나 소인素人 음악회와는 차원이 달랐다. 무엇보다 흥미로운 것은 이 공연의 목적이 조선의 고미술을 구제하는 것에 있었다는 점이다. 《동아일보》에 〈조선인을 상想함〉을 6회에 걸쳐 연재하기도 했으며[30] 조선의 미를 칭송했던 야나기 무네요시에 대한 조선 엘리트 청년들의 관심은 다대했으며, 때문에 조선의 청년들은 그의 부인인 가네코를 열렬하게 환영했던 것이다. 《폐허》 동인들이 5월 3일에 서울에 도착한 야나기 무네요시와 가네코 일행을 청하여 오후 7시 반에 금강원金剛園에서 열렬한 환영회를 열고 예술론을 꽃피운 것도 그런 이유에서였다.[31]

일전부터 본보에 〈조선인을 생각하노라〉는 글과 〈조선의 벗에게 주는 글〉이라는 논문을 게재하다가 혹은 발매금지를 당하고 혹은 게재중지를 당한 일본 동양대학 교수 류종열柳宗悅씨의 부부가 이번에 유람차로 조선에 도래하여 사일 하오 칠시에 종로중앙청년회(오월 사일 하오 칠시 於 중앙청년회)에서 본사 주최로 동씨의 부인 류겸자柳兼子씨의 대독창연주회大獨唱演奏會를 개최함은 이미 사고社告한 바 같거니와 그 부인은 방년이 이십 팔세의 재용이 겸전한 동경음악계의 명성이라 부인이 동경상야 공원 안에 있는 음악학교를 졸업한 후 금 십년 동안의 분투는 오늘 부인이 음악가로 어떠한 지위를 점하고 있는가를 보면 알지니 실로 부인의 '앨토' (중음 성)는 적어도 동양 음악계의 일대 권위라 해도 결코 과한 말이 아니라 할지며 또 그 양인되는 종열씨는 동경제국대학 철학과를 마친 후 동양대학에서 종교학을 가르치는 청년 철학가로 일본사상계의 중심인물 중의 한 사람이라 하겠으니 씨가 특히 조선을 사랑하고 조선 민족의 슬픈 운명에 대하여 깊은 동정을 가지게 됨은 조선의 옛 예술古藝術 더구나 그 미술을 열정으로 사고하는 동시에 그 예술에 나타난 조선 사람의 온화한 성징과 예술적 천재가 많은 민족임을 깨닫고 장래에 적어도 정신적으로는 세계와 인류를 위하여 위대한 사업을 할 민족이라는 큰 기대를 가진 까닭이라 그리함으로 이번에 자기 부인과 같이 거액의 로비를 자당하고 멀리와사 조선의 예술

계를 위하여 다대히 노력할 뿐이니라

장래에는 조선에 와서 살며 철학 문학 미술 음악 종교 등 방면에 일생을
바치겠다는 희망이 있다는데 씨는 삼일 아침에 도착하여 본사 주최의 음
악회를 위시하여 경성동산 능 각다에서 전후 네 차례의 독창회를 마친 후
약 일개월동안 각지를 유람하려 하며 또 이번 그 일행 중에는 유명한 피
아니스트 도수대양島秀代孃도 반주자로서 도래한다더라[32]

페허사 주최의 마지막 독창회를 성황리에 마치고 5월 16일 오전
9시 50분 남대문 발 열차로 떠나 귀국길에 오른[33] 야나기 일행은 다
음 해인 1921년 6월 초순, 독창회에서 피아노 반주를 한 '전뎐前田'
양과 남궁 벽과 함께 다시 한 번 조선으로 건너온다. 조선 민족 미
술관 설립 기금 마련 음악회를 개최하기 위해서였다.[34] 조선 미술을
'동정' 하는 야나기 일행은 지극히 서양적인 음악으로 일반 사회의
'자선' 과 찬조를 열렬히 희망했다. 매우 아이러니한 결합이라고도
할 수 있는 이러한 과정을 거쳐, 그렇게 음악회는 자선–동정의 논
리와 단단히 결합하고 있었다.

자선음악회는 동정을 희망했다

1910년 12월 이광수는 《매일신보》로부터 신년소설을 써달라는 요청
을 받는다. 두 달 전인 10월에 심우섭의 소개로 당시 《매일신보》 사
장이던 아베 요시이에阿部充家를 만난 바 있었던 이광수는 《매일신

보》측의 요청을 받아들이고 그간 써놓은 작품 가운데 '박영채'를 주인공으로 한 소설에 '무정'이라는 제목을 붙여 연재를 시작한다. 그리하여 1917년 6월 14일까지 126회에 걸쳐 연재한 《무정》이 폭발적인 인기를 끌면서 이후 신문연재 소설을 통해 신문 발매수가 치솟을 수 있음을 보여주는 대표적인 사례가 되었다.

그 《무정》에서 가장 문제적인 장면이 바로 자선음악회였다. 자선음악회를 중심에 놓고 보면 《무정》에서 개별 등장인물들은 '동정'의 의미를 체현한 구체적인 사례들이 되며 《무정》은 자선음악회 장면을 통해 당대의 '동정' 개념이 지칭하는 바 그 완결편을 보여주었다고 할 수 있을 것이다. 자선음악회 장면을 통해 '영채'와 '선형', 의리와 사랑, 전근대와 근대 사이에 낀 '이형식'의 갈등 상황이 모두 용해되어버렸기 때문이다.

병욱은 경찰서에 들어가 서장에게 면회하기를 청하였다 서장은 이상한 듯이 병욱을 보더니
"무슨 일이요?" 한다
"다른 일이 아니라" 하고 저 수재를 당한 사람들 중에는 병인도 있고 태모도 있고 젖먹이도 가진 부인도 있는데 조반도 못먹고 비를 맞고 떠는 정경이 가련하며 더구나 어머니가 무엇을 먹지 못하였음으로 젖이 아니나서 어린 아해들의 우는 양은 차마 못보겠다는 말을 한 뒤에
그래서 맛참 부산 가는 열차가 비에 걸려서 오후까지 머물게 되었으니 음악회를 열어 거기서 수입된 돈으로 불상한 사람들에게 따뜻한 국밥이라도 만들어 먹이고 싶다는 뜻을 말하고 허가와 원조하여주기를 청하였다

서장은 점점 놀래어하는 빛을 보이더니

"그러면 음악할 줄 아는 이가 있나요" 하고 감격한 목소리로 대답한다

"잘하기야 어떻게 바라겠습니까마는 제가 음악학교에 다닙니다 그리고 동행하는 여자가 두어 사람 되는데 여학교에서 배운 창가 마듸나 하고 요……"

서장은 이 말에 지극히 감복하여

"참 당국에서도 구제방침을 연구하던 중이외다 그러나 갑자기 일어난 일이니까" 하고 잠시 생각하더니 "참 감사하외다 허가야 물론이지오" 하고 벌떡 일어나서 모자를 쓰고 나온다

서장은 일변 정거장에 나가서 역장과 교섭하야 대합실을 회장으로 쓰기로 하고 일변 순사를 파송하여 각 여관과 시가에 이 뜻을 말하게 하였다 중간에서 사오시간이나 기다리기에 답답증이 났던 승객들은 일제히 대합실에 모여들었다 그 속에는 간혹 흰 옷 입은 삼등객도 섞였다 걸상을 있는 대로 내다놓고 근처 여관에서도 걸상을 모아다가 둘러놓았다 좁은 대합실에 가득 찼다 출찰구 곁에 큰 테불을 놓아서 무대를 만들었다 자선음악회라는 말은 들었으나 어떠한 사람이 나오는지 모르는 군중은 눈이 둥글하여 무대만 바라본다 이윽고 서장이 무대 곁으로 가더니 일동을 둘러보며

"이렇게 모이시기를 청한 것은 다름이 아니외다 여러분 저 산기슭을 보시오 저기는 수재를 당하여 집을 잃은 불쌍한 동포가 밥도 못먹고 비에 젖어서 방황합니다 그런데 아까 아름다운 처녀가 경찰서에 와서 저 불쌍한 동포들에게 한끼나 따뜻한 밥을 먹이기 위하여 음악회를 열게 하여 달라 합듸다 우리는 그 처녀가 얼마나 음악을 잘하는지를 모르거니와 그의 아

름다운 정성이 족히 피 있고 눈물 있는 신사숙녀제씨를 감동시킬 줄을 확신합니다” 하며 서장은 눈물이 흐르고 말이 막힌다 일동의 얼굴에는 찌르르하는 감동이 휙 지나간다 여기저기서 코를 푸는 부인의 소리도 난다 서장은 말을 이어

“여러분 우리는 그 처녀의 정성에 대답함이 있어야 할 것이외다 이제 그 처녀를 소개합니다” 하고 저편 구석에 가지런히 섰던 세 처녀를 부른다 바이올린을 든 병욱을 선두로 하여 세 처녀는 은근히 일동에게 경례를 한다 대합실이 터져라 하고 박수하는 소리가 들린다 어떤 사람은 감격함이 극하야 소리를 치는 이도 있다

병욱은 세 사람을 대표하여

“저희는 음악을 알아서 하려함이 아니올시다 다만 여러분 어른께서 동정을 주신 사람이외다 더구나 행리중에 보표譜表가 없으니 따로 외워하는 것이라 잘못되는 것도 많은 것이올시다” 하고 고개를 기울여 바이올린 줄을 고른 뒤에 ‘아이다’ 의 〈비곡悲曲〉을 시작하였다 일동은 잠잠하다 끊는 듯한 네 줄의 슬픈 소리만 여러 사람의 가슴 속을 살살 울린다 그 곡조는 이러한 경우에 가장 적당한 곡조였다 그렇지 아니하여도 슬픔에 가슴이 눌렸던 일동은 그만 울고 싶도록 되고 말았다 병욱의 손이 바이올린의 활을 따라 혹은 자주 혹은 더디게 오르고 내릴 때마다 일동의 숨소리도 그것을 맞추어서 끊었다 다였다 하는 듯하였다 그 슬픈 곡조를 듣는 맛을 내가 길게 말하는 것보다 천구의 신인 강주사마江州司馬의 〈비파행琵琶行〉을 생각하는 것이 제일 편할 것이다 애원한 가는 소리가 영원히 끊기지 아니할 듯이 길게 울더니 병욱은 바이올린을 안고 고개를 숙였다 아까보다 더한 박수성이 일어나고 한 곡조 더하라는 소리가 일어난다 병욱의 얼

굴에는 복숭아꽃빛이 비춰었다

다음에는 영채가 병욱에게 배운 찬미가 〈지난일 생각하니 부끄럽도다〉의 독창이 있었다 병욱의 바이올린에 맞춰서 영채는 얼굴에 표정을 하여가며 부른다

십여년 연단한 목소리는 과연 자유자재하였다 바이올린의 고상한 곡조를 들을 줄 모르던 사람들도 영채의 고운 목소리에는 취하였다 〈흐르는 두 줄 눈물 뿌릴 곳 없어〉 할 때에는 일동의 눈에는 눈물이 둘렀다

시방 영채가 한문으로 짓고 형식이가 번역한 다음에 노래를 셋이 합창하였다 그것은 집을 잃고 비에 젖은 불쌍한 사람들을 두고 지은 것인데 이 노래는 듣는 사람에게 더욱 깊은 감동을 주었다[35]

《무정》에서는, 그리하여 한 시간이 못 되는 짧은 음악회가 끝나고, 즉석에서 기부금 팔십여 원이 모인다. 음악회가 아니 음악이, 개인의 내면에 잠재해 있는 '착한 본성'을 이끌어내고 타인을 헤아릴 수 있는 '동정'과 '자선심'을 이끌어낸 것이다. 이렇게 해서 자선음악회는 개인과 사회, 예술과 계몽 사이에서 마련된 하나의 타협점으로 기능하게 되었다. 《무정》 연재 전후로 《매일신보》, 《동아일보》 등의 인쇄 미디어에 자선음악회 관련 기사가 급증했고 고아, 고학생 등을 위한 기금 마련 행사가 다수 기사화되었다.[36] 공교롭게도 자선음악회가 번성하던 이 시대는 젊은이가 이른바 '청년'으로 각성되는 대규모 호명 과정이 대중적 차원에서 이루어지고 각종 청년회가 하루가 멀다 하고 조직을 구축하고 행사를 마련하던 때였다.

자선심의 계보, 자선→동정→상호부조

3·1 운동 이후 타인을 헤아리는 자선과 동정은 인류 전체의 복된 미래를 구상하는 상호부조[37] 개념으로 보완되고 확장된다. 개조의 시대가 도래하면서 적자생존의 원리만이 유일한 세계구성 원리라는 식의 입장이 교정되기 시작한 것이다. 근대 인쇄 매체를 중심으로 상호부조 원리에 대한 소개가 이루어지고, 사회적으로는 '생존경쟁이냐, 상호부조냐' 라는 주제로 대토론회가 열렸다.[38] 상호부조에 관한 논의가 근대와 문명에 대한 인식전환을 가져온 것이다.

자선-동정과 마찬가지로, 상호부조는 도덕만도 본능만도 아니며, 오히려 본능에 가까운 도덕인 도덕 감정이다. 그것은 생존경쟁을 위해 망각되었지만 계발되어야 하며, 무엇보다 사회의 일원으로 존재할 수밖에 없는 인간에게 내장된 천성적 자질이기도 하다.

종래에는 '애'와 동정과 희생이 도덕 혹은 사회심의 근본 기초라 하였도다 그러나 동물의 사회심을 편벽偏僻히 애정과 동종에 귀착한다 함은 도리어 그의 보편성과 가치를 멸살하는 것이라 인간의 도덕 기초를 편벽히 애와 동정의 상에 치置한 것은 인간 전체의 정서를 해석키 불능不能하도다 애와 동정과 희생은 확실히 도덕적 감정의 향상적 진화에 재하야 중요한 요소라 할지로다 그러나 사회가 동물 우又는 인류의 간間에 성립한 기초는 결코 애가 아니요 동정이 아니라 이것은 경更히 시등 감정의 근저에서 극히 장원한 진화의 동정을 경하야 동물과 인간의 속에서 정숙히 발달하여온 혹종의 본능이라 할지로다 이 본능이 동물과 인간에게 상호부조의 정신의 일대 세력임을 교시하며 사회생활을 경영함에 의하여 번영을 향득키 가능한 사事를 교시하였도다 갱히 차를 상술하면 회심 혹은 도덕의 기초는 상호부조가 각인에게 부흥한 힘이 무의식적으로 승인한 것이로다 각인의 행복과 만인의 행복의 밀섭한 관계를 무의식적으로 승인한 것이로다 또는 자기의 권리와 병히 타인의 권리도 존중치 아니키 불가하다는 정의의 감感을 무의식적으로 승인한 것이로다 이 넓고 또한 필연한 기초상에서 갱히 고상한 도덕적 감정이 발달하는도다[39]

동양에서 서구 사상의 도입이 언제나 그러했듯이, 사회주의 계열 사상 대개는 서구 사조 가운데 하나로 들어오면서 조선적 상황에 의해 상당 부분 변형되었다. 크로포트킨P. A. Kroptkin이 주창한 '상호부조' 론 역시 아나르코-코뮤니즘Anarcho-Communism(공산주의적 아나키즘)적 성격 즉 국가 대신 '코뮨' 을 단위로 하는 자유연합 사회를 희망하거나 생산보다 소비를 강조하는 특징을 보여주기보다는, 새로운 시대윤리로 받아들여진 측면이 있다. 새로운 사상으로서의 공산주의가 개체의 영역을 보존하면서도 사회 질서를 고려하고자 한 식민지 지식인의 암중모색 속에서 변형된 것이다. 가령, 노동자들과 함께 '일하며 공부한다' 는 아나키즘의 교육사상은 노동운동 자체보다는 고학생을 중심으로 한 실천적 윤리 형식으로 등장했다. 이러한 예를 통해 확인할 수 있는 바, 1920년대 초반에 유행한 상호부조론은 조선의 자선론과 동정론의 계보를 잇고 있었다.

한국의 근대가 형성되는 시기에 대한 연구는 근대와 계몽의 상관성을 결코 뗄 수 없는 관계로 보는 경향이 있다. 이러한 관점은 분명히 타당하다. 근대가 시작된 이래 현대까지도 우리의 문명화, 근대화, 계몽에 대한 의지는 특이할 정도로 강렬한 편이다. 그럼에도 개체와 공동체에 대한 고민이 불러온 문제들, 이를 해결하기 위한 고투 모두를 계몽의 의지나 열정으로 두루뭉술하게 묶어버리는 방식은 충분히 부당하다. 이미 서로 분리된 영역으로 도입된 다양한 학문 분과는 우리에게 분리된 영역 사이의 연관성을 다시 고민하게 만드는 역설적인 상황을 불러왔다. 그리하여 청년 주체의 분화가 불러온 갈등들, 예술의 실현과 사회 참여의 가능성 사이의 갈등은 이러한 방식으로 매개를 발견해야 했다. 말하자면 그 매개는 서구와는 다른 방식, 즉 '자선+음악회' 혹은 '고학생 갈돕회'를 조직하는 방식으로 그 타협점을 마련해간 것이다. 따라서 이러한 저간의 사정을 통해 우리가 확인해야 할 것은 청년 문화의 형성이라는 이름으로 이루어진, 근대적 모럴과 윤리에 대한 우리식의 모색의 계보인 것이다.

백남규씨댁 (계동) = 무늬 있는 나무 문패에다가 '백남규'라고 내려쓰고
성명 아래다가 에쓰페란토(세계공통어)로 Stelaro. P리고 전부 초록색으로
썼다. 시골사람이 보면 그야말로 소경 단청구경이나 마찬가지겠지만 대
개 세계어에 조금만 상식 있는 이면 "옳지 이것이 에쓰페란티스토(세계 공
통어 주의자) 백남규씨 댁이로구나" 하고 머리를 끄덕거릴 것이다. 기자 주
왈註曰 녹색은 에쓰페란토 주의를 상징한 빛깔이요, Stelaro는 즉 별의 집
단을 의미한 것이니 에쓰페란토로 지은 씨氏의 이름이라지[1]

신식 문물 가운데 하나로 한때 문패 다는 법이 유행한 시절이 있었
다. 명함을 가지고 다니면서 자신을 알리는 문화도 동시에 유행했는
데, 이 시기에는 문패든 명함이든 자신의 이름 외에도 가다가끼[2]라

에스페란티스토거나
아나키스트거나

불린 직함, 지위 등을 4~5개 이상 많으면 7~8줄씩 박아 넣은 것이
많았다. 자신을 표현하는 방법을 알아가던 시기였다. 백남규의 문패
또한 남다른 점 때문에 눈에 띄었는데, 그는 문패에서 자신이 에스페
란티스토esperantisto임을 밝혔을 뿐 아니라 에스페란토의 상징인 별과
초록색을 사용하면서 에스페란토에 대한 애정과 열정을 넘치게 보여
주었다.

La Ruino

Jam Spiras antuno

Per aia maivarmo kruola:

Malgaje malbrile rigardas la suno

Kaj ploras pluvanta eielo……

Kaj Ciam minace

Alrampas grizegaj la nuboj:

De penaoj malgajaj jam estas mi laca,

Penetrae animon la duboj……

벌써 가을은 숨쉬어라

스스로의 잔인한 차가움으로

태양은 슬프게 흐릿하게 쏘아보며

비 오는 하늘이 울고……

→ 김억 캐리커처

그리하여 언제나 무섭게 회색빛 구름마저 달려들어라

슬픈 생각에 나는 벌써 피곤하며

의혹이 영혼에 스며오고[3]

《창조》(1919), 《백조》(1922)와 함께 1920년대 초기 이른바 순문학 동인지 시대를 대표하는 잡지 《폐허》의 첫 표지를 장식한 시는 에스페란토로 씌어진 김억의 〈폐허 La Ruino〉라는 작품이다. 이 시의 제목은 동인지의 제호이기도 했다. 이 즈음 잡지 표제어로 에스페란토가 사용된 예는 적지 않다. 1920년 6월 발간되어 1920년대 이후의 사상과 교양을 대표하는 잡지로 자리 잡은 《개벽》 역시 에스페란토를 사용했는데, 김억의 〈국제공통어에 대하여〉(《개벽》, 1922. 4.)가 실린 잡지 표지에는 〈LA KREADO〉라는 에스페란토가 명기되고, 안에는 제목과 월간지임을 알리는 내용의 에스페란토(JENESTAS LA MONATA GAWETO KUN ESPERANTIGITA TITOLO "LA KREADO")가 함께 실리기도 했다. 이러한 경향은 1925년 조선 프롤레타리아 예술가 연맹의 약자인 KAPF(Korea Artista Proleta Federatio)의 사용으로 이어졌다. 당대의 청년 지식층 사이에서 에스페란토에 대한 관심은 예상 외로 폭넓은 것이었다. 에스페란토가 타락한 세계를 지키기 위한 이상주의자들의 자폐적 산물만은 아니었던 것이다. 근대의 청년들은 제각기 다른 방식으로 민족과 세계에 대한 고민을 껴안고 있었으나, 그들 모두가 도시락 폭탄을 투척하는 민족주의자였던 것은 아니며 전부가 붉은 혁명을 부르짖는 '맑스보이'였던 것도 아니다. 그 잉여의 부분 한 켠에 에스페란토에 관심을 두었던 청년들이 놓여 있었다. 그러니 묻지 않을 수 없다. 에스페란토는 무엇이었으며, 왜 그들은 스스로를 에스페란티스토로 규정했을까. 무엇이 조선의 청년 지식인들을 에스페란토로 향하게 했을까.

초록별 언어 약사

영어가 점차 비공식 세계 공통어로 위상을 굳혀가는 오늘날에 비추어보자면, 근대 지식인들이 에스페란토에 다대한 관심을 가진 사실은 매우 흥미로운 점이 아닐 수 없다. 그들은 국제 공통어의 필요성을 절감하면서도 특정 국가의 언어가 공통어로 채택될 때의 위험성을 자각했기 때문에 에스페란토에 관심을 기울였다.

우리에게는 다소 생소한 사실이지만, 언어학자들뿐 아니라 세계 각국의 지식인들은 국제 공통어에 대한 지속적인 관심을 기울여 왔으며, 실제로 에스페란토가 등장하기 전까지도 국제공통어라는 이름으로 110여종 이상의 언어가 창시되었다가 사라졌다. 자멘호프 Zamenhof의 에스페란토가 나타나기 전까지 슈라이어Schleyer의 볼라퓌크Volapük가 국제어로서의 실용 가능성을 인정받았으나, 수많은 국제어 가운데 유일하게 지속적인 영향력을 행사하면서 공통어로서의 가능성을 인정받은 언어는 에스페란토뿐이었다.

에스페란토는 민족이나 인종 혹은 국가와 결부되어 있는 자연어와 전적으로 다른 인공어이다. 유럽에서는 1차 세계대전의 경험으로 국가, 민족, 인종 간의 언어 갈등의 문제를 고민하기 시작했으며, 국제

공통어의 필요성을 절감하였다. 에스페란토의 강점은 민족어와 공존을 주장한 것에 있다. 모국어를 충분히 존중하면서 국제 공통어로서 에스페란토를 보조적으로 사용하자는 것이 창시자의 제안이었다.

1887년 8월 9일 자멘호프는 부인 클라라 질베르니크Klara Zilbernik의 조력 속에서 '박사 에스페란토'라는 서명의 팸플릿 발송을 개시했으며,[4] '희망하는 사람esperanto'이라는 뜻의 에스페란토는 이러한 시대 분위기 속에서 점차 세계 각국 지식인들의 관심을 끌기 시작했다. 1893년과 1894년에 걸쳐 초록색과 별이 에스페란토 운동의 상징으로 채택되었으며, 1908년 이후 미국 메릴랜드 주를 시작으로 에스페란토의 학교 교육이 공식적으로 개시되었다.[5] 현재 에스페란토는 세계 120여 개국 2000개 이상의 도시에 지부를 두고 있으며, 사용자만 3천만 명 이상을 헤아린다. 한국에서도 몇몇 대학에 강좌가 개설되어 있으며 특히 대구 지역을 중심으로 에스페란토에 대한 관심이 지금까지 이어지고 있다.

(이) '에스페란토'는 학습이 비상히 용이하다. 그 어느 때 서전瑞典(스위스)의 한 청년이 윤돈倫敦(런던)에 도착하였다. 이 청년은 자국어 외에 '에스페란토'를 알 뿐이요, 독일어도 영어도 모른다. 신문 잡지의 기자들이 이 원객遠客을 맞아 진기한 기사거리를 얻고자 다투어 대화를 시試하였으나 영, 독, 불 제어諸語가 도무지 통通치 아니한다. 그 중에 혜민慧敏한 기자가 있어 그의 '에스페란티스토'임을 알고 즉시 서사書肆(서점)에 가서 조그마한 '에스페란토' 독습서 일책을 샀다. 그날 밤에 이를 통독하고 익일翌日(다음날)에는 훌륭히 그 청년과 대화를 하였다는 일이 있다. 언어의

조직이 완전히 같지 아니한 우리 동양 사람으로는 그렇게 쉽게 학득學得하기는 어려우나 서신 왕복에 그다지 부자유하지 않고 소설 권이나 읽으려하면 집무의 여가에 약 일 개월의 강습을 한 후 이삼 개월간 독습獨習을 하였으며 족한 만큼 그렇게 용이한 것이다. 이것은 조금도 에누리 없는 말이다. 나의 말을 믿지 못하는 이가 있을까 하여 하下 그 용이한 소이를 좀 말하려 한다.……

(삼) '에스페란토'는 그 표현이 정확하고 또 자재自在하다. 이는 그 문법이 간명하고 조어법이 선미善美함에 기인하는 자연한 결과이다. 자연어를 '에스페란토'로 반역反譯할 수는 있으나 '에스페란토'를 자연어로 반역함에는 왕왕 불가능한 때가 있는 것은 이 말을 연구하여 본 이들의 누구나 다 – 공인하는 사실이다.[6]

에스페란토가 쉽게 확산될 수 있었던 것은 일단 배우고 사용하기 쉬웠기 때문이다. 'a, e, i, o, u' 다섯 개의 모음 외에 다른 변형태의 모음이 없기 때문에 발음이 용이하고 문법에 예외가 없으며 수나 격이나 성에 따라 단어가 변하지 않기 때문에 익히기가 쉬웠다. 상용하는 단어의 수는 915개였는데, 그 단어만으로도 감정과 사상뿐 아니라 문학작품을 창작하는 데에도 어려움이 없었다.[7] 에스페란토는 다양한 조어법을 충분히 활용할 수 있는 구조로 이루어져 있었기 때문이다.[8] 외국어에 대한 지식이 있는 사람의 경우라면 포켓용 입문서만으로도 에스페란토의 윤곽을 더듬을 수 있었으며 민족과 언어의 경계를 넘는 소통도 가능했다. 에스페란토에 대한 열광의 일차적인 이유는 여기에 있었다.

동양의 에스페란토

그러나 유용한 국제 공통어였음에도 에스페란토는 분명 유럽에 기원을 둔 언어였다. 한자-문화권으로 묶일 수 있는 동양에서 에스페란토가 국제 공통어로 환영을 받기는 그리 쉽지 않았을 것이다. 새로운 사상이나 문화의 일환으로 소개된 것이 아니라면 도대체 유럽 언어에 기원을 둔 에스페란토가 동양권에 소개된 계기는 무엇이었을까.

　일본에서 에스페란토에 대한 관심이 본격화된 것은 1906년 6월에 에스페란토협회가 설립된 이후이며, 에스페란토는 학습서와 사전, 잡지 등의 발간과 함께 지식인뿐 아니라 노동자에게도 널리 보급되었다. 일본과 비슷한 시기인 1907년 즈음에 중국에서도 에스페란토가 소개되었는데, 중국에서 에스페란토는 문자 개혁 및 한자 폐지 논쟁과 맞물려 지식인들의 폭넓은 관심을 이끌었다. 이후 이 논쟁은 신문화 운동 시기에 《신청년》을 중심으로 재개되었다. '만국신어萬國新語'로 번역, 소개된 에스페란토가 중국에서 실질적인 영향력을 행사한 것은 신문화 운동기이다.[9] 루쉰魯迅이 교수로 있던 시절의 북경대학은 중국뿐 아니라 동양에서 외국의 진보적인 사조가 집결되고 유포되는 거대한 통로 역할을 했는데, 에스페란토 역시 이 북경대학을 중심으로 보급되고 유포되었다.

　특히 5·4 운동 전후의 북경대학은 중국 아나키즘 운동의 중심지였는데, 아나키즘 운동을 전개한 청년들이 아나키즘 사상을 전파하고 유포시키는 적절한 매개로 활용한 것이 바로 에스페란토였다.[10] 우리의 경우에도 중국에 유학한 청년들이 북경대학과 잡지 《신청년》

을 거점으로 아나키즘과 함께 에스페란토를 접할 수 있었다.

사실 동아시아 지역은 근대 초기 에스페란토 운동사에서 매우 중요한 위상을 차지한다. 조선-중국-일본이 처한 국제 정세가 국제 공통어를 절실하게 요청하는 시대였기 때문이다.[11] 우리의 경우, 청일전쟁 이후 중국의 몰락과 일본의 급격한 부상을 목격한 청년 지식인들이 이빨 빠진 호랑이의 언어였던 중국어와 입신양명을 위한 생존의 언어였던 일본어 사이에서 근대적 지식을 축적하고 유포할 수 있는 언어로 신종 국제어인 에스페란토에 관심을 기울이게 되었다.[12]

조선의 엘리트 청년들이 에스페란토를 처음 접한 것은 대개 일본과 중국의 아나키즘과 만나면서이지만, 엘리트 청년 사이에서 폭넓게 유포된 시기는 1920년대 전반기이다.

국제어! 이는 '바빌론' 탑 이래의 대문제이다. 언론의 혼란이 얼마나 큰 손해를 우리에게 주는가? 우리는 우리의 가장 귀중한 청춘시대를 대부분 어학연구에 바치게 된다. 보통학교 생도는 일본어, 중등학교 생도는 영어와 일본어, 고등학교 이상의 생도는 그 외에 독불獨佛 등 어와 나전羅甸 희랍의 고어까지 가져다가 신음한다. 그러나 이를 나무랄 수 없으니 오늘날의 세계는 전일과 달라 이렇게 여러 가지 언어를 알지 못하고는 말하는 벙어리가 되는 까닭이다. 그러나 이 중에 한 가지 말이라도 좀 똑똑히 알자하면 전문으로 공부를 다 해도 오륙년 내지 10여 년을 요하거든, 이 여러 가지를 다 ―알자하니 유한한 인력의 급及할 바 아니요 종從하야 배운다는 바 어학들이 하나도 실용의 역域에 닿지 못할 뿐 아니라 자국어까지도 불완전하게 되어 타국어를 빌지 아니하면 자기의 의사를 표시할 줄을 모르는 일종 기형을 이루게 된다. 또 다른 한편으로 보자. 자玆에 인류를 위하야 한 귀중한 작품이 일국민의 손에서 생겨났다 하자. 이를 오직 그 국민의 전유물로 내버려 둠은 아까운 일이다. 그럼으로 다—각각 자국민의 생활 혹은 사상의 양식을 반들고자 자국어로 빈역反譯할 것이다. 눈을 감고 심사深思하여 보라. 세계에 언어가 9백 종이라 하니 이렇게 여러 가지 말로 반역反譯하노라면 그 드는 노력과 금전이 과연 얼마만할 것이냐. 그럼에도 불구하고 반역反譯은 원작에 비하여 그 가치가 저하함이 상례이니 대개 문자 밑으로 흐르는 미묘한 그 무엇은 도저히 타국민의 엿볼 수 없는 것이기 때문이다.[13]

(일) '에스페란토'는 중립어이다. 영어도 아니요 독일어도 아니다. 그 문법은 각국어의 장점만을 채용하였고 단어는 전세계 가장 널리 통하는 말을 선택하였다. 이곳의 가장 '널리'란 말은 인류의 많음을 말한 것이 아니라 민족수의 많음을 말한 것이다. 혹자는 이를 오해하여 공평히 세계에 널리 통하는 말을 택하자 하면 한문을 택할 것이라 한다. 참 그러하다. 지나인만 하여도 세계의 4분의 1을 점하는데 한문은 아세아에 있어서는 발음은 비록 달리하나 각 국민 간에 서로 통하는 일종 공통문이다. 당연한 듯도 하나 이는 인수人數를 단위로 함에서 나오는 오류다. 국민을 단위로 함이 더욱 공평한 방법임을 알지 못하는 까닭이다.[14]

에스페란토가 소개되는 과정에서 확인할 수 있는 흥미로운 사실은, 초기에는 에스페란토가 주로 국제적 소통을 가능하게 해주며 문화 교류를 가능하게 해줄 언어 도구로 소개되었다는 점이다. 에스페란토의 유용한 점으로는 서로 다른 언어를 습득하기 위해 불필요한 시간과 노력을 낭비하지 않고도 전세계의 문화 수준을 동시적으로 끌어올릴 수 있는 측면이 거론되었다. 에스페란토가 국제어로 합당하다는 논의의 근거가 여기서 나왔다. '중립어'의 여부와 무관하게 기존의 언어 가운데 마땅한 선택지가 없었기 때문에, 어쩌면 언어의 뿌리 문제는 별다른 관심의 대상이 아니었는지도 모른다. 물론 이런 경향은 에스페란토의 사상적 기반이 민족주의와 언어제국주의의 '반대편'에 놓여 있었고, 따라서 민족주의적 성향이 강했던 식민지 청년 지식인들이 에스페란토를 사상적으로 이해하고 받아들이기는 어려운 측면이 있었던 점과 무관하지 않을 것이다. 그러나 그럼에도 분명한 것은, 도구였든 사상이었든 조선의 어떤 청년들에게 에스페란토는 민족주의나 민족운동의 이름을 빌지 않고도 식민지 조선뿐 아니라 인류를 구원할 수 있는 희망의 빛으로 비쳐졌다는 점이다. 에스페란토를 향한 그들의 전력질주는 거기서 시작되었던 것이다.

Verda E. Kim

우리나라 최초의 에스페란티스토(세계공통어주의자)는 홍명희MH Hong 로 알려져 있다. 홍명희는 첫 번째의 초록인(초록은 에스페란토의 상징)이라는 뜻의 벽초Verdula Unua를 아호를 내세우면서 자신이 조선 땅에서 첫 번째 에스페란티스토임을 자임했다. 그는 도쿄 다이세이 大成학교에 유학하던 중 중국 상하이로 가서 에스페란토를 배웠으며,

1920년 9월 5일 발행된 김억의 단행본 《에스페란토 독습》의 서문을 쓴 바 있다. 이후에도 김억과 함께 에스페란토 강습을 이끌어갔다.[15] 1919년 2·8 독립선언 당시 개회를 선언했던 백남규Stelaro Pajk 또한 1920년대 말부터 1930년대에 이르기까지 에스페란토 보급운동에 적극 나선 에스페란티스토 가운데 한 사람이었다. 그 외에도 나비 박사로 유명한 석주명Djumjeong Seok 역시 이름난 에스페란티스토였다.

물론 한국 에스페란토 역사의 제 일선에는 김억이 놓여 있다. Verda E. Kim. 김억은 지속적으로 에스페란토를 소개하고 에스페란토를 통해 국제적 문화교류의 장을 만들고자 했다. 이를 위해 신문, 잡지 등에 에스페란토 난을 설치했으며, 무수한 강습회를 열었다.[16] 1922년 4월 《개벽》 지에 〈국제공통어에 대하여〉를 게재한 후, 9월에서 12월까지 4번에 걸쳐 〈에스페란토 자수실自修室〉을 연재했으며, 《동광》 지 9호부터 15호까지 〈에스페란토 강좌〉 시리즈를 연재했다.

김억은 다양한 독자를 의식한 단행본 발행에도 힘썼다.[17] 초보자용 책자로는 《에쓰페란토 단기강좌》(한성도서주식회사 발행, 1923)를, 외국어 소양이 있는 이를 대상으로 한 자습용 책자로는 《에쓰페란토 속성》(활문사 발행, 1923/ 개정판 동광당서점 발행, 1932)을 출간했다.[18] 《라 보쵸》 라는 에스(에스페란토 잡지의 약칭) 잡지 발행 일원으로 활동했으며 에스페란토로 각국의 문화교류가 가능하다는 입장에서 선도적으로 다양한 국내외 텍스트를 번역했다. 구체적으로 현진건의 〈피아노〉, 전영택의 〈사진〉, 김동인의 〈감자〉 등의 작품을 에스페란토로 번역해서 국내외에 알리기도 했다.

이미 확인했듯이 김억이 에스페란토를 소개하면서 초기에 중요시

한 것은 국제적 문화 교류의 가능성이 확대된다는 점이었다. 김억의
관점에서 보면, 국제 공통어는 상호적인 이해를 추구하는 인류에게
반드시 필요한 것이며,[19] 조선의 문화를 민족 단위가 아니라 세계 단
위로 끌어올리고 발전시키기 위해서도 절실하게 요청되는 것이었
다.[20] 그러나 에스페란토에 대한 관심이 깊어지면서 김억은 점차 언
어적 유용성 너머 그 사상적 기반에 주목하기 시작했다.

> 좋아질 수 있는 모든 것은 세상 사람들의 충고에 의해 좋아질 것이다. 나
> 는 그 언어의 창조자kreinko 이기를 바라지 않고 다만 창시자iniciator 이기를
> 바랄 뿐이다.
> 에쓰페란토란 무엇이냐. …… 타파할 수 없는 언어의 성벽 속에 있는 문
> 호와 사상을 다같이 공유물을 만들어서 진정한 이해를 기본 잡은 인류상
> 애의 평화를 맞이하자는 것입니다. 이리하여 인류의 초고이해인 축복된
> 행복을 영구히 향락하자는 것입니다. 붉은 피에 목말라 하는 검을 내어던
> 지고 영구히 쟁투와 무기를 사귀는 세상에 에쓰페란토가 신성한 조화를
> 약속하였습니다.[21]

에스페란토가 국제 공통어로 널리 인정받을 수 있었던 까닭은 분
명 에스페란토가 배우기 쉽고 쓰기 쉬운 언어라는 데 있었다. 그러나
여타의 인공어와 달리 삶에 기반하지 않았으면서도 에스페란토가 쉽
게 소멸하지 않고 그 생명력을 이어갈 수 있었던 이유는 무엇보다 그
사상적 기반에 있었다. 창시자인 자멘호프는 에스페란토와 자신의
관계를 '창시자'의 관계로 정리했다. 자신이 창시하기는 했지만 에스

페란토가 자신의 소유물은 아니라는 점, 앞으로 보다 유용한 국제 공통어로 성장하기 위해서 많은 사용자의 적극적인 참여가 있어야 한다는 점을 분명히 한 것이다.[22]

자멘호프의 의지이기도 했거니와 에스페란토는 특정 개인이나 집단을 대표하지 않으면서 자율적이고 자연스러운 방식으로 성장했다. 리눅스linux의 정신이 그러하듯이 사용자에 의해 에스페란토의 결함들이 보완되고 발전되면서 보다 완성된 언어로 거듭날 수 있었던 것이다. 에스페란토 창안의 근본 목적은 언어를 통해 반목과 질시의 상황에 놓인 세계를 평화롭게 만드는 것이다. 언어를 통해 서로의 문화 수준을 동등하게 만들고 평등한 수준에서 다함께 나아갈 때 민족이니 국가니 하면서 서로 싸우거나 반목하지 않게 될 것이라는 믿음, 에스페란토가 희망하는 것이 바로 이것이며, 김억이 점차 주목한 것이 이것이었다.

평민의 라틴어인 이유

김억의 에스페란토 관련 활동이 본격화된 1920년 즈음에는 우리나라에도 에스페란토 관련 단체인 조선에스페란티스토협회 KAE가 설립되었다. 협회는 세워졌지만 기관지가 따로 마련되지는 않았는데, 《동아일보》, 《조선일보》, 《개벽》 등 다양한 잡지를 통해 에스페란토에 관한 기사가 자유롭게 소개될 수 있었고, 이에 따라 기관지의 필요성이 절실하지 않았던 듯하다.[23] 1924년에는 《동아일보》와 《조선일보》에 에스페란토 고정란이 만들어지고, 특히 《동아일보》에는 2월 4일부터 총 47회에 걸쳐 매주 수준 높은 에스페란토 글이 게재되었다. 이 난은 당시 주필 겸 편집국장이던 홍명희에 의해 만들어졌다. 홍명희는 사회주의 에스페란티스토로 알려진 박헌영과 함께 《동아일보》의 편집국을 맡고 있었다. 이 난에는 세계적인 에스페란티스토 이노센트 세리세프Inocento Serishev나 맹인 망명시인 에로센코Vasiliy Yakovevich Eroshenko의 글이 번역 없이 실렸다. 에로센코는 동아일보 〈에스페란토 고정란〉과 〈세계평화 1·2·3〉을 1924년 10월 13일, 20일, 27일 3회에 걸쳐 연재했다. 에스페란토로 씌어진 글이 이해하기 쉽기는 했지만 번역 없이 그대로 게재된 점으로 보아, 에스페란토를 자유롭게 독해할 수 있는 독자의 수가 적지 않았음을 미루어 짐작해볼 수 있다.

에스페란토 언어는 특히 쉽게 노동자들과 농민들에게 도달할 수 있다. 왜냐하면 그것은 어려운 문법을 가지고 있지 않을 뿐만 아니라 혼란스런 형태의 단어들의 수들을 가지고 있지 않는다. 에스페란토는 전 세계, 모든 나라들에 다양한 민족의 사람들의 친밀을 도우면서 광범위하게 숨 쉬고 있다.
하지만 에스페란토는 전 세계 노동계급을 위한 다른 나라의 프롤레타리아 동지들과 함께 동거의 자립을 위한 새로운 힘의 무기로서 도와야 한다. 다른 나라에도 많은 수의 노동자들과 혁명적인 에스페란티스토 그룹들이 존재하고 있으며 책들과 신문들을 출판하고 있다. 소비에트 공화국의 노동자와 마을 사람들이 이 언어를 2~3개월 동안 배운 후에 서신교환이 가능할 것이고 만약 입으로 역시 다른 나라 사람 및 동지들과 소통할 수 있으며 생각을 교환할 수 있을 것이다. 공용어로 결합된 전 세계 노동자들은 더 쉽게 전 세계 공산주의의 젊은 사상들의 실현을 도달할 수 있을 것이다.

동지들이여, 기억하라 국제어는 노동계급에게 시급하다. 당신이 시간과 가능성을 헌신했을 때 그것을 알기 시작할 것이다. 그것의 쉬움과 단순성을 자신이 알게 하라 그러면 그때 당신 스스로가 볼 것이다, 그것을 에스페란토는 당신에게 줄 수 있을 것이다.[24]

에스페란토는 특정한 국가나 민족과 무관한 중립어였다. 따라서 누구의 소유물도 아니면서 인류 전체의 소유물일 수 있었다.[25] 러시아인으로 태어나 일본과 중국에서 동화작가로 시인으로 망명객으로 살았던 에스페란티스토 에로센코[26]의 생애가 단적으로 말해주듯이, 에스페란토가 서 있는 자리는 힘 있는 자, 권력층, 제국주의의 정반대 편이었던 것이다.[27] 에스페란토가 '평민의 라틴어'라는 별칭을 얻을 수 있었던 것도 이 무국적적 중립성에서 기인한다. 아나키즘·사회주의 사상과 동반해서 소개된 에스페란토가 식민지 노동자와 농민을 위한 '적절한 언어'로 채택될 수 있었던 것은 그래서이다. 러시아의 에스페란티스토 세리세프가 강조한 바,[28] 에스페란토의 출현은 국제적인 문화 교류와 더불어 전 세계의 노동자와 농민이 연대할 수 있는 귀중한 디딤돌의 발명이었던 것이다.

에스페란티스토 혹은 아나키스트

그리하여 우리는 사회주의를 흘깃 들여다보기라도 한 옛 어른의 오래된 서가 한 귀퉁이에서 낡은 에스페란토 교본을 발견하게 되는 일이 드물지 않은 까닭, 1980년대에서 1990년대 초 대학가의 동아리 가운데 하나로 에스페란토(운동)회가 자리 잡고 있었던 까닭이 바로 여기, 낮은 데로 임하고자 하는 에스페란토의 평민성에 놓여 있음을 다시 한 번 확인하게 된다. 에스페란토는 경계와 차별을 넘어서는 세계 평화 지향의 언어였다. 이미 언급했거니와 에스페란토와 아나키즘이 함께 언급되어야 하는 근거도 여기에 있다.

일본, 인도, 버마를 차례로 순방하며 인류의 해방을 역설한 맹인 시인 에로센코는, 모든 사회주의자가 에스페란티스토여야 하며, 모든 에스페란티스토가 사회주의자여야 한다는 말을 남긴 바 있다. 실제로 한·중·일의 이름난 아나키스트들은 뛰어난 에스페란티스토이기도 했다(김약수나 박열(본명: 박준식), 오스키 사카에大杉榮등).[29] 그들은 민족과 국가를 초월한 평화가 마련될 수 있다는 희망을 에스페란토에서 발견하고 있었다.

물론 아나키스트와 에스페란티스토가 국내외적으로 활발하게 활동한 시기는 1920년대 초반이고, 1924년을 넘어서면 아나키즘은 아나키즘·볼셰비즘 논쟁을 통해 사회주의로 통합되고 만다. 1920년대 중반 이후 국내에서는 세 지역 정도의 아나키스트 조직만이 명맥을 유지하게 된다. 서울과 충주를 중심으로 한 진우 연맹, 평양 등의 북부 지방을 중심으로 한 흑우회와 대구를 거점으로 한 조선공산당무정부주의자 연맹이 그것이다. 이때 대구가 그 중심지였는데, 아나키스트 대다수가 에스페란티스토였다는 점에서 유추할 수 있듯이, 김억 등을 중심으로 서울에서 결성된 조선 에스페란토 협회는 1년 남짓 운영되다가 흐지부지된 후, 대구를 거점으로 활동을 재개하였다.

이러한 정황을 살피면서 새롭게 확인하게 되는 점은, 조선에서의 에스페란토 운동과 아나키즘 운동이 보여주는 유사한 역사적 운명이 단지 우연이 아니라는 사실이다. 공히 국가와 민족 단위의 갈등을 부정적으로 바라보고 세계적 관점을 확보하고자 했으나, 일제 강점기의 조선에서 아나키즘 사상의 투철한 실천이 어려웠던 것처럼 에스페란토의 정신이 관철되는 것도 결코 쉬운 일이 아니었던 것이다.

간토대진재(1923년 9월 1일 오전 11시 58분에 발생) 당시 '불령선인不逞鮮人'의 폭동을 선동한 '적화선인赤化鮮人'으로 날조되어 체포된 박열은 일찍이 조선과 일본, 미국과 러시아까지도 소수의 권력자가 국가와 사회를 강제한다는 측면에서 다를 바 없음을 깨닫고, 개인의 자주와 자립을 확보할 수 있는 평화로운 세계를 동경하면서 아나키즘으로 선회한 철저한 아나키스트였다. 그러나 대심원 공판 준비조서에 따르면, 그런 그조차도 조선의 독립 문제를 외면할 수 없었다. 가령 조선의 독립이라는 문제는 그에게 "시모노세키에 가는 자와 오사카까지 가는 자가 있다면 오사카까지는 함께 길을 가야 하는 것과 마찬가지"로 이해되고 있었다.[30] 식민지 청년들이 추구할 수 있는 세계화, 자유와 평화를 위한 실천은 너무도 뚜렷한 한계를 내장하고 있었던 것이다.

그러나 바로 그렇기 때문에 조선의 근대 청년들은 에스페란티스토이거나 아나키스트이고자 했는지 모른다. 미래를 예견할 수 없는 식민지적 불투명성이 조선 민족의 문제만은 아니라는 것, 보다 근본적인 차원에서 식민지 현실에 대한 극복 노력이 시도되어야 한다는 것, 그들은 이런 입장에 공동으로 합의하고 있었던 것이다. 한 치의 틈도 허락하지 않는 약육강식의 국제 정세 속에서 폭력주의를 넘어선 현실 타개의 가능성은 겨우 여기에서나 가능했기 때문이다. 조선의 근대 청년들이 에스페란토의 정신, 평화와 희망에 공감한 지점은 여기 어디쯤이었다.

사진으로 보는 청년시대

- 고학생을 둘러싼 몇 가지 신화
- 자선 + 음악회 = 조선식 모럴
- 에스페란티스토거나 아나키스트거나

바람의 보람
살올나이다 제의모듬에서 先生임의
을 받들게되어 顧問으로 섬기
피로움을 아끼지마시고 높은 겻들어
이다
一九二0年 七月 一三日
吳敬義 先生 앞
苦學生갈돕會

→ 《개벽》 창간호 표지. 1920년대 들어 《개벽》과 《동아일보》 등의 매체가 고학생 문제에 많은 관심을 표명한 것은, 고학생이 이 사회의 주동 세력인 학생 청년이면서 속물적이고 타락한 부르주아에 대립하는 빈민의 위치에 놓인 존재로 명명된 것과 관련이 깊다.

→ 《무정》 초간본 표지. 《무정》은 자선음악회의 장면을 통해 당대의 '동정' 개념이 지칭하는 바 그 완결편을 보여주었다고 할 수 있다. 자선음악회 장면을 통해 '영재'와 '선형', 의리와 사랑, 전근대와 근대 사이에 낀 '이형식'의 갈등 상황이 모두 용해되어 버렸다.

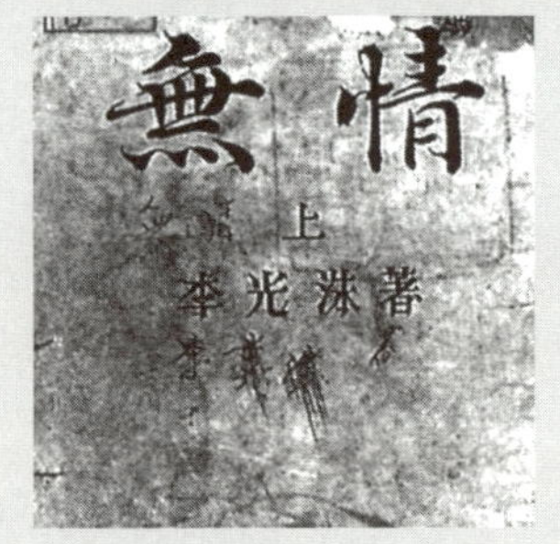

→ 《자선부인회잡지》 창간 표지. 자선부인회는 열악한 재정 상황을 타개하고 자선 사업을 확장하기 위해 잡지를 발간했다. 이 잡지를 통해 자선 사업을 실행하는 동시에 자선에 관한 교육을 시행하고자 했다.

→ 《폐허》 창간호 표지. 《창조》, 《백조》와 함께 1920년대 초기 순수문학 동인지 시대를 대표하는 잡지 《폐허》의 첫 표지를 장식한 시는 에스페란토로 씌어진 김억의 《폐허La Ruino》라는 작품이었다.

← 《갈돕》 창간호. 조선 고학생을 위한 잡지로, '갈돕' 이라는 말은 '서로 돕는다' 는 뜻 정도로 풀이할 수 있다. 고학생들은 학비와 생활비를 마련하기 위해 '갈돕만두' 라는 것을 팔기도 했다.

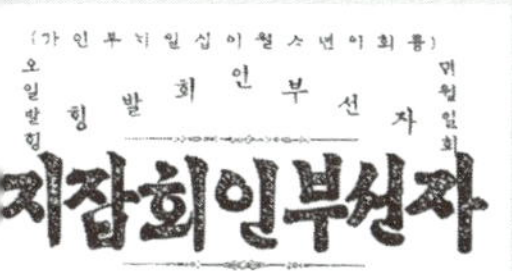

→ 《상호부조론》의 저자 크로포트킨. 3·1운동 이후 자선과 동정은 인류 전체의 복된 미래를 구상하는 상호부조 개념으로 보완되고 확장된다.

에스페란토 창시자인 자멘호프 박사. 수많은 국제어 가운데 유일하게 지속적인 영향력을 행사하면서 공통어로서의 가능성을 인정받은 언어는 에스페란토뿐이다.

→ 적극적인 에스페란티스토였던 김억. 그는 신문, 잡지 등에 에스페란토 난을 설치하고, 무수한 강습회를 열면서 지속적으로 에스페란토를 소개하였다.

경성의 근대를 둘러본다는 것

근대화가 된다는 것은 무엇을 의미하는가. 서양산 공산품을 사용하고 서양의 지식을 배운 자들이 서구적 의미의 네이션을 구성하는 것이 근대화인가. 국가의 이름을 선포하고 정치와 경제, 법률을 제도적으로 완비할 때 근대화되었다고 말할 수 있을까. 단발斷髮을 하고 시계와 달력에 맞추어 움직이면서 자유연애를 하고 커피와 보드카를 마시면 근대적 인간이 되는 것일까. 근대 초기의 신문과 잡지가 보여준 경성에 대한 관심은 이러한 고민과 맞닿아 있는 듯하다. 언제나 반복되는 일상 속에서도 근대 초기의 세태와 풍속은 따라잡을 수 없을 속도로 급변했다. 무엇이 새로워졌으며, 새롭다는 것은 과연 무엇인가.

경성 스켓취

근대 초기의 인쇄 매체가 보여준 경성에 대한 관심은 손에 잡히지 않는 변화의 속도를 물질화하려는 작업의 일환이었다. 그것은 시간의 속도를 공간적으로 감지하는 육체적 실감의 기록이며 무엇보다 동경에서 경성까지, 경성에서 평양까지의 거리와 같은 '차이와 격차'에 대한 실감의 흔적이었다. 그러니 근대의 경성을 둘러본다는 것은 경성의 근대와 경성의 근대를 살았던 존재들, 이 양자를 관통했던 경험과 감각의 실질적 내용에 대한 추적 작업임을 의미한다. 경성의 근대를 살았던 이들은 과연 무엇을 경험하고 무엇을 감각했을까.

오랫동안 도시와 근대성의 상관성 문제를 고민한 데이비드 하비David Harvey가 지적한 바 있듯이, 과거와의 철저한 단절을 통해 근대성이 획득되는 건 아니다. 그건 근대성에 관한 신화일 뿐이다. 그러니 경성이 이전과는 별무관한 새로운 공간이 되었다고 말하는 것은 정당하지 않다. 하나의 관점이나 몇 가지의 접근법만으로는 그 복합적 변화를 포착할 수 없다. 때문에 문자 기록에 한정된 접근만으로 그들의 경성, 경성의 근대를 재구성하는 것은 가능하지 않다. 재구성 작업을 수행하는 자의 불성실 때문이 아니다. 역사적 관점에 충실할 때 실체를 드러내는, 우리가 재구성하고자 하는 어떤 경성이 따로 존재하는 것이 아닌 것이다. 중요한 것은 근대 초기의 신문과 잡지들이 경성에 관심을 둔 방식이 경성에 사는 존재들, 그들이 새롭게 접하고 만들어낸 문화들에 대한 성찰과 고민에 근거하고 있었다는 점이다.

1920년대 중반 이후 《별건곤》, 《동광》 등에서 경성은 더 이상 성찰과 고민의 대상이 아니었다. 가령 "취미잡지"라는 모토를 내걸고 소비문화의 대중화를 이끌던 잡지 《별건곤》은 〈기자총출동, 대경성 백주 암행기〉(2호, 4호), 〈경성 각상점 간판품평회〉(3호), 〈빈민은행 전당포 이약이, 전당물로 본 북촌의 생활상, 손님은 누구? 물건은 무엇?〉(4호), 〈변장출동 임시 ○○되어보기, 전당국서사가 되어 북쪽 경성의 속살림을 보고〉(9호) 등의 기사를 통해 경성의 풍경을 철저하게 가십 차원에서 접근한다. 잠깐 스쳐지나가면서 본 장면들을 그대로 옮기는 방식으로, 여기서는 말 그대로 경성이 스케치된다. 더구나 소비 자본주의화가 가속되는 와중에서 기사의 내용은 점점 더 흥미 위주로 선정적 성격을 강화해간다. 1920년대 이후에 경성에 대한 더 이상의 비판적 시선을 발견하기 어려운 것은 이러한 연유에서이다.

한양에서 경성으로

경성과 청년의 내밀한 상관관계를 들여다보기에 앞서, 경성의 변화상에 대해 잠깐 살펴볼 필요가 있다. 도회화되고 있던 경성에 관한 이야기에는 아는 사람들에게는 너무 뻔한 그러나 모르는 사람들에게는 지나치게 복잡한 다양한 측면이 담겨 있기 때문이다. 문화적 혼융의 도가니였던 경성은 거주자 모두의 경성일 수 있었지만 계급과 계층에 따라, 연령과 젠더에 따라, 직업과 거주지에 따라 서로 전혀 다른 경성으로 경험되었다. 그러니 청년과 경성을 말하기 위해서는 경성 자체에 대한 고찰과 함께 청년을 탄생시킨 그 배경으로서의 경성에 대한 특별한 고찰이 필요하다. 여기서 잠깐 들여다보고자 하는 것이 바로 이것이다.

오백년 도읍지인 한성은 1913년 일본에 의해 경성이 된다. 고조선 마한의 성, 백제의 북한성, 신라의 한양군, 고려 시대의 양주楊洲, 남경南京이 되었다가, '한성, 한양, 황성皇城'으로도 불리던 서울이 반도의 '수부首府 경성'[1]이 된 것이다. 제도적으로는 1904년부터 1914년에 이르는 시기에 경성부는 전체 틀을 완비해갔다.

아관파천에서 대한제국 수립으로 이어지는 시기는 고종의 왕권이 어느 때보다 강했던 시기다. 경운궁 환궁을 결정한 고종과 국왕의 측근 세력은 궁궐 수리뿐 아니라 새로운 본궁을 중심으로 왕권의 권위를 상징하는 기념물들을 건립 또는 배치하고 공원과 광장을 조성했다. 무엇보다 새로운 방사상 도로망 계획을 추진했는데, 이 계획은 당시 계획의 책임자였던 내부대신 박정양, 한성판윤 이채연 등이 외교관으로 근무했던 워싱턴 DC의 도로망과 공간구성을 본뜬 것으로 알려져 있다.

대한 제국기 도시개조 사업과는 별도로 통감부는 '시가정리'라는 이름으로 별개의 도시개조를 추진했다. 이는 강제병합 이후 1912년부터 시작된 경성시구개수로 계승되었다.[2] 이후 1926년까지 한성은 식민지 수도 경성으로 전환되며, 해방 이전까지 소비자본주의적 대도시로 전환되는 과정을 겪는다. 요컨대, 식민도시화의 과정을 거치면서 서울의 공간적 변화는 식민도시화 전기에는 정치 중심인 북촌, 경제 중심인 남촌, 군사 중심인 용산으로 짜인

표주박형 이중도시의 형성으로, 후기에는 공업중심인 영등포와 교
외 주거단지의 건설을 주된 내용으로 하는 부채꼴형 시가지 팽창
으로 구체화되었다.[3]

　이 시기 동안 가로 양편으로 "뽀부라, 아가시야" 나무가 심겨졌고
"박고다 공원과 한양공원"이 만들어졌다.[4] 시가지를 지칭하는 정町
(마치)이니 광화문에서 동대문에 이르는 여섯 마디를 가리키는 정목
丁目(번지)이니 도심 중심가를 가리키는 본정통本町通(혼마치)이니 하
는 행정구역 명명법이 새롭게 생겨났다. 황토현(황토마루)이 광화문
통으로, 동현(구리개)이 황금정으로, 상다동(웃다방골)이 다옥정으로,
배오갯병문이 종로로, 명동이 명치정으로, 대공동·소공동이 장곡천
정으로 바뀌었다.[5] 전차가 용산에서 서대문으로, 효자동으로 연결되
고, 종로 거리에 아스팔트가 깔리고 인도side-walk가 만들어졌다.[6] 새
이름 경성은 한성이 식민지의 수도가 되고 서울이 근대적 도회가 되
었음을 선포하는 하나의 상징이었다.

유혹과 열망이 들끓는, 도회

경성 도심의 화려한 네온에 유혹되듯, 사람들 특히 청년 남녀들은 도
회로, 도회로 몰려들었다. 도회를 경험한 사람들, 보통학교 선생님을
통해 말로만 들었던 도회, 그곳은 언젠가는 한번 가보았으면 하는 열
망의 공간이었다.

문치명은 두리번두리번 이곳 보고 저곳 보며 여러 사람의 가는대로 따라서 정차장 앞 넓은 마당에 나아섰다. 전등은 휘황하고 이삼층의 양옥은 즐비하여 별세계인 듯하다. 안경테 같은 것을 타고 살같이 달려가는 것은 자전차인가 보다 집채만 한 큰 상자 같은 것에 사람을 많이 싣고 땅에 깔리인 궤도로 미끄러지는 듯이 굴러가는 것은 아마 전차이거니 생각하였다. 보통학교에서 털보 선생님에게 말만 들어 한번 보았으면 하던 것은 지금 모두 보았다.[7]

금번에 여러가지 볼 일로서 서울을 나오매 그 전에 보던 서울은 조금도 변한 것 없이 인물은 번영하고 차마車馬는 복잡하다 아무래도 대도회의 번화 신문명의 광채가 완연하다 전차는 쏴—자동차는 뿡! 뿡! 빈틈없이 통행하는 자전차는 띠르릉 띠르릉 오고가는 행인은 모두 찬란한 의복에 의기양양하다 한참 이 광경을 보다가 자기의 몸을 돌아보니 굵다란 무명옷에 때 묻은 운동모자이라 한편으로는 남의 모양이 부럽기도 하고 자기의 행색이 부끄럽기도 하다 또 한편으로는 매일매일 이 가도街道로 왕래하는 몇 천 명 몇 만 명 사람이 이 – 경성이란 소천지 안에서 무엇을 하여 저렇게 사치스러운 생활을 할 수 있는가 하는 생각도 일어나고 또 한편으로는 왜 나는 저 사람들처럼 활사회活社會에 활동할 능력이 없고 그–쓸쓸하고 적막한 산촌에서 일생을 지내는가 하는 신세한탄도 일어난다.[8]

경성에 올라와 고학생으로나마 학업을 지속하고자 한 〈냉면 한 그릇〉의 주인공 청년은 아버지의 급작스러운 병사 후 집안의 생계를 위해 경성살이를 포기할 수밖에 없었다. 그래서인지 어쩌다 올라와 스치듯 경험하게 된 경성의 풍경은 거기에 속할 수 없는 그에게 부러움과 열패감을 안겨주었다. 경성은 그저 화려하기만 한 것이 아니라 살아 있는 생기를 느끼게 해주는 공간이었다. 1910년대 후반 30여 만 명이 살고 있던 첨단의 도시를 향한 열망은 조선인 전부의 것이었다고 해도 과언이 아닐 것이다.

번화한 첫여름의 햇빛은 온 장안의 젊은 남녀를 가비엽게 그러나 떼치지 못할 힘으로 흥분시켜가면서 가만가만히 종로 한바닥을 타고 넘어서 지금 새문 위에 가 멈추고 있다. 자기 힘으로 끌어낸 남녀들이 넓은 길바닥에 널려 있는 것을 보고 내숭스럽게 웃는 모양 같았다.

그 까닭인지 저 까닭인지 근래에 신新수입된 사꾸라 구경도 한 무리가 지났건만은 요새의 큰길가는 매우 분잡紛雜하였다 비교적 한산한 경성의 전차도 요새는 사람이 넘칠 지경이며 우이동 왕복에 이십여 원씩 터무니없는 삯을 받는 자동차들은 호화자제를 실어 나르기에 여전히 분주하다 지금도 동대문편 쪽에서 뿌웅뿌웅 하면서 기세 좋게 올라오던 자동차는 경남 자동차 상회라고 커다랗게 간판 붙인 차고 앞에가 멈추었다. 그 안에서는 횟독횟독한 젊은 애들이 툭툭 뛰어나왔으며 맨 뒤에는 분홍면사를 어깨에 걸고 허리를 날씬하게 졸라맨 미인들이 따라 나왔다[9]

부질없이 불우不遇의 탄嘆만 부르짖으며 비 맞은 용대기旗같이 홀부들에 해 돌아다닌다. 어떻게 하면 서울이라는 이곳에서 그 몹쓸 독약毒藥에 휘

몰아 쓰러지지 아니 하겠느냐.[10]

　그러나 엄밀하게 말하자면 경성은 조선은행과 조선호텔 같은 웅장
한 건축물과 다 쓰러져가는 삼간초옥이 공존하는 부조화의 도회였
다.[11] 경성을 신흥 지식계급의 도회였다고 할 수 있다면, 그것은 도회
에서의 생활능력이 지식에서 나왔기 때문이다. 또한 그곳은 첨단의
유행이 휙휙 지나가고 새롭게 수입된 서구의 문화생활을 만끽하려는
젊은이들의 열정으로 들끓던 곳이었다. 폭염에 시달리면 얼음물이
아니라 맥주나 사이다를 마시며,[12] 시원한 지하수를 찾아 높은 산을
취미 삼아 오르는 사람들이 늘었다. 지식인, 학생으로 대표되는 청년
들이 종종 근대적 음악회와 연극회를 즐기고 자동차를 타고 벚꽃 구
경을 나섰으며, 솟을대문의 명월관 등 이름난 음식점을 제집 드나들
듯 했다.
　그러나 경성의 일상이 첨단의 근대적 문화로 치장되어 있었다고
해도, 사실 대다수의 경성 사람에게 경성살이는 표피적인 감각과 전
혀 다른 것이었다. 경성은 보이지 않는 독약이 유포된 곳이자 인생을
좀 먹는 박테리아가 득실대는 곳이었다. 삼간초옥이나마 자신의 소
유가 아닌 거주민이 다수였으며, 가족 전체가 떠도는 부박한 신세인
경우가 적지 않았다.[13]
　경성은 이들 양자 모두의 경성이었다고 할 수 있는데, 이편이든 저
편이든 경성살이가 보여준 것은 미쳐 돌아가는 근대의 소용돌이 자
체였다. 비교와 차이가 항시적으로 이루어지는 도시에서는 누구든
도태되거나 혹은 그럴 위험에 처한다. 경쟁의 틈새에서 살아남아야

하며, 계속 앞으로 나아가지 않으면 그대로 밀리고 처지는 것이다. 때문에 경성의 일상에 발을 들이는 순간 누구도 이 몹쓸 독약, 미친 소용돌이를 피할 수 없었다. 이는 그저 추상적인 어떤 분위기만은 아니었다. 실질적인 삶의 내용이 이러했다.

'쓸아림' 의 도시, 눈물의 경성살이

분명한 사실은, 경성 인구의 대부분이 빈궁한 생활을 벗어날 수 없었다는 점이다. 도회─경성은 지방─농촌보다 몇 십 배, 몇 백 배 이상으로 빈익빈, 부익부의 병적 상태와 약육강식의 기현상이 발생하는 곳이었다.[14] 심지어는 경성 부민 가운데는 빈민이 되어 생활고에 시달리다 만주로 떠나는 사람이 적지 않았다.[15] 개천가 쓰레기통 밑에 거적을 깔고 밤이슬을 맞는 무리가 넘쳐났다. '아씨들' 의 구박을 받으며 좁은 부엌에서 밤낮을 종종거리는 어멈, 할멈들, 숨이 턱턱 막히는 한낮의 시멘트 길 위에서 인력차를 끄는 인부들, 이들 모두가 시골을 버리고 경성살이를 택한 사람들이다.[16] 이들이 바로 경성의 빈민층이다. 일본에 의해 제도적 도회가 만들어지는 동안, 경성의 인근 외곽 지역에서는 또 다른 도회화가 진행되고 있었다. 도심부에서 밀려난 사람들, 일을 찾아 도시로 모여든 이농민의 도회가 그것이다.

경성의 빈민층은 행정구역상 경성부 밖에 거주하면서도 대부분 도심부에 직업적 근거를 가지고 있었다.[17] 1920년대에 경성의 3대

빈민촌은 '훈련원'과 '봉래정'에 있던 '장옥'(부영장옥) 그리고 남정동 빈민굴이었다. 이 가운데 제일 참혹한 곳은 남정동 빈민굴이었는데, 경성부에서 경영한 부영장옥 역시 1동이 2간 내지 4간으로 나뉘어져, 한 간에 한 집 식구 모두가 살아야 하는 구조였다. 이곳에서 아버지, 어머니, 자식, 며느리, 딸 모두가 한 방에서 기거하고 침식해야 했다.

1920년대 초부터는 식민지화 이후 등장한 '토막민'이 실질적인 사회문제로 대두했다. 토막이란 일정한 깊이로 땅을 파고 그 위에 삼각형으로 짚을 덮은 움집형과 거적으로 된 벽과 온돌을 갖춘 가옥형 임시 가옥을 가리켰으며, 이런 집에 사는 빈민이 토막민이었다.[18] 농촌의 춘궁민과 화전민 그리고 토막민을 식민 통치 세력이 만든 3대 빈민층으로 부르기도 했거니와,[19] 도회화가 가속화되는 시기에 농촌과 도시 변두리에서 밀려나 도시 빈민이 된 토막민의 수는 꾸준히 증가했다. 경성부는 1920년대 말부터 토막민에 대한 통계를 잡기 시작했다. 1928년 1,143호, 4,803명이던 것이, 1933년에는 2,870호, 12,378명에 이르렀다. 경성부는 초기부터 토막민을 "도시 토지의 불법점유자" 혹은 "도시 미관을 해치는 자"로 정의했다. 대부분 도심부에 직업적 근거를 가진 일용노동자였기 때문에 토막민은 일단 강제이주를 당하더라도 곧 수용지를 이탈하여 다시 원거주지 부근에 토막촌을 형성할 수밖에 없었다. 1930년대 후반에 이들은 공권력에 의해 강제철거당한다.[20]

경제 상황을 중심으로 살펴보아도 사정이 열악하기는 마찬가지였다. 당시는 경제 불황이 매우 극심한 시대였다. 경성 시내의 공장들도 속속 폐쇄되고, 그 여파로 특히 조선물산장려회 등이 결성되면서부터는 양복이나 비단 옷을 입고는 부끄러워 출입을 못할 정도로 경성은 무채색의 공간이 되었다.[21] 도시 빈민뿐 아니라 도회 전체가 가난을 면치 못했다. 그러니 당연하게도 토막민만이 빈민이 아니었다. 실상 빈민은 경성의 가는 곳마다 존재했다. 남의 집 행랑방에, 머슴방에, 양옥집 문간 앞에, 네거리에 빈민이 뒹굴었다.[22] 이들의 신산한 경성살이가 게으름 때문은 아니었는데, 당시 조선의 경제 사정이 매우 어려운 데 근본적인 원인이 놓여 있었기 때문이다. 예컨대, 이 시기는 경성 인구 28만 명 가운데 20만 명이 실업자이던 시대이다. 특히 경성살이는 어린 아이와 여자에게는 더욱 신산했다. 15세 미만의 어린아이 중 많은 수가 동경에 있는 공장으로 팔려갔으며, 생계가 어려운 부모들이 어린 딸을 색주기色酒妓로 팔아넘기는 일이 빈번했다.[23]

거듭 강조하는 바, 경성살이는 결코 화려하지 않았다. 1914년 1월 《매일신보》는 여자의 직업에 관한 연재 기사를 실었다. 이 기사는 신교육을 받지 못한 여성을 위한 직업을 소개했는데, 이때 언급된 것에는 유모,[24] 양잠,[25] 홍삼 직공,[26] 수놓는 여공,[27] 굴따기,[28] 기생,[29] 여교원,[30] 연초직공,[31] 광주리장사,[32] 음식 장사[33] 등이 있었다. 신여성의 화려한 외모와 옷차림에 대한 질투 어린 비난의 글들이 남겨져 있기도 하고, 1920년대가 되면 여자의 직업으로 여교원, 여의사, 유치원 보모, 산파, 간호부, 방송국, 아나운서, 부인 기자, 전화 교환수 등이 소개되기도 하지만,[34] 실상 근대적 도회 경성에서 약자들의 삶은 쓰라리고 처량했다. 한때 경성 시내에서는 어린 여자아이들

사이에서 시집살이의 괴로움을 토로하는 처량한 곡조의 노래가 유
행하기도 했다. 대개의 여성은 고된 시집살이라도 하지 않으면 기
적妓籍에 이름을 올리고 화류계로 나설 수밖에 없는 상황이었기 때
문이다.[35]

어우와라 도우와라 진질내비 꼬꾸와라
찌아찌아 사뚜찌아 한 손으로 바다봐라
두손으로 바다봐라 고년고년 잘두 죽었다
소금밥에 잘두 죽었다
형님형님 사촌형님
내일은 죽을 날 오늘은 살 날
형님형님 사촌형님 명주석자 끈어다가
눈물코물 다시겨서

아버지 어머니 어머니 아버지
우리 형제 죽거들랑 고개고개 너머가서
뒷동산에도 묻지말고 고개고개 너머가서
가지밭에 무더주소 가지한쌍 열리거든
맛보지도 말고 따지도 말고
대궐 안에 치성바치소 시집보다 더 할릿가[36]

경성의 주인이 바뀌었다

그렇다면 경성 주민은 실제로 누구였는가. 경성에서 나고 자랐다고 모두 경성 주민이 될 수 있있을까. 물론 아니다. 상공업으로 세력을 잡을 수 있었던 중인 계급이 아니라면, 대개 경성 토박이들은 생활고를 견디지 못하고 지방으로, 만주로 떠나야 했다. 지금도 그렇지만 도회의 주민은 대개 도외 출신이 아니기 쉽다. 경성의 경우도 마찬가지였다. 조선 전체를 통틀어 근대적 교육기관이 경성에 밀집해 있었으며, 그에 따라 보다 나은 교육을 원하는 학생들은 경성으로 몰려들었다.

지방의 경우, 구학을 과거처럼 존중하지도 않았지만 신학 또한 마찬가지로 경시했다. 서당이 점차 쇠락했으며 청년들에게는 마땅한 교육 기관이 점차 사라지고 있었다.[37] 중등학교 이상의 학교에서 재학생의 대부분이 지방 출신인 것은 이 때문이었다. 이후 그들은 학교를 졸업하고 경성에서 직업을 구했고, 그렇게 경성 주민이 되어갔으며, 그리하여 경성은 점차 타지인의 경성이 되고 있었다.

경성의 점진적 변화 가운데에서 무엇보다 문제는 경성이 점차 외국인의 도시가 되어갔다는 점이다. 말 그대로 경성의 주인이 바뀌고 있었는데, 그들 대다수는 일본인이었다. 여관, 잡화점, 우편소, 이발소를 경영하거나 의사, 역장, 중개인, 철도노동자, 목수가 되는 등 조선에 들어와 사는 일본인의 직업은 다양했지만, 그 가운데 많은 수가 고리대금업자, 헌병, 역장, 의사, 학교 교사였으며 이들은 대개 풍족한 생활을 영위했다.

일본인이 개항지에서 조선 내륙부로 들어와 살게 된 것은 러일전쟁 이후이며, 이 시기 이후로 일본인 인구의 증가율은 해마다 급격한 상승률을 보였다. 1921년 말 경성의 인구는 조선인이 39,121호, 인구 188,640명이고, 일본인은 17,120호에 인구 69,273명이었다.[38] 1922년 말 조선인의 거주 인구를 살펴보면, 조선 사람이 17,208,239명, 일본 사람이 386,493명, 기타 외인外人이 32,129명이었다. 외인으로는 미국인, 영국인, 러시아인, 중국인, 일본인이 있었는데, 대다수는 일본인이었다.

복잡한 숫자는 차치하고라도, 문제는 거주 인구수 자체가 아니라 일본인의 증가율이었다. 인구수를 얼핏 살펴보면 사실 아무런 문제가 없는 것처럼 보이기도 한다. 조선인의 수가 월등히 많기 때문이다. 외인 총계로만 보면 조선인은 일본인의 약 46배나 되었다. 그러나 증가율을 보면 문제는 달라진다. 1917년의 조사와 비교해 보더라도, 조선인은 오년간 59만 608인이 증가한 반면, 일본인은 매년 만여 명씩이 서울로 이주해오는 추세였다. 일본인의 증가율은 조선인의 네 배나 되었던 것이다.[39]

경성인에게 일본인의 증가율은 경성의 주인이 일본인이 되고 있다는 위기감으로 다가왔다. 경성의 실질적인 변화는 위기감 이상의 것이기도 했다. 경성의 발전도 조선인이 주로 거주한 북촌과 일본인이 거주한 남촌을 사이에 두고 그 속도가 서로 달랐으며 점차 격차도 심해졌기 때문이다. 특히 경성의 정식 명칭인 '경성부'의 유래를 살펴보자면 경성이 외지인의 경성이 되었다는 의혹이 더욱 의미 있는 경계심이었음을 확인할 수 있다. '부府'라는 명칭 자체가 경성이 일본인의 경성임을 알려주는 지표였던 것이다.

'부'는 1913년(다이쇼 2년)에 총독부령이 발포되면서 1914년부터 실시된 제도인데, 실제로 '부'는 일본인의 거류민 세력의 확장이자 연장이었다. 일본인은 경성, 평양, 대구를 제외하고는 당시의 개항장이던 부산, 군산, 인천, 원산, 청진[40] 등에 거주했으며, 경성에서는 처음에는 땅이 질어 진고개로 불린 니현泥峴(지금의 명동성당 남쪽 충무로 2가와 퇴계로 그리고 남쪽 남산 자락) 일대의 협소하고 열악한 지역을 거점으로 출발해서 점차 청계천 이남에서 용산에 이르는 경성의 남반부 전체로 영역을 확장해갔다. 그들은 점차 거류민단을 조직해서 행정을 장악했는데, 이후 '부'라는 제도가 이들 일본인 거주자가 많은 도시와 개항장을 중심으로 시행되었다. 조선인을 중심으로 볼 때 당연히 '부' 제도에 포함되어야 할 경기의 개성이나 함남의 함흥 같은 곳은 제외되었다. 저간의 상황은 '부' 제도의 실시가 일본인의 거주를 편리하게 하기 위해 만들어진 제도였음을 말해준다.[41]

지금껏 다양한 각도에서 경성을 둘러보았다. 경성은 화려한 근대도시로 변모해가고 있었는가 하면, 조선인의 공간인 북촌과 일본인의 공간인 남촌 사이의 간극이 심화되어가기도 했으며, 외국인과 외지인의 실질적 증가율이 급격하게 상승하는 공간이기도 했다. 보이지 않는 한편에서, 도회가 형성되기 전에는 존재하지 않았던 '빈민'의 실체가 분명해지기도 했다. 그 사이에 경성을 사는 도회인들이 문명의 이기를 활용하는 일상을 체화하고 있었다. 이제 경성은 하나의 시선이나 단일한 층위로 설명할 수 없는 복합적 공간 아니 어떤 현상

이 되어 있었다. 그러니 여기서 묻지 않을 수 없다. 이 미친 변화의
근원적 동력을 무엇이라 설명할 수 있을까. 이제 근대의 청년, 그들
에게 경성이 무엇이었는가를 질문할 차례다.

근대 초기 이 땅에서 경성, 인천, 부산, 원산, 평양은 최첨단의 근대적 문물을 경험할 수 있는 이른바 '도회'였다. 신문물이 넘쳐나고 새로운 문화가 유행처럼 번졌으며, 화려한 야경과 화류 풍속도가 사람들을 유혹했다. 당시 도회를 근대 혹은 근대 국가의 꽃이라 부른 것도 이와 연관된다. 그러나 근대화된 '도회'에 대한 시선이 곱지만도 않았다. 누군가는 도회의 특성상 공기가 탁하고 일광이 어두우며 병균도 번식하기 쉽고, 때문에 도회에서의 삶이 인간의 정신과 신체를 황폐화한다고 주장했다. 심지어 도회에 한 세대 이상을 거주할 때 사상이 부패하고 체력이 연약해지며 성질이 나태해진다는 혹독한 비판을 가하기도 했다. 이들에게 도회는, 모든 것

도회와 청년, 동경– 경성–평양

을 소진시키는 '대화사장_{大火事場}'이자 '순박절검'의 마음을 가진 존재들을 타락시키는 '죄악제조장'이었고,[1] 소설 잘 읽는 경성, 술 잘 먹는 경성, 미신 많은 경성, 싸움 잘하는 경성, 욕 잘하는 경성이었다.[2]

실상 경성에 대한 비판은 도회화 과정의 동반적 현상이었다. 타국과의 관계 속에서 자국에 대한 의식이 생겨나듯이, 경성이 근대적인 도회가 된다는 것은 경성이 비교와 대조 즉 세계적인 다른 도회와의 관계 속에 존재한다는 것을 의미했다. 경성은 근대화되어야 할 공간이자 전근대적인 면모를 탈피해야 할 공간으로 재규정되고 있었다. 경성에 대한 이러저러한 비판이 늘어간 것은 당연한 현상이었다.

아아 경성은 두억신이의 경성이요 독갑이의 경성이로다. 위선 도서관 한아이 없고 학회 한아이 없으니 사람사람이 두억신이 되기를 피하려하나 어찌 가_可히 얻으며 독갑이 되기를 원치 아니하나 또한 어찌 가히 얻으리오. 그럼으로 학교의 선생들이 술 마시고 바둑 둘 줄은 잘 알으되 서적을 대할 줄은 잘 모르며 만도_{滿都}의 청년들이 야시_{夜市}나 꽹과리 구경은 갈 기회가 있으되 학술 강연이나 학자의 연구 보고는 들을 기회가 없으며 소위 식자 계급이란 사람들의 가진 바 지식이 갑신_{甲申}식, 갑오_{甲午}식 하는 시대에 뒤떨어진 옛것이 아니면 삼년 전이나 오년 전에 학교 칠판 아래서 배우던 노트의 지식 그대로요, 일류라 할만한 사람들의 아침저녁으로 교환하고 사용하는 회화가 편시적_{片時的} 순간적 여항잡사_{閭巷雜事}임에 지나지 못하고 제법 고원하고 심장한 학리적 말은 얻어들으려 하여도 들을 수가 없나

니······[3]

시험 삼아 어느 날 저녁에 야시夜市 구경을 한번 나가 오고가는 남녀노소의 태도를 보라 그 어떻게 허영의 불길이 각 사람의 이마에 붙어 오르며 귀족적 내음새가 각 사람의 거동에 묻어오는가. 다른 것은 다 그만두고 의복만을 두고본다 할지라도 우리 같은 시골서생으로는 무어라 형용할 수도 없으리만큼 차림차림이며 몸에 둘러 감은 것이 사치하고 화미華美하기 그지없나니 물론 이것이 신분에 상당하고 자기자격에 칭합稱合하면 이런 말을 하는 것이 도리어 천만 죄스럽거니와 그러나 나는 확실히 아노니 저들의 입은 옷은 비록 저러하나 저들의 주거하는 바 집은 한달에도 몇 번씩 이리저리로 쫓겨 다니는 사글세집이요 저들의 먹고 마시는 것은 동전 몇 푼어치 죽이나 말간 물이니 저렇게 한번 훌륭하게 하여 입은 의복도 어느 때 어느 날에 전당포궤机속으로 들어가게 되는지 알지 못하는 것을. 아아 이것이 허영이 아니고 무엇이며 이것이 서방님 생각이 아니고 무엇이랴.[4]

종로에서 신용산으로 가는 전차에 한 신사가 올랐다. 점잖은 체모體貌와 고아高雅한 풍채는 선려鮮麗한 양복의 태도와 함께 사람으로 하여금 자못 경앙敬仰의 염念을 도발挑發케 한다.

여는 거의 무의식적으로 옷깃을 바로 잡고 공손한 태도로써 좌석을 좁히었다. 그 신사는 가장 엄연히儼然(의젓하게) 걸쳐 앉는다. ······

조금 있더니 기침이 나는지 얼굴에 괴로운 표정을 짓더니 양복 고비에서 오색이 찬란한 수건을 끄내인다. 문득 무어라 형언치 못할 요비한 향취가 흘낏 끼친다. 이 순간에 여는 가장 불쾌한 그 무엇의 습격을 당한 듯이 일종 공포전율의 감을 느끼었도다.

이윽고 사방을 기탄치 않는 기침을 한 번 하더니 한덩이 혈담血痰을 차 바닥에 탁-배 다시 양화洋靴 끝으로 쓱쓱 문질러버린다.……

이윽고 전차는 황금정 정차장에 머무르더니 화복和服이 선명한 신사 한 분이 취안醉眼이 몽롱하여 금테 안경을 번쩍이며 들어온다. 나는 내심의 헤오대 원유회에서 돌아가는 신상紳商이 아니면 환영회에서 돌아오는 어느 회사 신진 중역이나? 하였다. 차 속을 한번 둘러보더니 먼저 양복 신사와 정답게 악수를 하고 어깨를 연聯하여 걸쳐 앉는다.

화和 이 사람아 어젯밤에는 그렇게 내댄단 말인가

양洋 여보게 말 말게 옥향玉香인지 무엇인지 손목을 잡고 애걸을 하니 어떻게 하나

화 　그리기에 자네는 계집에게만 빠지면 친고親故는 모른단 말이야 화복한 신사는 안경 너머로 양복한 신사를 흘려본다 양복한 신사는 이 궁경窮境 벗어나고자 하는 술책인지 문득 화제를 돌리며 나직한 목소리로

양 　여보게 대관절 김군의 조건은 어떻게 되었나 물으매 화복한 신사도 소리를 낮추어 무어라 속살거린다. 양복한 신사는 가장 만족한 미소를 띠우며

양 　흥- 부모밖에 만만한 이가 없어

차는 어느덧 남대문 역전에 머물렀다

이제껏 정신을 잃고 소곤거리던 두 신사는 전후하여 뛰어내려 정차장으로 달려간다

저편 정면에서 이 광경을 바라보고 있던 토지중개인 비슷한 사람이 옆에

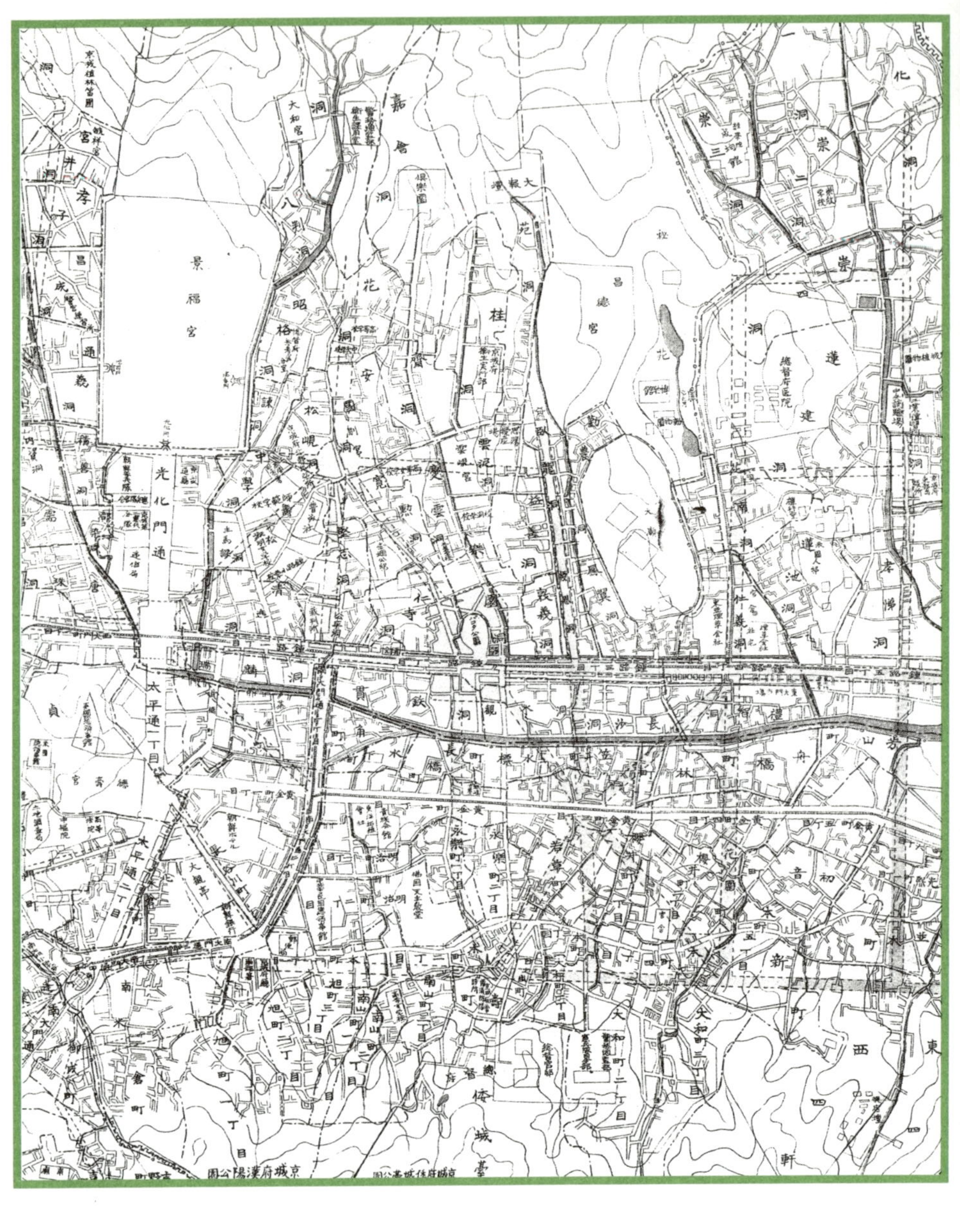

→ 1914년 경성 중심시가의 모습. 앞으로 신설하거나 확장할 도로가 표시되어 있다.

동반을 꾹–찌르며

여보게 지금 내린 양복한 자이 올 봄에 이천 논 팔아먹으려든 김ㅇㅇ이라네
나중 내린 놈은 그게 중촌中村이집 중개하는 놈이 아닌가 오– 그 놈이 할
인돈 얻어주고 구문口文 먹는 박가朴家로구먼–
이 대화를 듣고 있는 여汝네 안경은 비분, 회한, 연민, 애통에 빛나있었도다
아–슬프도다 바야흐로 빛나고자 하는 향상向上의 서광을 덮어싸고자 하는
신사의 가면–5

엘리트 청년들은 '경성이 서구적인 의미의 근대적 도회가 되어야
한다'는 주장을 적극적으로 개진했는데, 그들 논의의 근거지가 바로
'비교'의 관점이었다. '이제 경성은 세계 속의 도회가 되어야 했다.
경성은 우리 민족문화의 중심이자 정신상 물질상 총실력의 책임을
대표하는 공간이어야 했다.' 그러나 서구의 시선으로 보자면 경성은
여전히 "넘우나 심심산골"6인 소도회에 불과했다. '영등포에서 한강
을 건너면서, 수색을 지나 신촌으로 넘어오면서, 남대문으로 들어서
면서'가 아니라 '런던과 파리, 동경과 비교할 때', 바로 이때에 경성은
산과 산 사이에 파묻힌 10리 안팎의 소도회가 되었다.

그럼에도 경성이 도회화되어감에 따라 도회인의 생활수준은 점차
고급화되었는데, 이때 문제는 귀족과 상업적 성공을 이룬 무리뿐 아
니라 무위도식하는 무리도 그런 경향에 동참했다는 데 있다. 그들은
생활수준과 무관하게 "쌀밥에 생신 조기를 먹어야 하고 분바른 얼굴
에 박쥐양산은 받아야 했다." "하인도 없는 주제에 '안 계시다 여쭈
어라"의 죽어가는 호기를 붙여야만" 했다.7 왜소한 기와집이 대부분

이고 큰 건물도 별로 없고 도서관도 극장도 공원도 심지어 변변한 목욕탕도 손에 꼽을 정도였던 소도회 경성에 대한 실감과, 도회화의 수준과 상치하는 불균등한 문화 수준에 대한 실감이 엘리트 청년들로 하여금 경성의 변모를 적극적으로 추진하고 도회적 허영을 강도 높여 비판하게 했다. 요컨대 엘리트 청년들의 도회에 대한 비판은 도회인의 허영에 대한 비판이며 동시에 표피적 근대화에 대한 비판이고, 내실 있는 근대화를 추구해야 한다는 계몽적 시선의 언어적 표현이었다. 내면이 텅 빈 '가장假裝' 신사들은 학생과 함께 소도회 경성의 타락상을 보여주는 중요한 참조점이었다. 겉으로 보아서는 점잖고 세련된 외모를 소유하고 있다고 해도, 대개 그들은 타인에 대한 배려는커녕 사회 윤리의 기본조차 지킬 줄 모르고, 다른 사람의 구전이나 뜯어 먹으면서 요리점과 기생집을 드나드는 부랑배에 불과한 존재로 비판받았으며, 근대화의 부정적 폐해로 지적되었다. 이 모든 비판이 '비교와 대조' 속에서 이루어졌다.

각성하라, 청년이여

도회화에 대한 격렬한 비판이 궁극적으로 '무엇을 지향했는가'를 묻는다면, '불문곡직의 근대화/서구화'였다고 말할 수 있을 것이다. 이런 단선 논리가 통용될 수 있었던 것은 '어떻게 지향할 것인가'에 대한 확고한 답안이 이미 마련되어 있었기 때문이다. '교육'을 통해 비판된 모든 내용을 수정하고 보완하며 극복할 수 있다

는 믿음, 이것은 1920년대 이전까지는 흔들릴 수 없는 시대 이념이
었다.

일본에서 구시대의 종언과 신시대의 도래를 '청년'이라는 용어로
확정지은 도쿠토미 소호德富蘇峯가 그를 일약 스타로 만들어준 논문
〈신일본의 청년新日本之靑年〉(1887)[8]에서 말했듯이, 청년의 시대는 곧
교육의 시대였다. 이러한 입장에 따르면, 지육智育과 덕육德育을 함께
추구하는 태서적인 교육법에 의거해 신분과 출신, 연령이 서로 다른
젊은이들을 '청년'이라는 이름으로 함께 묶고, 이들을 중심으로 파

괴적인 구시대를 종결할 때 조선은(혹은 일본은, 중국은) 건설적인 신 시대를 맞이할 수 있게 된다.[9]

옛말에 하였으되 충신을 효자의 문에 구하라 함과 같이 어느 나라이든 지 개화는 그 학교에 가서 구할지라 학교의 성쇠를 보면 나라의 강약을 점치지 않고도 알 것이니 개화 각국에 가서 보면 첫째 부러운 것이 그 찬란한 궁궐도 아니요 그 화려한 누대도 아니요 그 굉장한 시정도 아니 요 그 부강한 해륙군도 아니요 그 성대한 교육이라 도처에 소학교 없는 데가 없어서 동몽들을 교훈하여 다만 글자만 가르칠 뿐 아니라 산술과 그 나라 사기와 각국 정형을 다 알게 하며 또 신의信義 이자를 주장으로 가르쳐서 사농공상 간에 다 그 직업을 총명히 하게하며 충의 하는 마음 을 분발하게 하여 이 아이들이 성인하면 배웠던 바를 잊어버리지 않고 각기 그 직분을 다 하는 고로 사가와 국가가 대대로 흥황 하나니 우리나 라도 이 잔약한 형세를 면하고 개명 진보를 하려면 궁궐을 화려하게 하 는 데에 있지 않고 해륙군이 많은 데도 있지 않고 다만 소학교를 많이 배설하는 데에 있나니 아직 고등학교나 대학교에는 돈 한 푼이라도 쓰 지 말고 우선 소학교를 많이 배설하여 동몽들을 교육하기를 바라며 황 성 내에 지금 관립 소학교가 아홉 처소에 학도 수효는 도합 팔백 삼십 팔인이요 일년 경비는 도합 일만 사천 사백여원이라 하니 이것이 없는 것보다는 조금 나으나 아직도 심히 부족하니 우리 생각에는 학부에서 하는 사무는 한 국장과 몇 주사면 넉넉할 듯 하며 만일 불가불 학부를 둘 터이면 아무쪼록 그 경비를 적게 하여 남는 돈은 이왕 있는 소학교 를 더 흥왕케 하며 없는 소학교를 더 세웠으면 국민들에게 대리가 되겠

도다[10]

젊은이와 청년을 나누는 중요한 요소가 바로 교육의 유무였으며, 당대의 식자들이 미래에 만들어야 할 국가의 상을 구상하면서 가장 염두에 두었던 것이 바로 이 교육이었다. 물론 이때의 교육이 학령에 맞는 학교에 다닌다는 의미라거나 체계적으로 구조화되어 있는 교육 프로그램을 적용하거나 수용한다는 의미는 아니었다. 교육 제도가 어느 정도 체계를 갖춘 것은 1920년대 이후이다. 오히려 사설 교육 기관이나 청년회 등을 통한 강연, 토론, 연설 그리고 잡지 등이 근대 초기의 교육 기관이었다.

가령 조만식이 계몽 의식에 눈을 뜨게 된 계기는 안창호의 연설이다. 을사보호조약이 체결되던 당시, 안창호는 전국 각지를 돌아다니며 강연과 연설을 했다. 안창호가 평양에서 강연하던 때의 일이다. 평양 종로 거리에서 상업가 노릇을 하던 조만식은 안창호와 윤치호가 칠성문 안에서 강연을 한다는 소식을 듣고 강연을 들으러 갔다. 안창호가 연단에서 외쳤다. "일본 사람이 우리나라를 뺏어 먹으려고 억지로 을사조약을 맺었습니다. 이제 우리가 정신 차리지 못하면 우리는 발 하나 세울 자리도 없어질 것입니다." 안창호는 연단을 내려치며 이 말을 마쳤고, 그 서슬에 연단이 쪼개졌다. 안창호의 연설을 듣고 있던 많은 이들, 댕기머리 총각들, 탕건 쓴 아저씨들, 양복 입은 젊은이들은 안창호의 의분을 가슴으로 공감하며 벅차오르는 눈물을 흘렸다. 조만식 역시 눈물을 흘렸다.

안창호의 강연에 감동한 이 순간을 기억할 필요가 있는데, 이 순간 조만식은 완전히 다른 사람이 되어버렸기 때문이다. 이미 결혼을 하고 자식도 있었기에 상투를 틀고 갓을 쓰고 있었던 그는 곧바로 단발을 해버렸다. 상업가 노릇을 그만두고 술을 끊고 교회를 나갔으며, 서구적 교육을 체계적으로 받기 위해 숭실학교에 입학했다.[11] 이렇게 해서 그는 '근대적' '청년'으로 거듭나게 되었다. 청년은 다양한 교육을 통해, 계몽적 각성을 통해, 그렇게 탄생했으며, 그런 방식으로 개인 단위의 근대-화가 실질적으로 이루어지고 있었다.

청년이 경성의 미래다

교육이 청년 제조의 첩경임이 근대가 시작된 이래 끊임없이 강조되어왔다면, 청년이 형성되는 변화의 중심에 있던 이들은 경성 등의 대도시 유학 경험을 가진 젊은이들이었다. 경성 혹은 경성문화를 중심으로 청년상에 대한 논의가 급증한 것은 자연스러운 현상이었다. 긍정적이고 바람직한 청년상을 만들기 위한 노력은 불량청년에 대한 외적 비판과 함께 학생 청년들의 허영심과 유행을 쫓는 세태에 대한 내적인 비판으로 나타났다.

지금 경성에 있는 학생들은 이와 반대로 공부는 한분어치를 한다하면 몸단장이나 차림차림은 일전어치나 이전어치를 하려 하나니 우선 그들의 유숙留宿하는 곳을 찾아가보면 그 증거를 확실히 알 수 있다. 테이블 위에

쌓아놓은 서적은 가히 보잘 것이 별로 없으되 향유며 분이며 하는 화장구化粧具는 훌륭하게 구비하였음을 볼 수 있다. 그 뿐만 아니라 기회만 있으면 한번 말코자하던 바거니와 경성에서는 춘기에 각 학교 졸업생들이 선생들을 위하여 사은회를 하며 동창생들을 위하여 '알범'을 하는 일이 있나니, 물론 그 자신을 비난코자 함은 아니나 그러나 그리 변변치도 않은 중학교 졸업 하나를 하여가지고 무엇이 그리 장하여 이십 삼원의 회비를 가지고 장춘관 명월관의 요리집에를 가며 오륙원의 부담으로 외국 같으면 대학교 졸업생도 잘 아니하는 과분의 '알범'을 하는가. 이 일만을 보아도 경성의 학생들이 어떻게 속을 꾸미기에는 조홀粗忽하고 겉을 꾸미기에는 급급한 것을 가히 볼 수 있는가 한다.[12]

바람직한 청년상을 구축하는 것이 급선무였던 계몽적 지식인들에게 몸단장이나 기념일에 시간과 금전을 할애하는 행동들이 바람직하게 보였을 리는 만무하다. 그러나 실제로 사은회와 같은 행사들이 오래전부터 행해진 일이기도 하거니와,[13] 이 문제가 불거진 것은 학생의 수효가 증가하는 과정에서 벌어진 일이라고 해야 한다. 입학과 졸업을 축하하는 등의 학생 문화는 학생수의 증가로 일반인에게도 익숙해지게 되고, 이에 집중적인 비판의 대상이 되었던 것이다. 공정하게 말하자면, 시대적 제약을 충분히 고려해보더라도, 학생 청년 모두에게 그들의 정체성 전부를 민족의 중추이자 전위로 내면화하라는 요구 자체가 과도하고도 불가능한 것이었다. 그러니 학생들이 실제로 '공부는 뒷전인 채 유행만 쫓았는가'의 여부는 보는 이의 관점에 따라 다를 듯하다.

오히려 학생 청년을 둘러싼 담론에서 중요한 것은, 청년 자신뿐
아니라 사회가, 이 시기 이후 '학생의 미래가 곧 경성의 미래이고
또한 조선의 미래라는 인식'을 당연한 것으로 받아들이게 되었다
는 점이다. 경성이 지금 좁은 길을 넓히고 낡은 집을 헐어 새집을
짓는 파괴와 건설이 동시에 이루어지는 중이라면 청년 또한 스스
로가 파괴와 건설의 장에 놓인 존재라는 사실을 별다른 무리 없이
받아들이고 있었다.[14] 그러니까 미래의 청사진은 '미래를 담당할
청년 주체'를 중심으로 마련된다는 믿음, 그 청년이 미래를 이끌어
갈 수 있는 청년이 되기 위해 반드시 필요한 것이 서구적인 교육이
라는 믿음, 따라서 학령에 맞추어서 적절한 교육을 받을 때 시대가
요구하는 청년이 탄생할 수 있으며, 이들을 통해 국가 혹은 민족의
새로운 미래를 상상할 수 있다는 믿음, 이전에는 없었으나 현재의
우리에게는 매우 익숙한 이러한 믿음이 1900년대로부터 1920년대
에 이르는 이 시기에 만들어지고 자리잡아갔으며 영향력을 행사해
갔다.

"선생님도 여태 멀었소이다그려…… 여보 말마십쇼 사나이는 다 그렇습
니다. 가장 신사라고 하는 이들이 더합디다. 우리 같은 여자를 보면 침을
꽤-흘리고 달려들지요. 나는 그 꼴 보기 싫어서 도무지 거리에 나가고 싶
지를 않아요. 머리나 틀고 구두나 신고 이렇게 다니면 왜 그렇게 주목들
을 하는지요. 게다가 남자와 동행이나 하게 되면 그야말로 야-단이지요
무슨 큰 구경이나 난 듯이 모두 하던 일들을 쉬고 뚫어지게들 들여다보지
요. 보기나 하면 좋게요? 욕은 아니하고요? 몇 해 전에 우리 작은 오라버

니하고 하기휴학에 동경서 같이 나왔을 때에 오라버니는 양복을 하시고 저는 머리 틀고 구두 신고 양산 받고 같이 가는데, 어떤 이발소에서 꽤 젊잖은 자가 너무 고약한 욕을 해요

우리 오라버니가 대답을 하시다가 아주 창피한 일을 당하셨는데요. 지금도 남자하고만 다니면 가만히 안 있어요. 그런데 신시가를 가면 그 양반들은 본체만체합니다. 달라요. 먼저 문명한 사람들이. 그런데 서울은 그렇지 않아요."

나는 이런 말을 들을 때에 얼굴이 홧홧 달아짐을 깨달았다. 애인의 말한 것은 다─사실이다. 하나도 헛말이 아니다. 과연 그렇다.

"참 부끄럽소이다. 퍽 유치해요 서울보다도. 언제나 좀 변할는지? 변한다는 것은 못된 방면으로만 변합니다그려!"[15]

경성이 다시 태어난다고 할 때, 경성의 재탄생은 이렇게 해서 청년의 재탄생 논리와 맞물려 움직이게 된다. "동경은 학생동경"[16]이란 말도 있거니와 청년의 미래가 곧 경성의 미래가 된 것이다. 가령, 전영택이, 평양이 예전 같지 않고 죽어 있는 빈집 같다고 할 때, 그가 근거로 제시하는 것이 바로 청년의 활기 여부이다. 전영택에 따르면, 평양에는 더 이상 청년의 움직임이 없고 청년의 산生소리를 들을 수도 없으며 그렇기 때문에 평양의 미래는 암담할 수밖에 없다는 것이다. 학생들이 점차 '부랑잡배'가 되어가고, 학생들의 운동장이 요릿집과 술 제조소, 담배 제조소가 되며, 학교 자리가 기생학교로 변해가는 것이 진보에 위배된다는 논리, 이제 더 이상 "서양사람들이 지어준 벽돌집이 좀 많아지고 신작로가 생기고, 거리에

이층 집들이 많아진 것"이 진보를 의미하지 않는다는 논리, 이런 논리의 기원이 '청년의 미래가 경성의 미래'라는 믿음, 바로 여기에 있었다.

기차역 앞에 선 청년들

경성의 낙후성을 소리 높여 지적한 이들이 동경 유학생이었다면, 평양의 타락성을 안타까운 마음으로 비판한 이들 역시 유학을 떠났던 엘리트 청년들이었다. 근대 초기의 잡지에는 동경에서 경성까지, 경성에서 평양까지, 동경에서 부산까지, 유학하는 곳으로 돌아가거나 혹은 고향으로 돌아오는 기차 여행을 기록한 여행 에세이가 의외로 많다. 현상윤 등의 계몽주의자가 남긴 동경에 관한 기록들이 대체로 조선의 낙후된 현실을 개탄하고 계몽적 지향을 제시하고 있다면, 이광수, 홍난파, 전영택 등이 남긴 기록에서는 기행문에서 읽을 수 있는 내면의 소회를 만날 수 있다.[17]

기차 여행이 내면을 드러낼 수 있는 계기가 되었다는 것은 너무나 당연한 지적이기는 하다. 지식인 청년의 여부를 떠나서 누구에게나 기차 여행은 근대인으로 태어날 수 있는 흥미로운 경험이었다. 세상을 바라보는 다른 감각에 눈뜰 수 있었기 때문이다. 달리는 기차에 앉아 유리 창문을 통해 바라보는 외부 풍경은 자신과는 무관한 "활동사진"처럼 스쳐 지나간다. 어두운 밤길을 달리는 기차 속에서라면 "객실이 만원"이라 해도 빈 찻간에 혼자 탄 듯한 느낌에 사로잡히게 된다. 무엇보다 레일 위의 몸이 느끼는 속도감은 공간을 이동하는 기차를 통해 시간의 속도를 체험하는 듯한 착각에 빠지게 한다.[18] 기차 여행은 자신과 외부의 경계를 발견하게 되는 신비로운 경험의 시간이다.

그런데 이 경험은, 유학을 통해 속도가 다른 근대, 경성과 동경을 동시적으로 살 수밖에 없었던 당대 청년들이, 자신들을 동경에도 경성에도 속하지 않는 제 3자적 존재로 인식하게 하는 경향을 만들어냈다. 예를 들어, 《창조》 동인이던 동경 유학생 김환은 동경에서 고향으로 돌아가는 길에 흰 옷을 입고 긴 담뱃대를 든 형제들(조선인들)을 보면서 형언할 수 없는 불쾌감을 느낀다. 심지어 배 위에서 조선인끼리 자리싸움이 난 것을 보고 일본인이 혀를 차며 '조센징다가라시카다나이朝鮮人だからしかたない'라고 말할 때 불쾌감을 느끼면서도 그저 바라보기만 하며 "제 삼자의 공평한 눈으로 보면 과실은 조선인들에게 있다"고 생각하고 만다.[19] 민족이라는 이름이 모든 문제의 해결책인 듯 여기는 집단 무의식의 폐해는 말로 다할 수 없이 심각하지만, 그럼에도 여기서 우리는 식민 주체와 피-식민자 사이에서 객관적인 제 삼자의 공평한 눈이라는 것이 과연 가능했을까를 묻지 않을 수 없다. 당시의 엘리트 대다수가 유학 경험이 있었음을 염두에 둔다면 이 문제가 근대 초기의 엘리트 청년들이 빠지기 쉬운 자기함정 가운데 하나였던 것은 분명한 듯하다.

엘리트 청년들은 동경에서 경험한 절망감과 결핍감을 경성에 대한 불만으로 토해냈다. 그들은 식민 주체로서의 일본에 대한 부당함을 인식하면 할수록 담뱃대와 흰 옷으로 상징되는 조선의 전근대적인 면모들을 극복하기 위해 노력할 수밖에 없었다. 그들에게 도회의 가치는 서적이나 잡지가 팔리는 성적이나, 학자를 인정하고 학문의 가치를 아는가에 따라 가늠되었다. '울긋불긋한 신소설, 교과서, 한자서적류'의 유행에 부끄러움과 자괴감을 느꼈다.[20]

그리하여 엘리트 청년들은 전근대적인 혹은 타락한 도회에서 드물게 말이 통하는 그들끼리, 도시의 정신적, 물질적 진보를 향해 보다 매진하게 된다. 이때 남녀와 지역의 차이를 넘어서서 동경 유학생이라는 이름으로, 조선의 엘리트 지식인이라는 이름으로 그들을 묶어준 것이 눈에 보이지 않는 정신적 공감만은 아니었다. 가령 배웅의 공간은 그들을 정신적으로 육체적으로 결속시키는 중요한 계기가 되었다. 유학생 관련 잡지들에서 유학길에 떠나는 청년, 고향으로 돌아오는 청년들에 대한 기록이 많았다면, 이보다 더 많은 것은 부산을 거쳐 동경으로 떠나는, 시모노세키와 요코하마를 거쳐 경성으로 돌아오는 청년들과 이들을 전송하고 환송하는 장면의 기록들이었다.

12월 20일

어제부터 끊임없이 퍼붓는 우설雨雪은 오늘도 멎을 줄을 모른다 몇날 전前에 귀성하기를 작정하였으나 집에서 여비가 오지 아니하여 오늘은 떠나지 못할 줄 알았더니 아침에 서류가 와서 오전에 눈비를 맞으면서 동경역으로 나갔다 정차장에는 나를 보내는 T, K, O 세 사람이 나왔다. 고국으로 가는 나의 맘에는 기쁨이 있지만은 나를 보내는 세 사람은 같이 가고 싶은 생각이 간절할 터이다 그들을 두고 혼자 가는 내 맘인들

여북하며 나를 반만리半萬里 먼 길에 혼자 보내는 그들의 맘!인들 오죽
하랴!![21]

전후의 동인지 잡지에 실린 작품 상당수가 환송 장면을 포함하고
있었다. 출발지와 도착지에서만 전송하고 환송하는 것도 아니었다.
기차를 갈아타거나 배를 타기 위해 경유하는 곳곳에서 청년들은 누
군가를 만나고 또 헤어졌다. 때로는 일정 거리를 기차로 동승하면서
전송하기도 했다. 헤어지는 자리에서 그들은 눈물을 흩뿌렸다. 배웅
하거나 환송하는 대상 사이에는 남녀 구분이 특별히 존재하지도 않
았는데, 그들이 연인들이었냐 하면 그렇지도 않았다.

조선유학생학우회 규칙실행세칙

제 1 조 규칙 제 이장 제 2조의 목적을 달하기 위하여 우개右開 사항을 실
행함.

1. 본회 회원 중 희경喜慶우又는 질고疾故가 유有할 시에는 치하致賀 우又는
   위문함.

2. 졸업, 신래新來 혹은 사망하는 회원이 유有할 시에는 축하, 환영 혹은 추
   도회를 개開함을 득得함.

3. 필요로 인할 시에는 동경에 내유來遊하는 인사를 위하야 송영送迎의 의
   식을 행함을 득함.

4. 간담회, 원유회를 개최함을 득함.

5. 본회회원으로 학업에 태타怠惰하거나 품행이 부정한 자가 유할 시에는
   평의회에서 위원을 파송하거나 혹 초청하여 회개를 권유함을 득함.

6. 매년 1차 운동회를 개최함.

7. 잡지를 간행하며 토론, 연설 우ᄌ는 강연회를 수시 개설함.[22]

사실 동경 유학생끼리 유대감을 강조하는 경향은 문서를 통해서 공식화된 것이기도 했다. 전체 18조로 이루어진 조선유학생학우회 규칙실행세칙 가운데 7개의 항으로 이루어진 제 1조는 동료간의 유대감을 강조하는 내용으로 채워져 있었다. 이들 유학생은 기쁜 일을 축하하고 슬픈 일을 위로하며, 심지어 서로의 학업과 품행까지 관리하고자 했다. 그러니 기차역에서, 정차장에서 누군가를 배웅하고 환송을 받는 일은 이들에게 그리 특이한 일이 아니었던 셈이다.

물론 이들의 배웅 문화는 당시의 사회적 정황이나 경제 상황과도 무관하지 않다. 당시에 경성에서 동경까지, 동경에서 경성까지 이동하는 데는 적어도 이틀 이상의 시간이 소요되었고, 날씨라도 좋지 않으면 배를 타기 위해 무작정 기다리기도도 해야 했다. 여행 경비 전체가 미처 마련되지 못한 경우도 많았다. 경유지에서 그리 가깝지 않은 유학생 동료를 찾아가야하는 경우도 종종 있었는데, 숙박비나 식비가 절박했기 때문이다. 유학생 청년 사이의 유대감과 동료의식은 이렇게 구체적인 토대 위에서 매우 긴밀하고도 끈끈한 형태로 물질화되고 있었다. 한국 사회에서 제 삼자의 시선을 내면화한 이들이, 그들만의 엘리트 리그를 시작하게 된 것은 이 즈음이다.

요컨대, 근대 초기의 청년들이 유학을 통해 세계를 경험하고 신지식을 흡수하면서 내면을 발견하고 스스로를 성찰할 수 있는 능력을 개발할 수 있었다면, 이 과정에서 청년이 각성해야 도회와 조선이 각

성하고 이 사회가 발전할 수 있을 것이라는 논리, 조선의 정체성은
외부적 시선에 의해서만 획득될 수 있다는 논리로 압축되는, '외부
시선의 내면화'가 본격화되기 시작했다고도 말할 수 있다. 한번 올
라서면 그저 달릴 수밖에 없는 근대화의 레일 위에 이렇게 해서 우리
는 올라서게 된 것이다.

청년의 혈기가 어떻게 사랑의 소용돌이를 피해갈 수 있을 것인가. 사랑은 정녕 청춘의 장식물인가. '사랑'에 관한 고민은, 유사 이래, 들끓는 열정이라면 결코 피해갈 수 없는 문제로 여겨지기도 하지만, 엄밀하게 말하자면, 한국 사회에는 근대적 사상과 문물이 유입되기 전까지 사랑은 그것을 둘러싼 고민은커녕 말조차 존재하지 않았다. 그러니 근대 초기의 청년들이 사랑 love 이 무엇인지 알았을 리 만무하다. 사랑에 대한 관심이 부쩍 증가한 것은 1919년 이후의 일이지만, 그때에도 여전히 근대의 청년에게 사랑이란 자신의 개성을 드러낼 수 있거나 무한한 자유를 표현할 수 있는 표식 가운데 하나였을 뿐이다. 청년 예술가들이 그려낸 사랑 이야기가 대개 구습의 무게에 눌려 있던

그것은 참말
안해가 아니었다

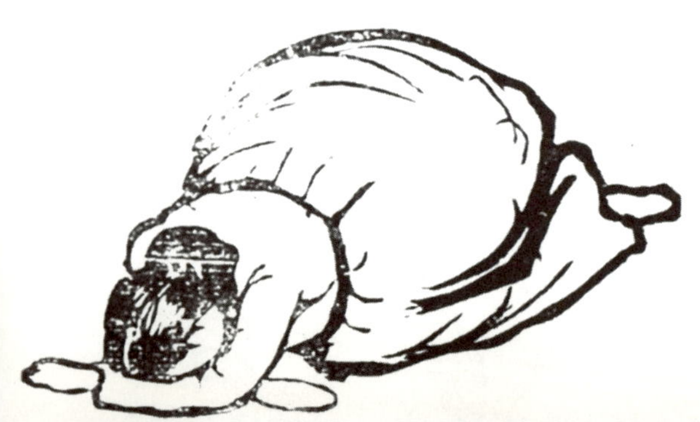

개성의 돌출적 표현이거나, 불륜과 배신을 통한 자아 찾기 일환에 가까웠던 것은 그 때문이다. 근대의 청년들은 '나와 너'의 '관계'를 전제하는 '사랑'을 하기에 앞서 '나'의 존재부터 먼저 확인해야 했다.

사랑이라는 문제에 있어, 청년 예술가들은 가정을 포함한 모든 인습의 방해로 사랑의 본능이 억압되었다고 보는 경향이 있었다.[1] 때문에 그들에게 '스위트 홈'은 '사랑'을 토대로 할 때에만 의미 있는 형식이 될 수 있었다. "가정은 사랑의 형식일 뿐이며, 사랑 없는 가정은 생명 없는 시체와 다르지 않았다."[2] 청년의 편에서 보면 사랑을 통해 인습에 저항하고 근대적 인간으로 재탄생해서 이상적 가정을 이루는 것이 근대를 내면화하는 길이었음에 분명하다. 그러나 이런 시각은 철저하게 청년의 입장에서나 성립할 수 있는 것이었다. 조금만 눈을 돌려보면, 그들의 사랑은 아내와 자식을 버린 '불륜자', '타락자'가 선택한 패륜이자 가정파탄으로 귀결되는 '나쁜' 행위였다.

현재의 관점에서도 한국 사회에서 불륜과 이혼은 간단치 않은 문제이다. 당사자만의 문제도 아니다. 당연하게도 근대 초기에 사랑과 불륜, 이혼이 사회적 이슈로 등장했을 때, 그것은 이전과는 매우 다른 '어떻게 처리해야 할지 알 수 없는' 불편한 문제였다. 뜨겁게 타오르거나 차갑게 식어버리는 '감정'이라는 것을 발견한 근대의 청년들은 무언지 모를 감정의 출렁임을 소중하게 여겼고, 그 감정의 교감만을 '참된 것'으로 믿고자 했다. 감정을 둘러싼 많은 문제가 그러하듯이, '참된 것'이라는 정의는 매우 주관적인 것이고, '참된 것'의 정도를 논할 수 있는 공통의 기준이 수립되기도 쉽지 않다. 청년인 '나'에게 '참된 것'이라고 여겨진 것이 여학생인 '너'에게 아닐 수 있으며, '참된 것'의 순간이 설사 있었다 하더라도 그 순간이 지속되리라고 보장할 수도 없다. 대개 사랑 이야기가 동시에 배신과 불륜에 관한 이야기일 수밖에 없는 것은 이런 이유에서이다. 그리하여 근대 초기에는 부모와 구시내적 가정에 대한 부정이라는 명분까지 겹쳐져 사랑 찾기의 과정이 이혼 소동으로 뒤엉키면서 더욱 복잡한 지층을 보여주었다.

이혼의 변

연애를 시작한 근대 청년이 집안에서 정혼한 여자와 결혼해야 했다면, 근대 청년 그는 어떻게 해야 했을까. 사랑하는 여인에게 모든 것을 사실대로 고백해야 했을까. 집안에서 약조했으므로 자신과는 무관한 일이라고 말해도 좋았을까. 부모의 뜻과 무관하게 자신의 사랑을 지키기 위해 노력하는 것이 최선이었을까. 근대 초기의 청년들은 어떤 선택을 했으며, 그 선택의 논리적 근거는 무엇이었을까. 그들은 자신의 무고함 혹은 정당함을 어떻게 입증할 수 있었을까.

내가 좋아서 정해 놓은 것은 아니나 내 정혼해 논 여자가 있는 줄을 알면 결코 이런 문구는 쓰지 아니 하렸다. 그렇게까지 나를 믿고 있는 그가 지금이라도 내게 정혼한 여자가 있는 줄을 알게 되면 어찌 할런가. 단념하고 아는 체도 아니 할까. 내가 굳이 속인 것은 아니지만 속았다고 원망할까 울까 욕할까 아니 아니 결코 울지는 아니하리라. 속았다고 원망은 하겠지 퍽 낙망하고 가슴 아프리라. 어쩐지 내게는 정혼한 여자가 있습니다

하고 말하지 않고 있는 것이 그 여자 그 처녀 숙녀를 속이는 것 같아서 안 되었다. 그러나 실상 정혼한 것도 부모가 하신 것이지 내가 얼굴이나 보았을까 성질이나 알까 …… 정혼해 논 것도 부모의 일이고 그 여자를 학비를 대어 주어 고등여학교에 통학케 하는 것도 부모의 일이고 나중에 후회할 것도 부모의 일이지 나는 그 일에 좋으니 그르니 의견 한 마디 말한 일 없이 모르는 일이니까 내가 반드시 그와 동거하지 않으면 안 될 의무도 없고 당자인 내가 그 혼인을 파혼하고 다른 곳으로 간대도 내 죄과일 것은 조금도 없으니까 ……. 무슨 죄악일까 만일 허(許)가 그 일을 알게 되거든 나는 사실대로 그것은 내가 정혼한 것이 아니니까 당자가 부인하는 이상 어디까지든지 그것은 헛일일 것이요. 나는 진정으로 전사랑을 당신

→ 자유로운 이혼과 연애로 비난을 한 몸에 받았던 엘리트 지식인을 조롱하는 김규택의 삽화.

게 바친다고 말하리라. 오직 내게는 당신만이 있을 뿐이라고 하리라.[3]

〈소설 그날 밤〉의 주인공 청년은 사랑하는 여인에게 무언가를 고백할 필요나 정혼한 여자를 책임질 필요를 전혀 느끼지 않았다. '내가 정혼한 것이 아니니까' 자신에게는 어떤 죄도 없다는 것이 이 청년의 일관된 입장이다. 오늘날의 관점에서 보자면 성숙한 태도는 아니라고 해야 할 텐데, 이런 주장이 그대로 이혼을 요청하는 근거로도 활용된 것으로 보아, 당시에는 '자신이 선택의 주체가 아니었다' 는 주장이 청년들에게는 매우 설득력 있는 논리로 받아들여진 듯하다. 총 4막으로 이루어진 최승만의 〈황혼〉(《창조》 창간호) 1막을 잠깐 들여다보더라도 그렇다.[4]

(안) (조용히 들어온다) 아, 자네 요새, 웬일인가! 무슨 번민을 그리하나? 접대, 말하든 그 일 때문인가?

(김) (고개를 끄덕대면서) 그렇다네.

(잠깐 침묵) 자네니 말이지, 그 문제- 그 이혼문제 때문에 야단났네. 이럴 수도 없고 저럴 수도 없으니까, 도무지 어쩔 줄을 모르겠네.

(안) (걱정하는 얼굴로) 글쎄 말일세. 내가 아무리 걱정한들 자네 마음 같겠나마는 나도 참, 자네 볼 적마다 딱하데. 나도 경홀輕忽하게 이래라저래라 말할 수도 없는 일일세. 물론 사회라는 것이 자네를 이해하고 자네를 잘- 안다하면 모르지만 그렇지 아니하면 죄다 자네를 욕하지 않겠나! 그렇지 않아도 가뜩, 요새 청년들은 이혼들을 잘한다고 사회에서 떠드는데 자네조차 이혼을 해보게, 지금만치 얻은 자네 명망은 물론 떨어질 것이고 여

러 사람의 떠드는 소리는 귀가 아플 것이 말인가!

(김) (격렬한 안색으로) 사회라는 것은 무엇인가! 나를 떠난 사회라는 것이 어디 있단 말인가?[5]

사회의 냉대나 집안의 호령에도 두렵지 않을 사랑과 "러버lover"를 위해, '나는 나'고 '사회는 사회'라는 개인 본위의 이념에 의거해서, 〈황혼〉의 '김인성'은 부모 앞에서 "간단히 말씀하면 제 처가 저는 싫습니다"(11쪽)하고 선언한다. 그의 아내에게는 "여보시요, 당신은, 나의 이해한 자가 아니요 나의 사랑하는 자가 아니요"(14쪽)를 외친다. "참혼인을 하려면 두 사람 사이에 원만한 이해와 열렬한 사랑이 있어야 할"(12쪽) 것이며 이것이 없다면 참혼인이라 할 수 없다는 것, 그러므로 자신은 이혼을 하겠다는 것이 '김인성'의 '이혼의 변'이었다. 결국 그는 처와 이혼을 하고 자신의 '러버'인 배순정과 살게 된다.

흥미로운 것은 이혼을 하고 집에서 나온 후부터 '김인성'에게 벌어진 일의 이모저모이다. '러버'와의 생활이 핑크빛 미래만을 약속해줄 것처럼 보였지만 막상 그는 자신의 사랑을 얻고 난 후 오히려 시름시름 앓게 된다. 급기야 그는 청년들의 병증이라고 할 수 있는 '신경쇠약'에 시달리다가 죽고 만다. 자신의 사랑을 위해 가족이라는 인습과 사회라는 제도를 모두 돌파하고자 했으며 표면적으로는 일정한 성과도 있었던 것으로 보이지만, 그는 결과적으로 사회와 개인 사이의 정신적 갈등 속에서, 과거가 내리누르는 중압으로부터 완전히 자유로울 수 없었던 것이다. 어쩌면 이것이 당대 청년들의 갈등의 실제 깊이였는지도 모른다.

내외간에 갈라서는 법

빈객은 각각 흩어져 가니 그날 소용하는 재물은 남자가 담당하고 빈객이 부조도 하나니라 법문의 세전이라고 은 이원이오 주장하는 사람의 폐백이라고 작정한 수효는 없으나 가세를 쫓아서 은 오원가량이오 신문지에 광고비가 은 일원이라

이 같이 정중하고 신실하게 혼례를 행한 후에 부부간 화순한 정의로 백년해로하는 낙을 오래 누리나 만약 남녀간에 여러 가지 흠이 있어 상적치 못한 탄식이 있으면 법관에게 고소하여 서로 갈라서기를 청하나니 이것은 이혼법이라 법관이 사실하여 여자가 허물이 없으면 허락지 아니하고 남자가 기어이 같이 살기를 원치 아니하면 여자의 일생 의식할 잡비를 매년에 분배하여 주게 하다가 여자가 재가하여 가면 그만두고 또 남녀간에 불행하여 조사하는 자가 있으며 재취하기를 허락하여 전일의 가취한 것을 구애치 아니하되 남자의 복첩하는 일도 여자의 둘째 아비 두는 것과 같이 국법에 엄금하나니라[6]

근대적 혼례라는 것을 규모 있게 설명하기는 쉽지 않다. 그저 법처리 비용이나 신문 광고비와 같은 근대적 처리 비용이 부가되었다거나 결혼 당사자들이 여행을 떠나는 것으로 마무리된다는 식으로는 다 설명할 수 없을 만큼 근대적 혼례에는 많은 변화가 있었다. 그 가운데 이혼에 관한 것만 살펴보자면, 이혼에 관한 의식 변화를 두드러진 변화 가운데 하나로 말할 수 있을 것이다. 내외간에 갈라서는 법이 제정되는 과정에서 이혼은 결혼이 시작되는 순간부터 염두에 두어야 하는 근대적 제도로 이해되기 시작했다.

실제로 법과 제도 차원에서도 적지 않은 변화가 발생했다. 1900년대 후반부터 이혼법 제정의 필요성이 제기되며,[7] 1910년에는 내각 법전 조사국에서 이혼법(내외간에 갈라서는 법)을 개정하기 위한 본격적인 논의가 시작되었다.[8] 1920년대에 접어들면서 이혼은 특정 청년들만의 관심사 차원을 넘어서서 피할 수 없는 시대의 대세가 되었다.

1921년부터 여자교육회, 부인전도회의 주관으로 이혼 등 여성 문제에 관한 순회강연회가 열렸으며, 이혼소송이 유행처럼 번져갔다.[9] 실제 이혼율도 급격하게 증가했다. 경성지방법원 이혼 소송건수를 통해 확인해보면, 1925년 101건이던 이혼 소송은 1927, 1928년에 이르면 해마다 140건 이상 발생하고,[10] 1930년에는 200건을 넘어선다. 총인구 비례로 보면 경성의 이혼율이 동경의 이혼율의 10배 이상이었다는 기록도 있거니와,[11] 경기도 관내에서는 1923년 한해에만도 900건 이상의 이혼소송이 발생했다고 한다.[12] 경성 이외의 지방에서는 소송에 의한 이혼 외에도 협의 이혼을 통해 부청이나 면소 호적계에서 간단하게 처리하는 경우가 몇 배 이상이었다고 하니, 근대 초기의 실질적인 이혼율은 우리의 예상보다 높았음에 분명하다. 특별한 원인이라도 있었던 것일까.

이혼은 불가피한 사실적 귀결일 것이다. 혁신적 이상 시련을 역도力圖하며 생다운 생활을 동경하는 현대인이 자유와 도덕을 무시하는 현 결혼생활을 파괴하려함이 어찌 당연하지 아니할까. 이혼을 누구라서 미풍이라 할까. 무정견 무주의한 난혼난음을 누구라서 구가하겠는가. 연정의 감향甘香에 분취하려고 주류방랑周流放浪하는 자의 자멸을 어찌 고무야 할까.

이혼하는 자의 심율心律이 어찌 동요하지 않을 수야 있을까. 피彼이혼자의 한숨소리를 듣고 한 줄기 혈루를 뿌리는 것이 어찌 인정상 없을 수야 있겠는가. 연然이나 그렇다고 '인정의리'에 구속한 바 되어 천부한 자유와 애까지 희생하지는 못할 것이 있다. 자유와 애를 유린하는 현 결혼제도에 생한 바 되어 숨쉬는 목내이木乃伊 같은 무미건조한 일생을 보내는 것은 혁신적 이상아理想兒의 차마 견디지 못할 형틀일 뿐이겠다. 도리적 중생을 절규하는 문화인에게 사람을 상품처럼 매매 증여하는 결혼제도와 순결한 동정에게 종신적 매음 간음을 강요하는 결혼생활이 인도와 정의를 교란攪亂하는 악마가 아니고 무엇일까 보냐[13]

결혼은 자유와 사랑을 바탕으로 한 인격적 결합이어야 한다는 논리를 표 나게 강조하는 이 글은 동일한 논거로 절대적 이혼의 필요성을 과격하게 주장한다. 이 글이 밝히는 '이혼의 불가피성'의 근거에 따르면, 이혼은 약소민족이나 노동자가 자유를 구가해야 하는 것과 동류의 문제가 된다. 이혼의 불가피성이라는 것이 군국주의 아래서 생존권을 잃은 약소민족이나 자본주의 아래서 자유와 인격을 잃고 노예적 생활을 하는 노동자에게 자유가 절대적인 요청인 것과 마찬가지 맥락이라는 것이다. 아마도 그만큼 당사자의 동의가 전제되지 않은 결혼의 폐해가 심각하다는 의미일 것인데, 그도 그럴 것이 결혼을 하는 당사자들이 대개 한창 사회의 중추가 되기 위해 기량을 닦아야 하는 남녀 청년들이었던 것이다.

무엇보다 근대의 청년들을 자신의 감정에 충실한 존재가 되도록 충동질한 가장 근본적인 이념은 '제스스로의 정신'이라는 이름의 자

아와 개성의 발견이었다. '청년이 누리는 자유는 부모와 그 권위로
부터의 자유이다. 청년은 제도와 구속에서 벗어나기 위해서 부모의
영향권으로부터도 독립해야 한다.' 그들 청년의 자아와 개성의 발견
에 대한 논의는 이런 맥락에서 이루어진 것이다. 그러니 청년들의 급
선무는 과거(전통)와의 싸움에서 자신을 발견하는 것이 되어야 했다.
자연스러운 논리의 수순에 따라 청년들은 '참-자기'를 찾을 수 있는
길이 사랑의 추구에 있다고 여겼다.

청년이 '되는' 방식

'참-자기'를 찾는 방식, 그것은 '청년'이 되는 길이었으며, 구체적으
로는 사적 감정에 근거한 사랑을 발견하고 그 사랑을 지키기 위해 장
애를 헤쳐 가는 일을 뜻했다. 시골집을 떠나 경성으로 다시 동경으로
유학을 떠나 학업을 계속하는 청년 학생들은 '감정시대'라고 할 수 있
는 성장기에 처음으로 근대적 의미의 사랑을 경험했다. 울렁울렁하는
기분이나 '가슴이 아프다'는 것의 의미를 처음으로 깨닫게 되었던 것
이다.

전차의 정거하는 그 옆으로 모여드는 군중과 함께 영식英植이도 되도록 허
許와 만나도록 뒤떨어져 전차 승강구로 다가섰다. 허도 맨 나중에 다가섰
다가 영식이를 보았다. 갑자기 붉어지는 얼굴을 숙여 누가 볼까봐 언뜻
인사를 하였다. 영식이도 누가 볼까 겁하여 맥고麥藁 끝에 손끝을 멜랑 말

랑 하고는 허리를 잠깐 굽히는 듯하며 먼저 타시라 하는 뜻을 보이더니 얼른 올라탔다. 영식이도 뒤따라 올랐다 …….

벌써 만원이었다. 간신히 허만 차안으로 들어서고 영식이는 차장대에 섰더니 차장이 자꾸 들어가라히므로 억지로 비집고 들었다. 그러는 동안에 전차는 떠났다. 쫓아 타려는 노파 하나를 본 체 만 체하고 ……. 만원 복잡한 틈에 억지로 끼인 영식이와 허의 몸은 한데 맞닿았다. 어디선지 훈훈한 바람이 일어나 얼굴에 와 부딪고 따스-한 그의 체온이 몸이 맞닿은 그리로부터 자기 몸에 옮아오는 것을 느낄 때에 가슴은 제어할 수 없이 울렁거린다. 그는 벌써 취한 사람 같이 멀건-하다.[14]

아침이 되면 안방에서 가족 기도회가 열린다. 다 같이 둘러앉아서 찬미하고, 성경 보고, 기도하는 것이 창우와 혜숙에게는 재미있는 기회가 되었었다. 창우라든지 혜숙이도 처음에는 몹시 부끄러워, 서로 피하고, 내외도 하였다. 그러나 그것은 제 삼자의 눈을 속이려고 하는 수단뿐이오, 마음에 들어가서는 서로 그렇지 아니하였다. 아무쪼록 자주 보기를 기뻐했다. 하루는 그 어머니가 "오라버니 같은데 그렇게 부끄러워할 것 무엇 있니-" 하는 말이 혜숙과 창우에게는 기다리던 복음이오, 화약의 불이었다. 차차 시스러움이 없어졌다. 소년인 창우도 혜숙의 사랑스러운 얼굴을 흘깃흘깃 쳐다보는 것이 그날그날의 깨끗한 즐김이었다. 더욱이 서로 눈이 마주칠 때, 혜숙은 방긋 웃으면서 얼굴을 잠깐 붉히는 것이 창우에게는 무한한 만족을 주는 것이었다.[15]

만원 전차에서 맞닿은 몸의 열기, 떨리는 팔과 보송보송한 어깨의 감촉, 고운 뺨에 했던 키스의 추억은 그들 청년을 행복감으로 충전하게 하고, 내적 감정을 가진 존재로 다시 태어나게 한다. 그러나 실상이 모든 표피적 감각과 감정 층위에서 이루어진 경험은 흘러갈 순간들일 뿐이기도 했다. 천방지축 소년들이 품격과 지식, 생활 능력을 갖춘 청년으로 성장하는 동안, 미래를 약속한 여자들은 이미 충분히 성숙한 청년들과 약혼을 하거나 결혼을 했다. 그리하여 소년에서 청년으로 성장한 남성들에 의해 그녀들은 배신녀이자 '허영덩어리'인 요물이 되었다.

> 동준은 어려서 안해가 있었다. 그러나 그것은 참말 안해가 아니라 처라 하는 노예이다. 왜 그러냐 하면 동준은 아직 양성兩性을 가릴 만한 지혜도 나기 전에, 물론 결혼의 최대 목적이오 요소인 – 적어도 지금 동준이 주장하는 – '성욕'을 아직 알지 못할 때에, 다시 말하면 생식기관이 아직 발달되지 못하였을 때에, 이성에 대한 애정이 생기기 전에, 보지도 못하고 듣지도 못하던 처녀아이를 하나 미래의 동준의 안해라는 이름으로 돈 삼십원(?)주고 사왔던 것이다.[16]

사랑을 부르짖는 청년들은 대개 '안해'(아내)를 타파해야 할 구제도의 상징으로, 신여성을 '이상적 와이프' 상을 실현시켜줄 유일한 가능성으로 바라본 경향이 있다. 그렇다고 해서 여학생을 비롯한 신여성을 반드시 긍정적 시선으로만 바라본 것은 아니었다. 신식 교육을 받지 못한 구식 여성이 청년들 자신을 이해하지 못하는 인습의 상징으로 이해되었다면, 근대적 사상과 문물의 세례를 입은 여학생과 이른바 신여성은 겉모습이 화려한 것도 물질적으로 풍요로운 것도 사회적으로 성공한 것도 아닌 청년들에게 열망의 대상이자 동시에 공포의 대상이기도 했던 것이다.

여자의 몸으로 직업을 가지는 것은 불행한 일이다. 부자연한 일이다 여자도 사람이라는 의미로 여자도 인생의 반분半分이라는 의미로 차대次代 인류의 교육자라는 의미로 상당한 교육을 할 것은 물론이며 차별 없는 인격을 줄 것은 물론이다 그러나 직업을 가진다는 것은 좋은 일이 아니다 구차한 집 살림과 같이 생활난에 쫓기는 이 사회는 여자의 직업을 강요하는 일도 있다. 그러나 이것은 불행이다 여자에게는 이 세상의 무엇보다도 신성하고 귀중한 천직이 있다 이 천직을 수행하기에 방해되지 아니하는 범위에 한하여 여자의 직업은 불행이 아니다

어찌 보자고 하였을꼬! 의문이다 의문이야 그러나 미혼 여자의 몸으로 미혼 남자를 향하여 만나 보겠다고까지 할 때는 물론 단단히 결심한 일이 있을 것이다 그러면 못 만나 보겠다는 것은 무슨 까닭인고 선하심후하심先何心後何心이던고 첨에는 일시적 감정으로 그리하였다가 며칠 지나는 동안에 식어버렸단 말인가 그렇게 경박할 수가 있다고 교육도 있고 나이도 상당한 여자가 아니야 그렇게 생각할 것은 아니야 아무리 하여도 일시적 감정이라고는 볼 수가 없어 그렇기로 말하면 사실이 괴상하지 않은가 자기는 만나보고자 하였으나 곧 결혼까지라도 할 생각이 있었으나 그 부모가 불긍不肯하여서 그만두었나 사회적으로나 물질적으로나 아직 미성품인 안흥석을⋯⋯⋯⋯⋯하고 그 부모가 반대하였나 혹 괴이치 않지 그렇지만은

만일 그렇다고 하면 너무도 하잘 것 없지 않은가 그래도 고등교육을 받고 신여자라고 하면서 자기 결혼문제에 덮어놓고 부모의 말을 맹종할 리가 있나 자기의사를 전연히 희생하고 그러면 역시 일시적 감정이든가 아니야 남을 그렇게 업수이 여길 수는 없지 그러면 대체 무슨 까닭이람 나무에 오르라고 흔든다는 격으로 보고 싶다고 하여놓고 요 다음 보자 하니 이것이 창기 같으면 혹 그러한 농락弄絡도 하겠지마는 그러면 혹 이렇게 생각을 하였나 여자의 몸으로 남자를 자청하여 만나보았다가 도리어 이 편에서 끙 자字를 놓으면 어찌할까 하여서 아니 그도 아니야 못 만나보겠다는 대답에 — 만나보면 연애가 성립되든지 결혼을 하여 들이든지 — 하고 결혼하고 않은 것은 자기 장중掌中에 달린 것 같이 결혼을 하여 주든지 — 하는 여자가 그런 생각을 할 리가 있나 대관절 그 말이 원체 안되어서 방자한 말이야 결혼을 해주다니 내 의사이라는 것은 전연히 안중에 사람이 없는 수작酬酌이지 또 — 나로 말하면 다른 데 연담이 있어서 거의 성립되었는 데 — 하니 당초부터 그럴 것 같으면 왜 다른 남자를 보자고 한담 여자란 그렇게 경박한 것인가 여자는 원래 천성으로 남자와 달라서 상대자의 선택을 면밀히 하는 터이요 또 모든 일이 소극적인데 여간 남자가 눈에 좀 들었다고 남을 놓아서 면회를 청구하다니 그럴 수가 없지 그러면 그 며칠 동안에 소위 다른데 연담이라는 것이 동연히 관계가 깊어져서 그 편으로 맘이 쏠렸단 말인가 그렇다고 한대도 불근신한 여자야[17]

《폐허》지에 실린 민태원의 소설 〈음악회〉의 주인공 '안재홍'은 음악회에서 자신을 보고 마음에 들어 직접 만나기를 원한 여자가 돌연 마음을 바꿔 자신과 만나지 않을 것을 통보한 것에 마음을 쓰면서 신여성에 대한 이러저러한 생각을 넓혀간다. 자신이 돈도 명예도 없는 미완성품이라서 자신을 거부한 것인지, 부모의 의사에 따르는 겉만 번드르한 신여성이었던 것인지, 혼담이 오고가는 남자가 있다면서도 자신을 보자고 한 까닭은 무엇인지, 경박한 성품 탓인지 등, 그는 남녀 관계를 둘러싼 상상 가능한 많은 것을 떠올리면서, 신여성에 대한 좋지 않은 생각들을 정리한다.

이러한 논리 전개 과정은 출산과 육아 등에 관한 문제에서는 더욱 첨예해지고 날카로워진다. 남성 청년은 자신들과 동등한 인간으로서 신여성이 당당하게 자신들의 의사와 감정을 표현할 때 그녀들을 자신들과 유일하게 말이 통하는 존재들로 여기지만, 그것은 어디까지나 여성으로서의 의무를 저버리지 않았을 때까지만이다. 남성 청년은 출산과 육아 등 전통적으로 여성에게 부여된 임무를 거부하는 신식 여성들을 철저하게 비난했다.

여학교 졸업식에서 행해진 연설은 모두 선생님이 써준 글을 앵무새처럼 외워서 한 것일 뿐이며 여학생들은 대개 허영심 덩어리여서 겉모습이 화려하고 풍족한 가장 신사들에게나 관심이 있을 뿐이라는 식, 동경에 가더니 공부나 좀 했다는 행세로 영어와 일어를 절반이나 더 섞어 쓴다는 식의 여학생에 대한 평가(/비난)는 부당한 것임에 분명한데도, 엘리트 청년들 사이에서 일반화된 것이기도 했다. 청년들은 그들의 연애 실패의 원인을 한결같이 여자의 허영심으로 돌렸다. 여자의 허영심이 결국 '참사랑'의 실현을 불가능하게 했다는 것이다.

O형님!

여자는 온통 다—그러하겠지요? 여자는 다 악마인가요? 그들은 간사함과 속이는 것이 그들의 전생명인가요? 여자들의 생명은 얼굴에 회칠하고 붉은 입술로 남자를 홀리는 것이 그들의 본성인가요? 과연 그렇다하면 나는 속았습니다. 속았어요. 그 무서운 악마에게 홀리었습니다. 그 날카로운 붉은 입술에 속았습니다. 그러므로 나는 이렇게 말합니다. (여자는 악마이다. 무서운 요물이다, 그들의 속에는, 찌르고 꿰뚫는 가시를 품고 그들의 입에는 독사같이 갈라진 두—혀를 가진 요물이다) 나는 그러한 여성은 힘껏 저주합니다. 내— 과연 이렇게까지 심하게 말하면 일반 여자계에서는 나를 퍽—미워하겠지요! 물론 그러할 것이외다. 물론 나를 욕할 것이외다 당연합니다. 그러나 나는, 그 같은 악마에게 욕먹고 미움 받는 것보다, 우리네 청년을 위함이 몇 백 갑절 더합니다. 그러므로 나는 우리네들 중에 나같이 어리석게, 속는 자가 없기를 이심裏心으로 빕니다.[18]

배신을 경험하는 연애 당사자의 감정이 남성에게만 절박하지는 않을 것이다. 이 문제를 사회적 관점에서 접근할 때 버림받은 여성('안해')에 대한 관심이 심대한 것에 비하자면, 청년 예술가들의 사랑에 대한 이야기들은 대개 자신의 감정을 토로하는 것에 치중한 편이다. 이 점은 청년의 분화라는 측면에서 흥미로운 것이기도 하다. 청년이라는 말은 서로 다른 계급과 신분을 하나의 카테고리로 묶는다. 근대—국가—주체라는 구도 속에서 근대적 사상과 문물을 통해 새로운 국가상(민족상)을 만들어내고자 하는 존재들은 모두 청년이 될 수 있었다. 그러나 청년이라 불리는 존재들 사이에도 무수한 차이가 있었으며 그들 내부에서 정체성을 확립하기 위한 헤게모니 쟁투가 있었다.

청년 예술가들이 여성을 배신의 주체로 상정하는 방식은 이러한 면에서 청년 담론의 구성적 속성을 그대로 반복하면서 청년 표상을 보다 명료하게 드러내준다. 출세를 향해 질주하는 청년들이 존재했다면 자신의 내면을 파고드는 청년들이 있었다. 그들은 자신들이 포기한 길에 대해 물질주의 혹은 속물주의 레테르를 붙였고, 돈과 출세 중심의 세계와 대결하면서 그들 자신의 위상을 정립하고자 했다.

따라서 이때 그들이 '허영덩어리'로 상정한 여성들은 생물학적 차원에서의 여성이 아니라고 해야 한다. 청년들은 과거(전통)와 대결해야 했을 뿐 아니라 동시대의 속물적 경향과도 대결해야 했다. 여성으로 상징되는 이 세계와의 대결을 통해 일련의 청년들은 그들의 내부를 숭고하고 고귀한 어떤 것으로 채울 수 있었다. 청년 담론의 메커니즘을 반복하면서 이러한 방식으로 청년 특히 예술가 청년은 자신들의 정체성을 확보하기 위해 끊임없이 싸우고 있었던 것이다.

요컨대, 불륜, 배신, 이혼 모티프를 통해 확인할 수 있는 것은 식민지 청년 지식인들의 주체 형성에 관한 것이다. 정치·사회적으로도 문화적으로도 존재 가치를 획득하기 어려운 시기에 그들 남성 청년은 사랑, 불륜, 배신, 이혼 모티프를 통해 제도의 경계를 넘어선 삶의 가능성을 경험할 수 있었다. 진정한 삶, '참 삶'의 의미도 이 과정에서 발견했다. 여성을 허영 덩어리로 규정하면서 여성을 배제할 때, 부랑청년을 배제하는 과정에서와 마찬가지로 그들은 온전한 청년이 될 수 있었다. 분명한 것은 근대 초기에 불거진 사랑, 불륜, 배신, 이혼 문제가 남성을 근대적 청년 주체로 만들어주는 기제로 작동했다는 점이다.

신구 충돌의 격전지에서 이혼당한 '안해' 들

신지식 흡수하였다는 청년들은 모여 앉으면 각기 그의 첩 이야기올시다 그리고 툭하면 이상적 와이프니 어쩌니 하지요 집안에 들어가면 "에그 그 저 그저 그년을" 하며 두 주먹을 불끈 쥐고 죽일 듯이 덤비면 그 처 되는 이는 쪽쪽 울겠다 "요년 방정맞게 쪽쪽 울긴 서방이 급살했더냐" 하고 그 남편꼴 자는 이를 가는 이가 있습니다 여보— 형님! 참으시오 무식한 여자 라도 사람은 마찬가지니 좀 참고 좀 견디어 "그를 잘 가르치고 힘들여 지 도하면 그대만 못하겠소? 트레머리만 못하겠소?"
말 말아요 …… 요새 젊은애들 신성한 연애하면서도 야합은 남모르게 …… 실로 문명의 중독이야 한편에서 조강지처는 눈물을 흘리는데 트레 머리와 침을 찍게 흘리면 무엇이 시원할까? 제발 덕분에 말아요 좀 보아! 조선 청년의 급무가 연애일까…………[19]

함경남도 북청군 황해면 예원리 이정협(27)의 처 이씨(31)는 지난 십이일 오 전 여섯시 경에 그의 시가집 동쪽 퇴비사에서 사망한 것을 발견하였는데 이 소식을 들은 소관 신창경찰관 주재소 순사와 신창공의 방인석씨가 현장 에 출장하여 시체를 검시한 결과 목을 매인 흔적도 있음으로 대개 자살인 듯하다 언명하였으나 사망한 이씨의 친족 다수가 전기 이정협의 집에 가서 이것은 자살이 아니라고 여러 가지 말썽중이라는데 그의 사망한 원인의 대 략을 듣건대 전기 이정협은 현재 동경 수의학교에 재적하고 있는 신분으로 몇해 전부터 그의 처 이씨에 대하여 이혼 선고를 여러 번 싸움이 있었던 바 이번 하기 휴학에 집으로 돌아와 이혼을 하려 지난 구일에 그의 처 이씨를

데리고 그의 친가에 맡겼던 바 그의 친가에서는 죽든지 살든지 시가에 가서 종신하라하므로 이씨는 부득이 지난 십일일 그의 시가에 돌아갔었는데 그동안 다소 다툰 일이 있었음으로 전기 이씨는 이와 같은 괴로운 생활 하는 것보다 차라리 죽는 것이 좋겠다는 결심으로 네 살 먹은 어린 딸을 남겨두고 삼십일 세를 일기로 그만 무참히 그와 같이 자살함인 듯하다더라[20]

어릴 때부터 방 속에만 갇히어 세상모르고 지내다가 출가라고 해서 역시 세상구경을 못한 것 외에 인정의 따뜻한 맛을 보지 못하고 차고 쓰린 학대에 울다가 울다가 기어코 세상을 버린 불쌍한 형님은 참말로 어둠 속에서 울다가 어둠 속으로 돌아간 것입니다. 문명하였다는 지금 세상에 살면서 기차는 물론 전차가 어떻게 생긴 것인지도 모르고 동물원 동물원 하여도 그것이 어떤 곳인지도 알 길 전혀 없었습니다. 다만 형님의 짤막한 일생에는 아무 것도 없이 눈물만 있었습니다.[21]

물론 이혼을 선택한 근대의 청년에게는 사회적 비난이 빗발쳤다. 근대 초기의 인쇄 매체에서 남편에게 이혼당하고 친정에서도 버림받은 구식 여성들의 비극적 상황에 대한 소개는 흔하게 접할 수 있었다. 이혼 당한 '안해'의 억울한 입장에 동조하는 방식으로, 이혼을 청구할 수밖에 없는 신청년의 입장을 대변하는 방식으로, 드물게는 집안에서 약조한 혼인을 거부하기 위해 결연한 가출을 감행하는 여학생의 어두운 미래를 보여주는 방식으로,[22] 결혼과 이혼 관련 담론은 끊임없이 등장했다.

이혼 담론의 내러티브를 요약하면 이렇다. 신랑의 나이 13~4세라는 것만을 알고 성숙한 처녀가 집안간의 협의로 결혼을 한다. 결혼을 하자마자 도망을 치듯 외국으로 유학을 떠난 남편은 몇 해가 지나도록 돌아오지 않으며 시집의 구박은 날로 자심해간다. 5~6년을 그렇게 보내고 나면 남편은 외국물 먹은 신청년이 되어 돌아오지만 그 영광은 하염없이 기다린 그녀들에게로 돌려지지 않는다. 그녀들은 출가한 몸으로 남편의 정도 모르고 인생의 행복도 경험하지 못한 채 그저 한으로만 서려진 시간들을 살다가 청천벽력과도 같은 이혼 청구를 당하게 된다. 눈물을 흘리는 것 외에 해결책을 찾을 수 없는 그녀들은 이혼을 종용하는 남편을 따를 수도 죽어도 시가에서 죽어야 한다는 친정집의 명령에 따를 수도 없어 결국 극단적 선택, 자살을 하고 만다.

때로 이 불행의 원인은 서로 애정은커녕 일면식도 없이 혼인한 여성들의 학식 없음에 있는 것으로 논의되기도 한다. 그러나 사실 버림받는 아내가 근대적 교육을 받지 못한 '구식 여성'만은 아니었다. 이 점은 종종 간과되기도 하는데, 사랑이 전제되지 않은 '참 혼인'이 아니라면 신식 교육을 받는 여성들도 이혼의 대상이 된 경우는 적지 않았다.

5년 전에 같은 'S 여학교'에서 공부했으며, 지금은 동경 여자미술학교 동양학과에서 공부하고 있는 〈혜선의 사〉(전영택)의 '안정자(안정숙)'가 '임혜선'을 찾아와 동경생활을 전하고 간 후, "세상에서 제일 어리석은 물건은 조선여자야", "제일 불쌍한 것은 여자야" 이런 말들이 떠올라 '임혜선'은 밤잠을 이루지 못하고 기숙사 동기인 '김수덕'과 함께 지난 일들을 회고하게 된다. 어려서부터 부모의 사랑을 받지 못하고 자란 '임혜선'은 결혼 후에도 안방 구석에서 종노릇이나 하면서 남편은 거의 만나지도 못하고 지냈다. 이후 남편은 동경으로 유학을 떠나 돌아오지 않았고, 그녀는 'S 여학교'에 다니게 되었다. '안정자'가 다녀간 다음날 자신을 잘 보살펴주던 사촌 오빠 '동욱'이 그녀를 방문했고, '동욱'은 그녀에게 정식 이혼을 제안한다. "자기의 운명은 자기 손에"(47쪽) 달렸으며, '혜선'의 장래를 위해서도 이혼이 올바른 선택이라는 것이 이혼을 권하는 사촌 오빠의 변이었다.

'혜선'을 위해서든 아니든, '혜선' 주변 인물들은 이렇게 '혜선'의 이혼 선택을 가장 바람직한 해결책으로 제안하고 있었다. 그러나 따지고 보면 '혜선'이 처한 상황은 그녀의 결단으로 해결될 수 있는 그런 종류의 것이 아니었다. 실질적으로 그녀는 어떤 '선택'의 주체가 아니었던 것이다. '안정자'가 보낸 편지를 통해 확인할 수 있듯이, 이미 '혜선'의 남편이 아버지에게 이혼을 통보하고 동경 여자 유학생과 결혼을 한 후였다. 그녀는 부모와 남편이 아니라 예전 동기를 통해 자신이 이혼을 당했다는 사실을 알게 된 것이다. 그리하여 그녀는 분을 참지 못해 한강에 투신자살하고 만다. 신문 기사와 소설을 통해 드러난 바, 이혼 당한 여성들은 죽음으로밖에 이혼을 거부할 방도를 알지 못했다. 독립적인 생활이 불가능했으며 현실적인 생활고에 시달려야 했고, 무엇보다 사회적으로 이혼하고 재혼하는 여성을 죄악시한 풍습이 만연했기 때문이다.

물론, '혜선'에 관해서라면, 이런 비난도 가능할 것이다. '임혜선'은 5년씩이나 근대식 학교를 다닌 엄연한 여학생이다. 신식 교육을 받지 않고 집안에서 평생을 사는 전통적인 여성이 아닌 것이다. 그러니 이혼이나 재혼 문제를 자신의 인생에서 결코 발생할 수 없는 일로 여긴다거나 남편에게 이혼 당했다는 사실을 존재의 실질적 상실로 받아들이는 그녀를 근대적인 의미의 개인 주체에 미치지 못하는 존재로 비판할 수 있다.

그러나 관점을 달리해서 바라보면 이렇다. 이때 중요한 것은 '임혜선'이라는 여성이 신여성도 구여성도 아니라는 사실에 있다. 엄밀하게 말하자면, 이혼을 손쉽게 받아들일 수 있어야 개인 주체로서 거듭날 수 있다는 논리는 남성의 시각에서나 가능한 것이다. 따라서 신여성과 구여성을 구분하는 기준들이라는 것은 사실상 왜곡된 시각에 의한 뒤틀린 것이기 쉬웠다. 그녀들이 처한 문제는 개인의 결단이나 의지로 해결될 수 있는 종류의 것이 분명코 아니었다. 보다 진실에 가깝게 말하자면 그녀들은 근대 이전과 이후의 제도와 문화가 충돌하는 지점에서 불가피하게 발생한 비극의 엄연한 희생자들이었다.

근대와 함께 개성이 발견되면서 연애는 남녀의 감정을 자유롭게 발산할 수 있는 통로가 되고, 이 과정에서 연애를 위한 이혼 소동은 피할 수 없는 신구 충돌의 한 사례가 될 수밖에 없었다. 전체와 개인, 제도와 자유를 함께 배운 청년들에게서 발생할 수 있는 예견 가능한 사태였다. 제도든 풍속이든 문제 해결은 언제나 약자들의 희생을 대가로 이루어진다. 이혼 문제에 관한 한, 이 시대의 희생양이 선택되는 자리에서 신여성·구여성의 구별은 없었거나 무의미한 것이었다.

- 경성 스케치
- 도회와 청년, 동경 – 경성 – 평양
- 그것은 참말 안해가 아니었다

← 1930년대 경성에서 가장 근대적인 거리로 꼽힌 남대문통 거리 모습.

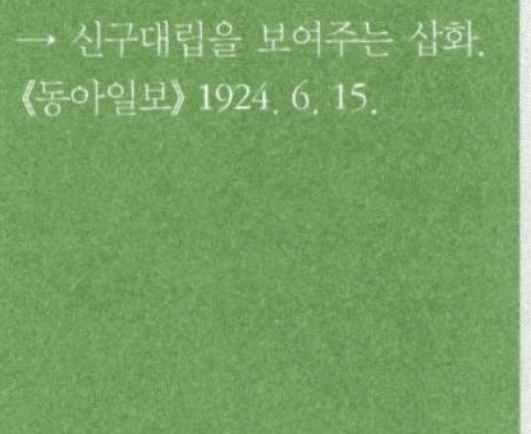

← 1907년 서평양역 전경. 지식인 청년의 여부를 떠나서 누구에게나 기차 여행은 근대인으로 태어날 수 있는 흥미로운 경험이었다.

→ 신구대립을 보여주는 삽화. 《동아일보》 1924. 6. 15.

가인것을배울엇 | 무서와에 城京

爲先살길부터싸지라
天道敎靑年黨 金 ○○

○욕變하는것을철살히라
○○○○ ○○

教育의 施設과貧民窟에
○○○○ 宋 ○高

이 창에 승객은 굉장히 많이 탔다. 그 중에는 다 남자요. 여자라고는 우리 세 사람뿐인 듯하다. 그 여러 승객은 오르기 전에 역부가 서서 "당신 차표와 담배를 안 가지면 이 차를 못 탑니다" 한 듯이 일제히 한편 손에는 담배, 다른 편 손에는 차표다. 차 안에는 담배 연기와 술 내암새로, 가득히, 빈틈없이 찼다. 이따금 석탄내가 휙 들어올 때는 그 세 가지 내암새가 한데 합하여 참 무엇이라고 형언할 수 없는 내암새 하나를 이룬다. 나는 그 내암새를 맡을 때마다 얼굴에 주름이 잡히며, 정신이 어찔해진다.[1]

간혹間或 눈이 피곤하면 삼등 차실三等車室 안에 연초煙草 피우는 객客의 밉살스런 모양模樣과 몸을 의지依支할 대도 없는 데서 괴롭게 조는 상태狀態

여성청년이 아니라 신여성인 이유

와 밀감蜜柑껍데기 벗기는 어린아이들과 여인女人들과 노인老人들을 두루 살펴보다가 저편에서 삼십 가까운 청년이 저를 사생寫生하는 듯하던 고故로 얼굴을 다시 돌리고는 창窓 밖을 보았습니다.[2]

작은 창을 통해 거리를 두고 세상을 바라볼 때 근대인이 발견하는 것은 세계를 바라보는 '나'의 실존, '나'라는 존재 자체이다. 빈곤과 악취로 가득한 삶의 현장들이 철도 여행길에서 그저 먼 풍경으로 다가올 수 있는 것은 그래서이다. 여성의 시선으로 바라본 철도 풍경은 어떠할까.

근대적 여성 교육이 실시된 이후, 고등학문에 목말라한 여성들이 유학생이 되어 기차와 배를 타고 일본으로 미국으로 유학길에 나섰다. 그리고 "옥색 비단 조거리에다 진흑 모직치마를 입고 뒤축 높은 양화를 신고"[3] 돌아와 그녀들은 의사와 예술가, 교육자가 되었다. 조선 반도 여자계를 이끌기 위해 떠나고 돌아오는 길에서 그녀들은 무엇을 보고 느꼈을까.

여성이 남긴 기차 여행에 관한 기록은 말한다. 철도를 통해 여성이 발견한 것은 결코 세계를 바라보는 새로운 방식이 아님을. 철도 여행길에서 그녀들은 깨닫는다. 세계의 주인은 자신들이 아니며, 남성이 주인인 그곳에서 젊은 여성은 그저 시선이 가닿는 '대상'일 뿐이라는 사실을. 철도 여행에 나선 여성이 바라본 열차 내부 풍경은 담배 연기와 술 냄새로 진동하는 철저한 남성의 공간이었다. 그녀들이 근대인이 되는 순간은 그녀들의 자리가 어디에도 마련되어 있지 않다는 서글픈 깨달음의 지점이었다.

→ 잡지 《서광》에 실린 풍자만화 형식의 삽화

우정 담론의 명암

1920년대 전반기가 '연애의 시대'였다면 그것은 전적으로 청년 남성의 관점에서만 그러하다. '연애와 결혼' 문제는 분명 시대적 화두였으나, 모두에게 그랬던 것은 아니다. 1920년대 전반기를 장식한 여성 잡지들은 정념의 해방에 기초한 자유연애론 못지않게 '우정론'을 강조했다. 엄밀하게 말하자면 이 시기의 자유연애론은 '우정'이라는 이름을 내걸지 않더라도 정념에서 벗어난 인격적인 만남을 바람직한 연애관과 결혼관으로 상정하고 있었다. '우정'은 '사랑'이나 '연애'보다 우월한 감정으로 고평되었다.

《여자계》 6호에 실린 〈남녀교제에 대하여〉에서 '사람다운 교제'로 거론되는 남녀교제 방식은 '자유연애'가 아니라 '우정'에 기반한 교제였다. '인생의 요구와 자연의 욕구'를 인습에 희생시켜서는 안 되며, 이에 따라 남녀교제 금지의 도덕을 개량할 필요가 있고, 적어도 '사람다운 교제'가 허용되어야 한다는 주장을 담은 이 글이 남녀의 교제방식에 대해 정의하는 바는 다음과 같았다.

이 넷째 교제를 제하여 놓고 남은 세 가지의 교제는 다 사람다운 교제 측에 넣습니다. 첫째 교제야말로 제일지第一之 사람다운 교제이외다. 동성간과 같은 우정으로 일관하여 성적 관념의 존재가 조금도 없고 다만 사회의 필요와 행복의 증진을 목적하는 교제이니 그 실질이 동성교제와 조금도 차이가 없습니다. 그러므로 이 종류의 교제는 미혼자 기혼자 누구를 막론하고 조금도 제한할 이유가 없습니다. 여자도 인격자라하면 사회의 일분

자다 하면 반드시 이런 교제가 있을 줄 압니다. 둘째 교제에서는 흠할 수 없는 원만한 연애를 볼 수가 있습니다. 영성은 이 둘째 교제에서 인생의 진미를 맛볼 수 있습니다. 영성의 결혼은 이 둘째 교제의 산물인 것이 제일지 완전 원만하다하나이다 사회는 이 둘째 교제를 미혼자 미혼자 간에서 금제할 필요가 없습니다. (기혼자에게는 벌써 이 특권을 얻었으니 다시 이런 교제를 할 필요가 없을 것이외다) 셋째 교제는 질이 둘째 다 좀 열劣하다 합니다. 그러나 결국 우정화하는 점에서 결과는 둘째 것과 상사相似할 줄로 생각합니다. 그러나 이 교제의 약점은 일단 욕정(으)로 이르는 교제임으로 이성의 명령으로 우정화한다 하나 항상 욕정의 색안경을 쓰고 대수對手의 인격 성품을 평가함에 있습니다. 그러나 이것도 원만한 이성과 귀하여 냉정히 평가함을 득하면 결과가 제2자와 상근할 줄로 압니다. 쫓아서 이런 교제도 사회는 금할 필요가 없습니다. 물론 기혼자에게는 어느 정도까지 제한이 있습니다.

이 위에 말한 것을 요要하여 말하면 순전한 우정 일관의 남녀관계는 신분의 여하를 물론하고 금할 필요도 없고 비난할 이유도 없을 뿐만 아니라 그러한 교제가 있을 필요가 있으며 기분간幾分間 우정과 욕정의 교제할 바가 있다 하나 이성의 지배를 받는 우정을 주로 하는 미혼자 미혼자 간의 교제를 저주할 까닭이 없다 하나이다. 뿐만 아니라 저는 양성兩性의 결혼이 있기 전에 반드시 이러한 교제가 있어야 한다고 주장합니다.[4]

이 글에 따르면, 우정에 입각한 교제를 할 때 여성은 남성과 동등한 "같은 신체와 같은 이지理智, 같은 사상과 같은 감정의 소유자"가 될 수 있으며, 이러한 관계에서야 비로소 여성은 성욕에 기반한 욕정적 대상이 아니라 '인격적 존재'가 될 수 있다.

동거생활이라 하면 보통은 몇 집이 한 집안에서 살아가는 것을 의미하는 것이나 근래 서양이나 일본 같은 데서는 청년남녀가 결혼할 목적으로 한 집안에 같이 있게 되는 것을 공동생활이라고 하는 것이다. 그러므로 이러한 결과는 흔히 자유결혼이 되고 마는 것이니 공동생활이라고 하면 자유결혼을 표방하는 것과 같은 부칭으로 하는 것이다.[5]

이상적 가정! 애와 만족의 결정인 가정!
열렬한 사람으로 생명을 삼고 자유와 평등으로 혈액을 삼아 모든 가족으로 하여금 상호부조의 단란團欒을 즐기게 하며 각자의 개성을 거침없이 발휘케 하는 이상적 가정-. 불평 고통이 없고 권력복종의 그림자가 없는 인격의 파라다이쓰이요 기쁨과 만족 차고 넘치는 애의 인큐뻬타Incubator인 이상적 가정![6]

결혼을 우정의 최고 형태로 보는 이런 관점은 본질적으로 결혼을 평등한 남녀의 결합으로 바라보는 인식을 전제한다. 그런데 '아름다움이 사라지고' '쾌락의 황홀함'에 지칠 때 남성과 여성을 지탱해주는 것이 '우정'이라는 이런 결혼관은 특정 계급, 부르주아 계급에만 해당하는 결혼관이다. 서로 존중받을 수 있는 존재이자 경제적 독립이 보장된 관계, 온전한 인격간의 만남이 가능한 관계는 근대적 지식을 습득한 중산층 이상이라는 특별한 존재에게만 허용될 수 있는 것이다.[7] 그러니 교육을 충분히 받지 못했거나 자신의 결혼을 스스로 선택할 수 없었던 여성들에게 이런 결혼관은 무용한 것에 가까웠는데, 결혼의 주체가 여성 자신일 수 있는 가능성은 당시에는 거의 없었기 때문이다.

이른바 '여성 청년'을 지향한 '신여성'들이 주장한 '우정론'의 한계는 이것만이 아니다. 우정에 기반한 남녀관계론에는 남녀가 평등하다는 관점이 전제되어 있다. 그런데 이 관점은 역설적으로 남녀의 위계적 수직 구조를 전제해야 하는 '가정'을 꿈의 공간으로 이상화했다. 남녀 평등론에 입각한 이상적 가정은 '불평과 고통'의 원천이자 '새 우수한 청년의 도살장이자 조선 문명의 진화를 막는 장벽'인 '구가정',[8] 출산과 양육에 기반한 근대 이전의 가족 제도와는 전혀 관련이 없다고 주장되지만, 실질적으로는 '부−자' 중심에서 '부−부' 중심으로 이동한 새로운 위계 구조에 가깝다.

그러니 '가정'이 이상화된다는 것은 '가정 내의' 여성의 자리가 이상화된다는 것을 의미한다. 이렇게 되면 결국 서구의 신풍속이라는 문맥 속에서 혼전 동거 문화에 대한 소개조차 별다른 윤리적 반발 없이 이루어지고 '우정'에 입각한 결혼이 주장되지만, 여성의 정념은 민족의 대리자인 가정에 의해 공적 통제의 대상이 되고 만다. 요컨대, 1920년대 전반기에 '신가정'이라고 말하기 위해서 "가정은 부인의 유일한 영토"이어야 하고 "가정의 통치권은 부인의 것"이어야 했다.[9] 여성은 교육을 통해 인격을 인정받게 되지만, 인격적 존재는 사회와 민족이 요구하는 '가정 내의 여성'의 역할을 받아들일 때에만 현실태일 수 있었다. '근대적 여성'이 되기 위한 교육은 결국 그녀들을 '가정/민족 내의 여성'으로 태어나게 한 것이다.

동등이냐 평등이냐

이 피할 수 없는 모순은 언제 시작된 것일까. 여성들은 언제부터 교육 대상으로 부각되었을까. 여성도 교육 대상이며 여성을 위한 학교가 필요하다는 논의는 유길준에 의해 본격적으로 제기되었다. '갑오경장'의 개혁안은 특히 여성에 관한 항목에서 혁신성이 돋보였는데, 대표적인 항목으로 조혼을 금지하는 것, 과부의 재혼을 허가하는 것 등을 들 수 있다. 공사公私 노비 문서를 없애고 인신매매를 금지하면서 여성은 신분적 해방을 맞이할 수 있었으며, 조혼이 금지되면서 남자는 20세 이상, 여자는 16세 이상이 되어야만 결혼을 허가받을 수 있게 되었다.

여성교육의 필요성을 강조한 유길준의 논의는 여성의 해방과 남녀평등을 강조하면서 근대 지식인의 지식 교환 통로 역할을 한 《독립신문》을 통해 발 빠르게 유포되었다. 남녀가 평등하다는 천부인권 사상의 영향에 힘입어 《독립신문》은 논설을 통해 여성 교육의 중요성을 강조하고, 여성을 교육하는 기관이 필요하며 즉각적으로 설치되어야 한다고 주장했다. 《독립신문》에 여학교 관련 기사가 다수 실린 이유도 여기에 있다.

조선도 인민을 교육만 하면 외국과 같이 될지라 지금 장성한 사람들을 물론 남녀하고 교육을 시키려고 하면 매우 어렵거니와 자식들을 남의 나라 아이들 같이 교육을 시켜야 그 아이들이 자라서 남의 나라 사람 같이 될 터이니 그 때나 조선도 남의 나라 같이 되기를 바랄 터이라……

정부에서 학교 몇을 지금 시작하여 아이들을 가르치나 계집아이 가르치는 학교는 없으니 정부에서 백성의 자식들을 교육할 때 어찌 남녀가 층등이 있게 하리요 계집아이들은 조선 아이가 아니며 조선 인민의 자식 되기는 일반이거늘 오라비는 정부 학교에 가서 공부하는 권이 있으되 불상한 계집아이는 집에 가두어 놓고 가르치는 것은 다만 사나이에게 종노릇 할 직무만 가르치니 우리는 그 계집아이들을 위하여 분히 여기노라 정부에서 사나이 아이들을 위하여 학교 하나를 짓게 되면 계집아이들을 위해서 또 하나를 짓는 것이 마땅한 일이니 원컨대 정부에서 먼저 조선 인민 생각하기를 공평 이자만 가지고 하고 남녀노소 상하 빈부 분간 없이 한 법률로만 다스리기를 바라노라 사나이 아희들은 자라면 관인과 학사와 상고와 농민이 될 터이요 계집아이는 자라게 되면 이 사람들의 아내가 될 터이니 그 아내가 남편만큼 학문이 있고 지식이 있으면 집안 일이 잘 될 터이요 또 그 부인네들이 자식을 낳게 되면 그 자식 기르는 법과 가르치는 방책을 알 터이니 그 자식들이 충실할 터이요 학교에 가기 전에 어미의 손에 교육을 많이 받을 터이라[10]

학부에서 사내아이들도 가르치려니와 불상한 조선 계집아이들을 교육시키게 되면 몇 해가 아니 되어 전국 인구 반이나 내버렸던 것이 쓸 사람들이 될 터이니 국가 경제학에 이런 이(이득: 인용자)는 없고 또 천히 하고 박대하던 여인들을 사나이들이 자청하여 동등권을 주는 것이니 어찌 의리에 마땅치 안하며 장부에 하는 일이 아니리요 우리는 천하고 가난하고 무식한 사람들의 친구라 조선 여인네들이 이렇게 사나이들에게 천대받는 것을 분히 여겨 언제까지라도 여인네들을 위하여 사나이들과 싸움을 할 터이니 조선 유지각한 여인네들은 당당한 권리를 뺏기지 말고 아무쪼록 학문을 배워 사나이들과 동등이 되며 사나이들이 못하는 사업을 할 도리를 하여보기를 바라노라[11]

여자에게 산육하는 이치를 마련하신 고로 남자가 여자 아니면 자손을 전할 수 없는지라 그런즉 음양의 권리가 같을 뿐 아니라 남녀의 권리가 또한 동등이오 이목과 사지도 똑 같은 사람이오 영혼과 재주도 남자와 일반이라 그런 고로 외국서는 남녀학교를 설시하고 동등으로 교육하여 여자의 학문이 남자만 못하지 아니하며 부인 중에서 관인도 나서 정부 사무를 의론도 하고 교사가 되어 인민을 교육하며 영국에는 여황제 등극 하신 후 육십여 년에 정치가 문명하고 미국에는 부인의 교제하는 법과 권리가 남자보다 더 많은지라 여자를 교육하여 놓게 되면 나라에 대단히 유조한 일이 여러 가지 있으니 첫째는 지혜 있는 부인들도 국사를 의론하여 정치가 진보케 할 것이오 둘째는 남자가 혼인 후에 집안일을 서로 의론하여 가도를 흥왕케 하되 능히 그 남편을 도와 편지도 대서하며 문서도 기록하며 한가할 때에 서책을 보면 학문을 토론하니 집안에 화기가 충만하여 백년을 해로 하는 내외가 될 뿐 아니라 생전에 정근한 친구가 될 것이오 셋째는 어린 아이들이 십 세 이전에는 항상 그 모친의 휘하에 자라며 언행과 동정을 배우나니 그 어머니가 학문이 있으면 학교에 보내기 전에는 그 모친이 가르치리니 이것은 양육 하는 모친만 될 뿐 아니라 여자의 스승이 되는 이치라 여자의 학문 있는 것이 어찌 나라와 백성에게 유력됨이 적다 하리요[12]

《독립신문》이 창간된 1896년 4월 7일 이후 1900년대에 이르는 시기에 미디어가 여성에 관해 다룬 기사는 주로 '여자 교육'에 관한 것이다. 세기를 달리한 논의들임에도 《독립신문》의 논지가 그리 낡아 보이지 않는 것은 남녀평등의 문제가 여전히 해결 불능의 상황에 처해 있기 때문일 것이다. 그만큼 이 논의들은 혁신적인 것들이었다. 100년도 이전의 이 논의들을 지금 다시 살펴보아야 한다면 그것은 《독립신문》의 여성 관련 논설이 지금까지도 해결되지 않은 여성 문제의 중요한 핵심 가운데 한 줄기를 건드리고 있기 때문이다.

《독립신문》의 이념적 근간은 서구적 자유와 평등 이념의 구현에 있었으며, 이에 따라 《독립신문》은 남녀 사이에 높고 낮음이 없고 크고 적음이 없다는 입장을 견지하면서 여성 교육의 문제에도 많은 관심을 기울였다. 흥미로운 것은 이 논의들이 공통적으로 남녀의 동등권을 강조하면서 그 강조점을 각기 달리 하고 있다는 점이다. 근대적 국민을 만들기 위해 공존할 수 있었던 《독립신문》 시기의 상반된 입장이나 논의들은 1920년대에 여성에 관한 본격적인 논의가 시작되자 서로 충돌 지점을 드러내면서 분화하기 시작한다. 따라서 《독립신문》의 논설은 그 갈등의 시발점이 어디인가를 정확하게 보여주고 있다고 해야 한다.

이들 논의는 공통적으로 '남녀는 평등하다. 그러므로 남녀는 동등하게 교육받아야 한다'는 논리적 근거에 동의한다. 그러나 교육의 목적이나 지향점의 차이에 따라 서로 다른 논점을 드러낸다. 남녀는 동등한 존재이므로 교육 받은 여성은 남성과 동등하게 공적 영역에서 제 역할을 다할 수 있는 존재가 되어야 한다는 논리가 한편에 있다. 이런 입장에서 여성은 남성보다 훌륭한 사업의 주체가 될 수 있고 또 되어야 한다. 다른 한편에서 근대 교육이 요구하는 남녀의 역할은 서로 구분되어야 한다는 논리가 존재한다. 이러한 논리에 입각히면 남성이 '관인과 하사와 상고와 농민'이 될 때 여자는 '이 사람들의 아내'가 되어 가정 대소사와 자녀 교육에 근대적 지식을 활용하는 존재가 되어야 한다.

물론 이 논의들은 궁극적으로 '조선도 인민을 교육만 하면 외국과 같이 될 수 있다'는 국가 차원의 요청에 부응하는 것으로 수렴된다. 요약컨대, 《독립신문》이 표방하는 여자 교육을 둘러싼 관점에는 남녀의 평등권을 강조하는 논리와 남녀의 성별 차이에 기반한 여성 존중 사상이 갈등 없이 공존하고 있었다. 근대적 국가를 만들어야 한다는 절체절명의 요구는 여성에 관한 논의에 내장된 이러저러한 갈등을 봉합하게 되는데, 이 유보적 상황은 1910년대, 1920년대에 접어들어도 크게 바뀌지 않았다.[13]

여성, 어떻게 정의할 것인가

《독립신문》의 여성 관련 논의들이 은폐하고 있던 갈등의 지점들은 1900년대 후반에 발간되기 시작한 여성 관련 잡지들인 《가정잡지》, 《여자지남》, 《자선부인회잡지》에서 보다 뚜렷하게 드러난다고 할 수 있다. 각각의 논의는 남녀에게 교육받을 권리가 동등하게 주어져야 한다는 입장을 취하면서도 서로 다른 근거를 제시한다. '인간'이라는 측면에 주목한 남녀평등론 관점이 있다면, 남녀의 서로 다른 성별에 주목해서 성별 역할 차이를 강조하는 관점이 있다. 다른 한편 남녀는 건곤이나 음양처럼 서로 다르지만 상보적인 관계이므로 조화를 이루어야 하며 그러기 위해서 남녀는 동등하게 교육받아야 한다는 관점도 있다. 여성에 대한 논의가 새롭게 시작될 때마다 남녀를 둘러싼 '평등이냐 동등이냐'의 질문이 반복되었으며, 이 문제는 《여자계》 등의 잡지가 발간되고 '여성'을 어떻게 정의할 것인가라는 질문에 직면하면서 보다 복잡한 국면으로 접어들었다.[14]

엘리트 여성을 중심으로 한 최초의 잡지는 1917년 12월에 동경에서 발간된 《여자계》로,[15] 이 잡지는 동경 여자 유학생 친목회의 기관지 성격을 띠었다. 필자와 편집 담당자의 면면을 살펴보자면 《여자계》가 실질적으로 여성에 의한, 여성을 위한, 여성의 잡지였는가에 대해서는 의문의 여지가 없는 것도 아니다. 동경 유학생의 기관지이던 《학지광》에서 편집인과 필자로 활동한 엘리트 남성 지식인이 대거 《여자계》 발간에 참여하고 있었기 때문이다. 전영택, 이광수, 염상섭, 최승만, 이일, 김환, 박석훈 등이 여러 차례에 걸쳐 글을 실었으며, 춘성 노자영은 직접 잡지 발간에 관여했다. 이런 측면을 강조하면서 항간에서 《여자계》를 《학지광》의 자매편 정도로 취급하는 경우도 있다. 1920년에 발간되기 시작한 《신여자》는 여자들이 주축이 되어 편집과 집필이 이루어졌음을 들어, 그 새로움을 강조하기도 했다.

여성 잡지로서 《여자계》의 위상을 다시 묻지 않을 수 없는 것은 이런 이유에서이다. 《여자계》는 여성 잡지인가 아닌가. 단순한 질문은 복잡한 질문들로 이어진다. 여성 잡지는 어떻게 정의될 수 있는가. 발간 주체가 여성으로만 이루어져야 하는가. 게재된 글이 여성 필자로만 구성되어야 하는가. 여성에 대해서만 다루어야 하는가. 문제는 점점 더 복잡해진다. 여성은 '여성'이라는 범주 안에서만 규정되고 정의되어야 하는가. 질문의 침전물들은 '여성을 어떻게 정의할 것인가'라는 문제로 모아진다. 이 질문은 1920년대에 접어들면 '신여성은 누구인가'로 압축된다.

이 문제와 관련해서 분명한 것은, 남성과 여성의 생물학적 성별을 중심으로 여성 잡지 여부를 구분하는 방식은 결과적으로 여성에 대한 견해와 시대인식을 살펴보는 자리에서 유용하지 않을 뿐 아니라 《여자계》 등의 잡지의 성격을 고찰하기에도 부적절한 것이라는 사실이다. 무엇보다 중요한 것은, '여성을 어떻게 정의할 수 있는가'의 문제가 '여성이 어떻게 호명되고 있는가'라는 문제로 전환되어야 한다는 점이다. 근대적 여성에 대한 논의는 주체와 대상, 호명의 목적에 따라 합당한 여성 정체를 구성하기 위한 용어들의 경합장이었음을 인식해야 하는 것이다. 그러니 질문은 '신여성이 누구인가'에서 '부녀', '신녀자', '여성 청년'이 아니라 '왜 신여성인가'로 바뀌어야 한다.

여성청년이 아니라 신여성인 이유

《여자계》(1917), 《여자시론》(1920), 《신여자》(1920) 등의 잡지에서 여성은 서로 다른 이름으로 지칭된다. 여성은 '여성', '여자', '신여자’, ‘청년여자’, ‘청년녀’, ‘여자청년’, ‘청년여학생’, ‘조선여학생’ ‘신여성’, ‘구여자’, ‘처녀’, ‘어머니’, ‘부인’, ‘부녀婦女’ 등으로 호명되었다. 물론 동일한 용어가 서로 다른 맥락에서 사용되기도 하며 서로 다른 용어가 단일한 의미를 내포하기도 했다. ‘여성’에 관한 용어들은 일반적으로는 ‘여학생’이 학교를 졸업하고 난 후 사회에서 어떤 역할을 맡는가에 따라 서로 다른 쓰임새를 드러냈으며, 무엇보다 계몽의 대상과 주체의 분리가 본격화되면서 용어상의 충돌과 갈등도 심화되었다.

관습으로 인하여 현금 외국문명을 받고 신과학도 맛보았다는 자 즉 여자교육이 필요하며 유익한 것을 설명하고 여자교육을 면려하라고 역설하는, 표면으로 보면 다문다식多聞多識하고 문명의 선도자 같이 보이는 신사들의 가정을 보아도 마땅히 교육을 받을만한 청년여자가 헛되이 집안에 있어 남자의 노예 노릇을 하며 세월을 보내는 이가 불여기수不如基數로다. 아— 슬프다 우리 청년여자동포들은 각성하여 여자교육에 헌신 노력 할지어다[16]

새문명에 나아가는 우리 신여자야! 이 모든 여자의 비애를 듣고 어찌 동심치 않을 수 있습니까 아—이러한 동포로 밝은 길로 나아가게 할 이도 우리 신여자요 또 이 여자로 하여금 암흑에 떨어지게 하지 못할 책임도 우리 신여자들이로다.

장래 신여자 사회 건설의 책임을 지신 이야! 이 구여자 사회의 비관할 장래의 운명을 개척하여 나아갑시다.

나는 일반사회에 대하여 여자 구속주의를 타파함을 제창함과 동시에 신여자 제씨에게 구여자 사회구제를 희망합니다.[17]

우리 여자계에서 흔히 얼핏 하면 의미도 불각하는 '하이칼라'를 찾고 발꿈치 높은 양화洋靴에 히사시가미로 머리를 단장하니 차此를 물질문명이라고 할까 문명의 초보라고 할는지? 심지어 어떤 여자는 타인의 소실이나 노예가 되여[18]

근대 교육을 통해 지식도 이상도 각오도 없는 무인격적 동물, "하등동물적 생활"[19]에서 벗어난 여성 일반이 '신여성', '신여자', '부녀', '부인'으로 호명되었다면 '신가정'의 아내와 어머니가 될 존재가 '주부', '어머니'로 명명되었다. 근대적 교육을 받지 못했으며 전근대적 인식에 사로잡혀 있는 여성이 '구여성'으로 지칭되었다면 '여자계'를 문명세계로 인도하고 '반도여자'를 계몽할 주체로서 '청년여자'('여자청년')가 불려나왔다. 근대적 여성을 호명하는 과정이 보다 복잡한 관계망 속에 놓여 있는 까닭은 그 작업이 ('남성' 청년을 호명하는 방식과 같은) 서로 다른 나이와 계층을 초월한 여성 개념을 만드는 것이라기보다 당시 '일반사회'의 통념과 대결하는 과정이었기 때문이다.

이광수의 《개척자》에서 신여성인 '김성순'과의 결혼을 꿈꾸는 '변영일'이 보여주듯, 신여성이 스스로를 어떻게 규정하는가와 무관하게, 남성들에게 신여성은 값어치 있는 물건으로 받아들여졌다. 신여성이 "삼사층 양옥과 자동차, 보석반지"보다 더 값진 것이 자신의 가

치를 알아주는 존재임을 스스로 깨닫는다 해도, 남성들에게 신여성
은 "혈통 좋고 얼굴 예쁘며 학식 있으면서도 예의를 아는" 이상적 상
으로서의 '예비' '가정주부' 일 뿐이었던 것이다. '김성순' 을 중심으
로 볼 때 《개척자》가 비극인 것은 이런 맥락 속에서이다. 그것은 단
지 그녀가 상상만으로도 끔찍한 '유산(황산)' 을 마시고 생을 마감하
는 결말 때문만은 아니다. 그녀의 자살은 가부장제 이데올로기 바깥
에 여성의 정열이 놓일 자리가 없음을 보여준다. 자살을 통해 그녀
는, 여성을 사회가 요구하는 상에 맞추어 재배치하는 여성 관리 체제
를 역설적으로 거부하고 있었다.[20]

　신여자계와 '새조선' 을 만들고자 하는 '청년여자' 가 금욕적이고
계몽적이며 직분 논리에 충실한 존재로 재탄생한다 해도, 그녀들이
사치스럽고 허영에 빠진 여성들과는 철저하게 거리를 유지한다고 해
도, 여자교육이 '완전한 인간' , '인격적 존재' 로 만드는 것을 일차적
목적으로 한다 해도,[21] 그럼에도 '청년여자' 의 사회적 직분에 대한
실질적 논의가 이루어지기 위해서는 젠더 차원의 정체성 형성이 전
제되어야 했다.

　제일은 우리 여자의 천직 즉 의무를 안 하려하는 것이외다. 그리하여 걸
핏하면 독신생활을 주창합니다. 소위 그 독신생활을 주창하는 이의 말을
들어보면 얼른 남 듣기 좋고 자기 하기 쉽게 이렇게 말합니다. 나는 내 자
신을 위하여 안락을 그만두고 내 몸을 사회에 바쳐서 일하고자 합니다,
고. 네, 그도 그럴 듯하외다. 마는 그는 극소수이지요. 대대수는 이기주의
로 독신생활을 하려 하는 것이지오.[22]

일신상의 안락을 단호하게 거부하고 국가와 민족을 위해 헌신하고자 한 독립운동가가 높이 칭송받는 것과 대비해보더라도, 여성으로서 사회 발전에 몸을 바치기 위해 자신의 안락을 포기하겠다는 선언은 고귀한 것일 수 있다. 그러나 이들 독신주의자들은 '일반사회'의 논리에서는 철저하게 이기주의자로 비판되었다. 심지어 그들은 '신여자계의 악마'이자 '박테리아균'으로 비난받았다. 사회가 요청하는 각성된 여성 가운데 출산과 양육을 거부한 여성의 자리는 어디에도 없었던 것이다.

오호라 우리 반도 내에 고등급 전문교육을 받는 청년이 얼마나 되며 그 중에 우리 여자청년은 몇 사람이나 되나뇨[23]

부엌으로써 나오라 언니네들아
코때 무든 행주치마 벗어 던지고
나아와서 살펴보라 집안 형편을
매운 내에 눈물 흐른 두 눈을 씻고
큰집이나 작은집의 돼가는 꼴을!!
사람다운 새살림에 집안을 살려
내 남편男便을 정력精力 있는 일꾼 만들고
새지식을 많이 얻어 육아育兒에 힘써
동포 위해 일 잘 할 국민 만듦이
집에 있는 국민의 할 일이로다[24]

　‘청년여자’에 관한 논의는 분명 엘리트적이고 부르주아적인 관점에 사로잡혀 있었다. 그러나 ‘청년여자’를 중심으로 한 여성의 정체 구성에 관한 논의는 사회를 이끌어 갈 주체로서의 ‘청년’과 사회의 안주인이 되어야 할 ‘여성’의 위상이 격돌하면서 결국 ‘청년여자’가 ‘여성’의 자리를 적극적으로 떠맡는 존재가 되어야 한다는 논리로 정교화되었다. 근대 초기를 거쳐 해방기, 그리고 1970년대에 이르기까지 민족(국가)의 중흥을 가능하게 해줄 전위로서 ‘청년’이 매 시기마다 서로 다른 맥락 속에서 호명되었다면, ‘청년여자’는 논의가 시작되기도 전에 사라져버린 셈이다. 근대 민족(국가)의 일원이 되기 위해서 여성은 ‘청년’과 ‘여자’의 결합태로는 존재할 수 없었던 것이다. 그녀들은 새 지식을 얻어 남편을 정력적인 일꾼으로 만들고, 육아에 힘써야 하며 동포를 위해 일 잘 하는 국민을 만들면서 국민의 일원이 되어야 했다. 근대적 여성 담론이 철저하게 ‘여성’의 차원에 한정되고 결국 ‘신여성’ 담론으로 모아진 것은 이러한 정황과 연계되어 있었다.

1894년 6월 28일, 7세에서 15세까지의 남녀 아동을 위한 소학교를 세워 남녀 모두 교육받을 것을 밝히고 있는 《교육입국조서》가 발표되었다.[1] 1899년 5월 9일에는 학부령으로 의정부 회의에 제출한 여학교 관제 13조가 고등여학교 시행규칙으로 반포되었다. 시행규칙에 의하여 관립, 공립, 사립 학교는 각기 본과·예과·기예전수과技藝專修科로 나뉘었다.

제 1조는 여학교는 계집아이의 체신 발달함과 살림에 반드시 긴요한 보통 지식과 재주를 가르치는 것으로 써 본 뜻을 삼을 일
제 2조는 여학교에 쓰는 경비는 국고에서 제출할 일

청년 바깥의 청년, 여학도

제   3조는 여학교에 심상과와 고등과를 나눠둘 일

제   4조는 여학교의 수업 연한은 심상과인즉 3개년이고 고등과인즉 2개
　　　　년으로 정할 일

제   5조는 여학교에 심상과의 과목은 몸을 닦고 글을 읽고 글씨 익히고
　　　　산술하고 바느질 하기며 고등과의 과목은 몸을 닦고 글을 읽고
　　　　글씨 익히고 산술 하고 글 짓고 바느질 하고 지리학 배우고 역
　　　　사 배우고 이과학 배우고 그림 그릴 일

제   6조는 여학교 서책은 학부에서 편집한 외에도 혹 학부대신의 결정함
　　　　을 지낸 자로 쓸 일

제   7조는 여학교에 계집아이의 나인 아홉 살 이상으로 열다섯 살까지 정
　　　　할 일

제   8조는 여학교의 가르치는 과목에 가제와 편급과 구별과 교수의 시한
　　　　과 일체 세칙은 학부대신이 정할 일

제   9조는 여학교 교장은 교원인 혹 학부 판임관이 겸임도 할 일

제 10조는 여학교 교원은 사법학교 졸업장이 있는 자로 이용할 일

제 11조는 여학교에 지금은 혹 외국 여교사도 고용할 일

제 12조는 각 지방에 여학교를 공립으로도 설시하고 사립으로도 설시하
　　　　기는 마땅할 테로 허락할 일

제 13조는 본령은 반포하는 날로부터 시행할 일[2]

　　교육 대상과 교사, 교육 내용까지 구체적으로 명시하고 있는 이 관
제는 정부 차원에서 여학교의 개설이 곧 이루어질 것을 예견하게 한
다. 사실 여학교가 설시될 것이라는 통문은 이미 한 해 전인 1898년

9월 9일자 《독립신문》 '잡보' 란에 실린 바 있다. '찬양회' (양성원)[3]나 '승동 부인회' 와 같은 근대적 여성단체가 여학교를 개설해달라는 '상소' 를 거듭하고 있었다.[4] 신문에도 여학교를 설치해달라는 상소와 관련된 기사가 〈여학교 사건〉이라는 제목으로 계속 실렸다. 그러나 학부에서 여학교를 설시할 일로 정부 회의에 의안을 제출한 지 두어 달이 지났으나 어떻다는 결말이 나지 않아 학교를 개설하지 못하고 있었다.[5] 학부에서는 탁지부의 총예산 내역에 경비가 책정되어 있으니 기다리라는 답변만을 반복했다.[6]

이것이 제 1차 여학교 설립운동이었다. 북촌의 양반 부인을 중심으로 결성된 '찬양회' 가 주체가 되어 1898년 관립 여학교 설립을 추진했었다. 설립 운동이 좌절된 후, 1905년에 한일부인회, 대한부인회, 여동부인회 등 다양한 '부인회' 가 다시 결성되고, 1906년 '여자교육회' 와 '진명부인회' 를 중심으로 제 2기 여학교 설립 운동이 일어났다.[7]

관립 여학교의 설립은 1908년에야 이루어졌다. 두 차례에 걸친 여학교 설립 운동이 마침내 결실을 맺은 것이다.[8] 1883년 원산에서 근대학교인 원산학사가 세워지고, 1886년 9월에 정부가 양반자제를 대상으로 한 육영공원을 열었던 것과 비교하자면 여자교육의 필요성이 정부나 근대 교육을 중요하게 여긴 민간인에게도 그리 절실하지는 않았던 듯하다. 관립 여학교 설립안은 1899년 2월에 대신회의에서 '6 대 4' 로 부결되었다. 물론 관립 여학교 개설이 지연된 것은 당시 학부대신이던 신기선이 강력하게 반대한 탓이기도 하다. 그러나 반대가 없었다고 해도 여학교에 관한 모든 경비를 정부 예산에서 처리

해야 하는 일, 여학생을 가르칠 만한 교사를 구하는 일 등이 쉽게 처리될 일들은 아니었다. 여학교가 만들어지기 위해서는 일정한 준비의 시간이 필요했던 것이다. 우여곡절 끝에 1908년 4월 1일에 한성고등여학교(현재 경기여자고등학교)라는 이름으로 최초의 관립 여학교 설립되었다.

여학도 모집난

물론 1908년에 이르기까지 이 땅에 여학교가 없었던 것은 아니다. 사실 미션계 여학교는 1880년대부터 근대적 여성 교육에 많은 노력을 기울였다. 선교사가 주축이 되어 여학교를 설립하기 시작한 것은 광무시대의 일이다. 1894년에는 지방 미션 여학교의 효시인 평양 양정여학교가 설립되었으며, 1897년 선교부의 지방 학교 설치에 관한 정책이 결정되면서 전국 주요 도시마다 미션 여학교가 설립되기 시작했다. 1895년 정신여학교, 동래의 일신여학교, 1897년 인천의 영화여학교, 1898년 배화여학교 등이 이 시기에 문을 열었다. 1900년대에 걸쳐 기독교 계통 여학교뿐 아니라 정의여학교, 길주여학교,[9] 동덕여자의숙, 여자양원학교,[10] 달서여학교 등 순수한 민간 출자 여학교가 속속 등장했다. 근대식 여학교는 1908년까지 전국에 21개의 학교가 설립되었다. 1909년이 되면서 학부의 지위관할 아래 각 도마다 여학교가 설립되고, 학부에서는 여학교 입학을 권고하는 주의서를 제정하기에 이르렀다.[11]

미국 북감리 교회 선교부는 스크랜튼Ms. M. F. Sklenton 부인이 나서서 고종 22년인 1885년에 이화학당을 설립했다. "생각 많은 눈물의 집 대한문 담을 끼고 돌아 옛 전도지부집 문 앞을 지나 서북으로 비스듬히 가거나 그렇지 아니하면 만주도행 전차로 서대문에서 내려서 남으로 뚫린 길로 들어서면 그곳이 정동이니 좌우 서양인의 집 담 위로 우뚝이 늘어선 버드나무 그늘 밑으로 조용하게 서늘하게 신작로같이 길게 놓인 길을 밟아 전 프랑스 영사관 앞을 지나 조금 더 가면 동편으로 향하여 우뚝이 선 조선식 문이 있으니 이것이 유명한 이화학당"[12]이었다.

1886년 5월 31일 이화학당은 교사 1인, 학생 1인의 학교로 정식 문을 열었다.[13] 개교를 했다 해도 규모로 보나 규격화된 학교생활이 이루어지기는 어려웠다. 학생도 한 명에 불과했으며 교과 과정도 성경과 영어에 한정되었다. 이화학당을 비롯한 대다수의 여학교가 중등과나 대학과(이화학당의 경우 1904년에 중등과를, 1910년에 대학과를 설치함)를 설치하기 전까지는 대체로 교양 중심의 교육을 실시했고 교과목 개설도 유동적으로 운영했다. 사정에 따라 1903년까지는 성경, 영어, 한문, 읽기, 쓰기, 지리, 산수, 체조, 성악, 재봉, 자수 등을 주요 과목으로 개설했다. 교과목은 수시로 변경되었는데, 교사 확보 문제로 교과목을 고정시키기 어려웠다. 특히 선교사로 구성된 교사들은 선교사의 임기와 안식년 등에 따라 이동이 잦았기 때문에 미션계 학교의 경우에는 교과를 체계적으로 운영하기 더욱 어려웠다.[14]

여학교를 운영하면서 가장 먼저 직면한 문제는 '학생을 어떻게 구할 것인가'에 관한 것이었다. 당시 한국 사회는 전통적으로 유교 사회의 내외법에 따라 바깥 사회를 자유로이 다니는 여자들을 천하게 여겼으며, 여자교육을 금기시했고, 무엇보다 서양 사람을 두려워하거나 경시했다. 당시는 외국인을 도깨비 보듯 하는 사람이 대다수이던 시절이다. 그 시절에 여자 그것도 어린 여자아이를 교육을 위해 외국인에게 보낼 조선인이 많았을 리 만무한 것이다.

이런 상황이었기에, 이화학당의 스크랜튼 부인이 보여주듯 당시의 여학교는 학생을 모집하는 과정에서 예상치 못한 경험을 해야 했다. 학생에 관한 서약서들을 드물지 않게 써야 했던 것이다. 스스로 학생이 되기 위해 학교로 찾아오는 일은 드물었으며 대개 학생들은 누군가의 권유로 입학을 결정하였는데, 그들 가운데 대다수가 며칠이 지나기도 전에 다시 학교를 나가겠다거나 혹은 부모가 나타나서 데려가겠다는 소동을 벌였다.

이화학당의 첫 번째 영구학생permanent pupil은 아이를 부양할 길이 없던 어머니가 학당에 맡긴 10세 가량의 꽃님이라는 소녀였다.[15] 두 번째 영구학생은 별단이라는 4세 가량 된 어린아이였는데, 1886년 여름 콜레라가 창궐한 서울에서 성 밖에 버려진 환자 가운데 한 명이었다. 이들의 경우도 마찬가지였다. 입학한 지 얼마 지나지 않아 딸을 맡긴 꽃님이 어머니는 이웃의 비난에 겁을 먹고 아이를 다시 데려가겠다고 찾아 왔다. 스크랜튼 부인은 부모의 허락 없이는 어디에도 데려가지 않겠다는 서약서를 써주고서야 꽃님이를 사수할 수 있었다.[16]

광무 시대의 미션계 여학교들이 학용품을 포함한 일체의 의복비, 식사비, 거주비를 책임지고자 했으며 개교 초기에 대개의 학교들이 가난한 집 아이나 고아를 학생으로 둔 것은 학생 모집난의 결과였다.

이화학당의 경우만 보더라도 설립한 지 20년이 지나서야 비로소 학생들이 자신들의 학비와 의복비를 스스로 부담하는 이른바 자발적 입학이 자리를 잡았다. 이화학당이 입학금과 수업료를 최초로 징수한 것은 1909년의 일이다.

여학교가 설립된 초기에 여학생이 전부 기숙사 생활을 한 것노 이런 상황과 무관하지 않다. 1890년 가을에 한국에 온 로제타 셔우드 의사의 기록에 의하면 이화학당은 학생침실과 식당, 교실 3개, 교사 숙소, 응접실, 교수 식당, 부엌 등으로 구성된 건평 약 200평의 상당히 규모가 큰 한식 기와집이었다.[17] 방은 서양식이나 기숙사는 조선식이고 날씨가 추울 때는 증기난로가 설비되어 있어 따뜻하게 지낼 수 있었다. 서울에서 전망이 가장 좋은 집이라는 평을 얻었던 이곳에서 학생들은 실장과 선생님의 감독 아래 한 방에서 5~6명씩 기거했으며, 매달 합동 생일잔치를 치르면서 외출금지로 인한 답답함을 위로받곤 했다.[18] 학생의 회합으로 독서 토론회나 원족회 등이 열렸으며, 토요일에는 학당장의 허가를 얻어 친척을 방문하거나 물건을 사기도 했고, 외출하지 않는 학생은 기숙사에서 다듬이질도 하고 빨래도 했다. 금요일과 토요일 양일 가운데 하루에는 목욕실에서 자유롭게 목욕을 할 수도 있었다.[19]

그럼에도 명절에 부모를 만나기 위해 귀경한 여학생의 상당수가 결혼을 하거나 그냥 집에 눌러 앉아 돌아오지 않는 경우가 많았으며 종종 부모의 반대로 학교로 다시 돌아오지 못하기도 했다.[20] 학생 이탈을 막기 위해 귀경길에 기수旗手라 불린 수위 아저씨가 업고 갔다 오거나 동행하는 진풍경이 벌어지곤 했다.[21] 여학교에서는 무엇보다 학생을 사수해야 했던 것이다.

여학생 모집 광고

1900년대 중반 이후, 1907년, 1908년에 이르면 남학생은 물론이거니와 여학교 입학자[22]나 학년별 우등생 명단이[23] 신문에 실리기 시작한다. 1885년 이후로 여자도 동등한 교육을 받아야 한다는 인식이 적지 않게 유포된 것이다. 1909년, 1910년에 이르면 여학교를 새로 설립하거나 교사校舍를 확장하는 일이 빈번해졌다.[24, 25] 여학생이 점차 늘고 있었던 것이다.

그러나 관립 고등 여학교가 설립되고 순수한 민간 출자 여학교가 늘었다고 해서, 여학교에 대한 홍보가 더 이상 필요 없는 시대가 온 것은 아니다. 이 시기에도 한말과 마찬가지로, 여전히 여학교에서 여학생은 구하기 어려운 '모집' 대상이었다. 여학교가 처음 설립된 후 20년 가까운 시간이 흘렀지만 조선의 여성 가운데 여학생이 되기를 자처하는 사람은 많지 않았다. 1907년, 1908년 시기의 신문에서 여학생 모집 광고를 접하는 일은 낯선 일이 아니다. 《대한매일신보》 1907년 8월 21일부터 9월 1일까지 실린 여학생 모집 광고의 내용은 다음과 같다.

본 학교에서 금월 이십육일(음력 칠월 십팔일)에 추기 개학하고 학도를 재차 취집하되 나흔(나이) 십세 이상 십오 세 이내로 선택하오니 상하코자

하는 영양은 이달 회내로 본 학교에 오셔서 의론하시압

과정은

수신학, 도화, 수 놓는 법, 침공, 풍금, 생리학, 편지, 지지, 영문, 한문, 역사, 산술, 체조

북서장동 진명여학교 고백

최초의 관립 고등 여학교는 1908년 7월 2일에 문을 열었다.[26] 7월 5일 개학식에서는 학생들에게 교사가 직접 만든 과자 한 봉지씩을 나눠주었다.[27] 관립여학교를 개교하는 과정에서도 애로사항 가운데 심각한 것이 학생 모집이었다.[28] 당시 학부대신이던 이재곤은 관립 고등 여학교 학생 모집과 관련해서 대신들을 소집하는 작은 소동도 벌여야 했다. 이재곤은 대신들을 불러놓고 딸이 있으면 즉시 입학시킬 것을 당부했다. 학생 모집난의 심각성은 대신의 딸뿐 아니라 사돈이나 친척 중에라도 딸이 있는 자들에게 입학을 당부하라는 명령 아닌 명령을 내렸다는 것에서도 확인할 수 있다.[29] 학부대신까지 나섰지만 그 결과는 신통치 않은 편이었다. 6월이 다 가도록 학생수는 25명을 넘지 않았다.[30]

다른 학교의 경우도 별다르지 않았다.[31] 1908년 10월 24일 오전 8시부터 경희궁 안에서 실시된 가을 연합 운동회를 통해 여학생의 수효를 미루어 짐작해볼 수 있을 듯한데, 이 운동회에는 진명학교 140명, 양규의숙 85명, 상동학교 51명, 승동학교 44명, 보학원 32명, 양원학교 36명, 영신학교 19명, 보명학교 9명의 학생과 사회를 대표하는 인사들, 구경꾼들이 참석했다.[32] 전교생이 모두 운동회에

참석한 것은 아니라고 하더라도 여기서 진명학교와 양규의숙을 제외하고는 각 학교의 여학생 수가 서른 명 내외였음을 확인할 수 있다. 이들 학교가 대체로 10세 전후의 아동을 대상으로 운영된 것을 염두에 두고 생각해보면 중등 과정 이상의 학생수가 이보다 훨씬 적었음을 미루어 짐작할 수 있다. 이런 상황이었기에 중상류층 이상의 학생을 모집하고자 한 관립 고등 여학교의 학생 모집은 훨씬 심각한 문제일 수 있었던 것이다.

체조 과목의 혁명

1899년에 학부가 공식적으로 발표한 여학교 관제 제1조는 여학생의 신체 발달과 살림에 필요한 지식과 기술을 가르치는 일에 여성 교육의 주된 목적이 있음을 분명히 하고 있다. 이는 여성 교육이 근대적 인식을 내면화한 온전한 주체를 형성하기보다는 궁극적으로 '양처현모형' 여성상을 수립하는 데 있었음을 시사한다. 근대 초기의 여학생은 건전한 출산과 양육을 위해 신체를 단련하고 현명한 아내가 되기 위한 다양한 지식과 기술을 습득해야 했다. 그러나 정해진 시간표에 따른 단체 생활을 하면서 그들의 일상은 근대적 인간형으로 규율화되고 있었다. 서구적 인식이 생활습관으로 자리 잡았고 서구적 문화가 일상 속에서 의식하지 못한 사이에 체험되고 있었다.

　여학생들은 신체를 통해 경험에서 가장 급진적인 변화를 겪었다. 체육 과목과 생활 체육을 활성화하는 계기였던 여학생 운동회 등이 이끈 충격은 쓰개치마를 벗고 거리를 활보하는 것 이상의 혁신이었다. 최초의 여학교 운동회는 1907년 5월 25일 진명여학교 교장 엄준원嚴埈源의 발기로 장충단에서 개최되었다. 진명여학교 운동회는 주최 측에시 헌병·순검 각 20명씩의 파송경호를 의뢰할 정도로 삼엄한 경비 속에서 실시되었는데, 운동회에 참석한 관객 외에도 구경하는 이들로 인산인해를 이룰 정도로 사회 일각의 관심을 끌었다.[33] 이후 미션 계통 여학교를 제외한 관립·사립 학교들의 연합 운동회가 주기적으로 실시되었으며,[34] 여성에 대한 체육의 필요성은 운동회를 통해 널리 받아들여지게 되었다.

물론 지·덕과 함께 여성 교육의 중요한 이념 가운데 하나로 체육이 채택되었을 때, 체육 강조는 상무체육을 요청했던 시대 분위기와 무관하지 않았다. 1900년대 후반에 운동회 열풍이 불었던 것은 국가의 부강을 염원하면서 신체를 단련하려는 이러한 분위기 속에서였다. 국가부흥의 기초를 세우기 위해 여성의 체력증진이 강조된 것이다. 그러나 충분히 예상할 수 있는 바, 공공의 차원에서 여성에 대한 체육의 필요성이 처음부터 합의되었던 것은 아니다.

페인Paine이 이화학당장으로 취임하면서 체조과목을 두기 시작했을 때 큰 소동이 벌어졌다. 부녀자들은 걸을 때 손을 흔들기를 마음으로만 하고, 발 뗄 때 발바닥보다 더 내딛지 못하도록 가르침을 받았고, 고개를 돌릴 때도 몸과 함께 돌리며, 앉을 때는 오금과 발목을 번갈아 가며 서서히 좁혀 앉으라고 가르침을 받았다. 즉 행동은 곧 부덕이며, 생명체를 움직이는 데 최소한으로 행동을 제한시켰던 것이다. '숨쉬는 목석'이 바로 부녀자의 이상상이라고나 할까. 이러한 시절에 손을 내어 흔들고 가랑이를 벌리며 달음질을 시키는 체조를 가르쳤으니 반대의 여론이 들끓지 않을 수 없었다. 학부형들은 딸을 데려가겠다고 하고 학교 문안으로 들이닥치고, 한성부에서는 체조를 없애라는 공문이 계속 날아들었다. 페인학당장은 이러한 물의에 굴복하지 않고 대담하게 체조를 강행하였다.[35]

여학교에 체육을 도입하는 것은 결코 쉬운 일이 아니었다. 다리가랑이를 벌리는 체조 과목은 반상의 구별이 심한 가문에서는 문중회의를 열리게 할 정도로 충격적인 사건이었으며, 이 무렵 이화학당의 여학생들이 명가의 며느릿감으로 부적당하다는 평가를 받은 것도 이 체조 과목 때문이다.[36] 여학생에게 체조를 가르치는 일은 한성부에서 중지를 정식으로 통보해야 할 만큼 심각하게 사회를 어지럽히는 일이었다.

이러한 관점에서 보자면 당시 여성 교육은 '양처현모형' 여성상을 마련하는 것에 주력했다고 해도, 계획에 없었던 부수적 효과들을 발휘한 셈이다. 예컨대, 체육 과목이 생겨나면서 여성의 의상에도 변화가 생겨나기 시작했다. 짧은 저고리와 가슴을 조이는 치마 말기로는 제대로 된 체육 수업을 받을 수 없었기 때문에, 여기서 가히 조끼치마 혁명으로 명명될 만한 혁신이 일어났다. 치마말기가 흘러내리는 폐단을 해결하기 위해 조끼치마가 개발되고, 차차 저고리의 길이가 길어졌으며 치마의 길이가 짧아졌다.

1908년 이화학당은 쓰개치마를 벗었고, 1908년 문을 연 관립여학교는 검정 통치마에 흰 저고리를 학생복으로 결정하면서 외출할 때

너울이나 장옷으로 얼굴을 가리는 풍습을 바꿀 것을 권고했다. 쓰개치마는 1911년 배화학당을 마지막으로 학교에서는 완전히 금지되었다. 배화학당에서는 1914년부터 쓰개치마를 벗는 대신 우산으로 얼굴을 가리고 다니게 했다. 1910년대 전후로 여학생 사이에서 양산이 유행했는데, 장옷을 벗는 과정에서 일어난 과도기적 현상이었다.[37] 이처럼 여성이 공식적인 교육 대상이 되었다는 것, 여성이 신체를 자신의 의사에 따라 움직이게 되었다는 것만으로도 여성 교육은 여성을 억누르던 체제의 근간을 뒤흔들 수 있었다.

물론 표면적으로만 보자면 부모들이 딸을 여학생으로 교육시킬 때 그들이 기대한 것은 명문가의 며느릿감으로 성장하는 것이었다. 실제로 이화학당의 초창기에는 근대적 가정인 '스위트 홈'의 완성을 여성 교육의 주목할 만한 성과로 평가했기 때문에, 대개 결혼을 하기 위해 학당을 떠나는 것을 졸업으로 이해했다. 학생들에게 혼담이 오가면 학당의 교사들은 여학생의 혼사에 직접 개입하고 결정권을 행사하기도 했으며 모든 혼수를 책임지기도 했다.

이화학당 학생들은 정동예배당에서 배재학당 당장인 아펜젤러 목사의 주례로 신랑과 대례를 올렸다. 1892년 가을 이화학당 학생 황메례黃袂禮, Mrs. Mary Whang가 배재학당 황씨와 결혼을 했는데, 이 예식의 경우에는 기독교식에 신식 결혼식으로 거행되었다. 면사포를 쓴 신부와 프록코트에 예모를 쓴 신랑이 예물을 교환했다.[38] 결혼식에서는 결혼증서를 받았는데, 여기에는 백지에 기둥이 두 개인 기와집 한 채가 그려져 있었고 양쪽 기둥에 각각 성경 구절이 들어 있었으며, 신랑-신부의 이름과 주례 목사, 중매인의 이름이 명기되어 있었

다. 한때 이화학당에서 이 결혼증서는 곧 졸업장이었다.[39] 그러나 근
대적 학문을 익히기 위해 스스로 여학생이 되기를 선택하는 여성이
증가하면서 이런 경향은 줄어들었고, 공식적으로는 1908년 6월 18
일에 창립 20년 만에 5명의 정식 졸업생을 배출하면서 '결혼이 곧 졸
업'이던 시대는 마감되었다.

연극장을 출입하는 불량 여학생을 경계하라

> 대구군에서는 박모씨 두 사람이 운동하여 단성사이니 희광사이니 하는
> 연극장을 서문밖에 북문밖에 설시하여 탕자음부를 유인하는 고로 모모신
> 사가 관찰부의 경찰서에 교섭하여 다행히 금지되었더니 근일에 두 연극
> 장이 경주 청도 두 고을로 옮겨 갔다더라[40]

근대적 문물이 도입된 이후 학교와 교회는 남녀가 자연스럽게 만
날 수 있는 대표적 공간으로 자리 잡았다. 토론회와 다양한 공연이
열렸던 청년회관 또한 청년남녀에게 허용된 자유의 공간이었다. 남
녀가 자유롭게 만났다고는 하지만 남녀공학이 존재한 것도 아니며
현재의 우리가 상상하는 남녀 합석이 자유롭게 이루어진 것도 아니
다. 청춘남녀는 통학로에서, 전차간에서, 하굣길에, 그저 먼발치에서
서로의 실루엣을 잠깐씩 바라보면서 사랑을 키우고, '연애'를 하기
위해 골목길을 거리를 두고 걸어야 했다. 이 정도가 그들에게 허용된
자유연애의 최대치였다.

근대적 공간이 건전한 남녀의 만남을 가능하게 해주는 공간으로 이해되고 있었던 반면, '연극장'은 퇴폐와 음란이 판치는 불건전한 장소의 대표격으로 지목되었다. 연극장과 요리점 등에서 고등신사의 집회가 끊이질 않았고 연극 관람이 이루어졌지만, 연극장은 요리점·화류계와 함께 대표적인 하등사회 영업장으로 일컬어졌다.[41] 근대 초기의 신소설에서 바람직하지 못한 남녀의 교제가 이루어지는 장소가 '연극장'이며, 인쇄 매체에서 타락한 불량 여학생들이 출입한 대표적 장소가 바로 '연극장'이다.

불량한 남학생, 남성 청년의 퇴폐와 음란의 온상지가 '요릿집'으로 지목된 것과는 사뭇 다른 것인데, 이는 '연극장' 자체가 문제적 공간이던 점과 무관하지 않다. 특정한 공간에 한정되지 않았던 전통적인 연희 문화는 '연극장'이라는 폐쇄적 공간 안에서 행해지면서 '연극장'과 함께 '연극' 자체까지 불온하고 위험한 것으로 낙인찍힌 경향이 있다. 공연 비용만 지불할 수 있으면 원하는 사람은 누구나 출입할 수 있는 공간이자 성별과 계급이 마구 뒤섞이는 공간이 바로 '연극장'이었기 때문이다. 여기에는 안방마님과 기생, 양반댁 도련님과 여학생이 공존할 수 있었고, 다양한 사교적 만남이 가능했다. 그리하여 다양한 인쇄 매체의 기사를 통해 '연극장'은 밀매음녀와 난봉꾼이 넘쳐나는 곳으로 불온한 공간으로 규정되기에 이른다. 그러니 여학생의 '연극장' 출입이 문제로 불거질 수밖에 없었던 것은 당연한 것이었다고 해야 한다. 연극은 생산과 무관하며 전적으로 '소비하는' 문화이고 '즐기는' 문화이며, 때문에 연극은 행하는 자든 보는 자든 철저하게 규제해야 할 불온 자체였던 것이다.

　1908년 12월 31일자 《대한매일신보》에 실린 연극 공연 관련 기사
는 이러한 당시의 분위기를 단적으로 보여준다. 보명여학교는 학교
경비를 마련하기 위해 연흥사에서 연극 공연을 준비한 바 있다. 기사
의 논조는 비판 일색이었는데, 여학교에서 연극을 설시하는 행위 자
체가 사회적 비난을 피할 수 없는 행위였기 때문이다. "방탕한 자제
와 음란한 부녀를 유인하여 음탕한 연극"을 행하는 것이 문제가 된
것이다. 더 큰 문제는 연극장에서 연극을 관람하던 관객 가운데 여학
생이 포함되어 있었던 것에서 발생했다. 여학생 9명이 연극을 관람
하고 있는 장면을 본 동덕의숙 교사 서병승씨는 주최측에 강력하게
항의를 했고 여학생을 돌려보내지 않으면 자신이 연설을 해서라도
이 문제를 지적하겠다고 경고했다. 결국 학생들을 집으로 돌려보내
는 선에서 문제는 해결되었다.[42] 이 에피소드가 단적으로 말해주는
바와 같이 근대 초기에 '연극장'은 여학생들이 결코 출입해서는 안
되는 공간이었다.

제 꼴에는 장래가 실망이 되어 타락심을 먹고, 상말로 화중 김에 서방질
한다고 음란한 행실만 점점 늘어서 영자와 작패作牌가 되어 시체말로 하
이까라 단장만 하고 밤마다 연극장이 아니면 밀매음密賣淫 뚜쟁이 집으로
돌아다니며 경박소년輕薄少年, 패가자제敗家子弟 등 불량배와 눈을 맞추어
비밀히 추축을 하며, 요리나 먹고 풍류나 듣고[43]

요사이 양가의 부녀자로서, 연극장 구경열이, 날로 극하여간다, 저 무요
량無料量한 판단에서, 이를 봄에, 모조리, 자기의 몸에 향하여, 모범될 자

와 같이 깨이치며, 효방效倣할 자와 같이, 헤아린다, 뿐만 아니라, 그 광대 놈의 행동이며, 일언반어를, 모두다 귀에 지내어 듣지 아니하고 기억하고자 한다. 또한 저 광대를, 참으로 쾌남아, 대장부와 같이 앙모仰慕한다. 아! 금일 조선의 연극으로, 가히 취함직한 이상적 부분이 있나? 억의抑義, 사회교육상 가히, 주注함직한 국면이 있나? 저 이르는 바, 신극, 혹은 활동사진은 거의 병적 사회인생을 그린 자가 아니면 무엇이며, 또한 실제생활과 원遠한 유락遊樂이 아니면 무엇이뇨?

더욱, 평론자가, 유감히 여기는 바는, 일가의 부녀자로, 소아, 소녀를, 동반하여 래來함이다, 원래, 아이같이 모방성이 심한 자는 없으리로다, 눈에 부딪치는 대로, 흉내내고자 함도, 소아보다 더 심함이 없고, 귀에 들은 대로, 발표하고자 함도, 소아보다 더 심함이 없으리로다, 말미암아 , 우리는 부녀자가 아니라 일가의 주부가 된 부인 여러 어른께, 위선僞善, 연극물 출입을 막는 바이며 동시에, 자기네들의 사랑하는 자녀를 위하여, 이의 출입이 없기를 기대하는 바이다. 일반으로 저 활동사진은, 현대서양사회의 타락한 국면과, 또한 몰이성한 인생의 단편을 묘사하여 공시公示하는 바이다, …… 반드시, 이성과 자단自斷이 있는 부녀자는, 이와 같은 탕자의 오락장에, 발을 들여 놓고자도 아니할 뿐이냐 – 그야말로, 웃돈을 주어도, 이에 얼굴을 내어놓고자 아니하리라, 어느 나라를 물론하고 하급연극장에 모이는 바 남자는, 거의 탕자며, 유야랑遊冶郞일다, 원컨대, 여러 부인이여, 저 저급의 오락장에, 발을 들여놈을 스스로 회오悔悟하는 동시에 공연空然한 시대의 기喬와 신新을 방기하라[44]

우등생 명단이 실린 것을 제외한다면, 1900년대 인쇄 매체에서 학교생활과의 연관 속에서 여학생에 관한 실질적 논평이 실린 경우는 사실상 많지 않다. 이례적으로 여학생에 대한 기사가 실린 때는 주로 여학생의 부정적인 면모가 지적된 경우였다. 신파극 전성시대인 1910년대에 접어들면 연극장을 출입하는 불량 여학생에 대한 논평이 급격히 증가하며, 특정 여성에 한정되지 않고 모든 계층에 대한 비난으로 이어졌다.

1917년 이화학당 창립 기념일 행사에 참석한 한 기자는 기념 연극 공연에 관해 냉소적인 논평을 가했다.

> 머리를, 질끈 동인 모양, 차림 차린 모양, 어디로 보든지, 서양 껍질의, 동양 여배우 − 곧 Actress 같았다. 오직, 진림만이 알겠지 아니하다 그 언어, 그 동작까지도, 맞춤의 여광대 같았고, 또 한둘 째쯤 가는 서양 여광대 같았었다. 모두다, 영어는, 요사이말로, 쏘일이었다. 참, 모두다, 앨뻴앨뻴 짓거리는 모양, 영어 모르는 사람으로 하여금 눈물을 흘리게 하였다.[45]

서양 언어로 서양 연극을 공연하는 장면에 기자가 냉소적 태도를 취할 수밖에 없다고 생각하는 것은 여성들의 공연이기 때문인데, 급기야 기자는 "말괄량이가 되어가는 여자"를 비난하면서 "굳센 의지와 가정경제에 능한 여자가 반가웁다"[46]는 솔직한 심정을 토로하기에 이른다. 그렇다고 기자가 구시대적 여성을 긍정적 여성상으로 바라본 것은 아니다. 당연하게도 살림살이에 규모 없는 조선 여성들 또한 비난의 대상이었다. "벌어 오는 사나이 밥이나 먹고, 낮잠이나 자며, 이웃집에 나가, 된 이야기, 안된 이야기나 하고 지내는 조선 여자들은 남편의 수입이 삼사십 원만 되면 긴 장죽에 문을 베고 있으려 하는" 한심한 존재들로 비판되었다. 근대 교육을 거부해도 적극적으로 수용한다 해도 '양처현모'를 위한 것이 아니라면 어떤 경우에도 비난의 대상이 된 것이다.

바람직한 여학생이든 여교사든 근대적 부인이든 그 모형은 부정적인 이미지를 통해 보다 구체적으로 형상화된다. 청년의 모호한 이미지가 불량청년의 선명한 이미지와 대비되는 자리에서 실체를 얻는 것과 마찬가지이다. 그저 막연하게 '남녀는 평등하고 이에 따라 동일한 교육을 받아야 한다'는 계몽의 구호는, 그 실질적 내용이 질문되는 자리에서, 여학생과 부인의 이미지에 대한 보다 진지한 고민을 불러들인 것이다. '여성에게 어떤 교육이 필요하며 궁극적인 목적은 무엇이 되어야 하는가'가 이 시기에 다시 질문되기 시작했으며, 이런 질문들은 1920년대 전후의 '신여성'의 등장을 예기했다.

꽃 같은 존재와 버린 년 사이에서

여학생 표상이 보다 구체화된 형태로 등장한 것은 오히려 신소설에서이다. 청춘 남녀의 근대적 연애담을 주로 다룬 최찬식의 소설이 보여주듯, 1910년대 문학의 주인공 가운데 단연 돋보이는 존재는 여학생이다. 여학생은 시대가 요청한 대표적 여성상 가운데 하나였다.

밤은 어느때나 되었는지 그 많던 사람들이 하나씩 둘씩 다 헤져가고 적적

한 공원에 월색만 교결한데, 그 월색안고 불인지不忍池 관월교 석난간에
의지하여 오똑 섰는 사람은 일개 청년 여학생이더라. 그 여학생은 나이
열팔구 세쯤 된 듯하며, 신선한 조화로 머리를 장식하고, 자줏빛 하가마
를 단정하게 입었는데, 그 온아한 태도가 어느 모로 뜯어보든지 천생귀인
天生貴人의 집 규중에서 고이 기른 작은아씨러라[47]

그 놀빛 비치는 곳 기념각 난간머리에 정신을 잃고 시름없이 서서 늦은
조수 밀어오는 곳에 사같이 들어오는 기선汽船을 바라보고 눈썹을 찡기며
한숨을 쉬는 부인은, 구름 같은 히사시가미에 사구라 색 리본을 새뜻하게
꽂고 보라, 회색 겹저고리에 생삼팔 옥색치마를 단정하게 입었는데, 나이
는 열팔구 세쯤 되고, 백옥 같은 용모와 청수한 미목을 가히 근대 일색이
라 할 만하다[48]

틀어 얹은 머리, 거뭇한 눈썹, 앵두 같은 입, 솜씨 있게 지은, 조그마한 적
삼, 얌전하게, 고를 지은, 옷고름, 차례차례 보았겠다, 그리고, 다시 그의,
검은 깃도 구두에 흰 버선 신은 발까지, 유심히 보았겠다.[49]

신부로 말하면 규중에 갇혀 있어 아무 지식 없는 신부는 싫고 그래도 여
학생 출신을 구하는 것이 좋겠으나, 근일에 소위 여학생이란 것들은 정작
학문은 아무 것도 없고 지례시어서 남녀동등이니 천부인권이니 하는 말
을 주장하여 말괄량이가 되지 아니하면 무뢰 소년과 연극장 출입이나 하
는 것을 능사로 아는 것들뿐인 즉, 그런 것은 아무짝에 쓸 곳이 없는 고로
혼처를 구하기가 극난이오[50]

　　최찬식의 소설에서 여학생(여학도)은 용모와 태도로 가히 '꽃 같은' 존재이자 '신사의 부인'이라 할 만한 존재로 칭송되었다. 이광수의 《무정》에 이르기까지도, 여학생은 주로 '조선 여자계의 모범'이 되기 위해 학교에 가야 할 존재로, 배워야 할 존재로 표상되었다. 물론 당시의 현실에서 여학생은 실제로 계몽의 대상이자 주체로서 '조선 여자계의 모범'이 되어야 할 존재들이었다. 아쉽게도 여학생이 구체적인 학교생활 속의 살아 있는 존재로 서사적 형상을 얻게 되는 것은 전영택의 〈혜선의 사〉(《창조》 창간호, 1919)에 이르러서이다.

　　출중한 미모와 정숙한 태도를 갖추고 있을 뿐 아니라 근대적 지식까지 습득하고 있는 존재들, 여학생들은 〈혜선의 사〉가 등장하기 전까지는 시대의 표상이었지만 어디까지나 학교 바깥에서 더 빛나는 존재였다. 실질적으로 소설에서 여학생은 '조선 여자계의 모범'이라는 사회적 성격보다는 '새 시대의 혼인 조건'을 충족시키기 위한 것으로 나타났다. 혼인을 통해 사회적 신분을 재편할 계기를 마련한다거나 새로운 사회로 편입하는 데 필요한 자격 조건을 획득하는 존재로 그려진 것이다.[51]

　　상징적인 차원에서 소비주체로서의 근대적 여성과 소비대상으로서의 '창녀'가 등장하면서, 여성이 근대적 욕망의 주체가 된다는 것은 사회적으로 경계의 대상이 될 만한 일이 되었다. 그러나 '연극장'을 출입하는 '여학생'을 경계와 염려의 대상으로 지목하고 있었다고는 해도, 실질적으로 1910년대가 끝나도록 이런 우려에 값할 만큼 '여학생'이 접하기 쉬운 존재였던 것은 분명 아니다. 1910년대 말 일본에 있었던 여자 유학생은 고작 30여 명뿐이었다. 객관적인 현실에 의거하면, 스스로의 힘으로 학문의 필요성을 깨닫고 학교에 들어가기를 염원한다고 해도 고등학문의 불필요성을 믿는 그들 부모를 극복하는 것은 불가능에 가까웠다.[52] 경성으로 동경으로 과감하게 유학을 떠났다 해도 그들을 주목하고 비난을 거듭하는 사회적 시선은 지나치게 가혹했다. 유학생 가운데 대다수가 가정학과를 전공하고 돌아와 가정을 근대화하는 작업에 힘썼음에도[53] 그녀들은 때로는 '미친 년'으로 때로는 '버린 년'으로 매도되었으며, '서방질은 안했는지'를 의심받았다. 걸음만 빨리 걸어도 '몹쓸 년'이 되었으며 웃음만 크게 웃어도 '망할 년'이 되어야 했다.[54] 압박과 천시의 따가운 시선에 비하자면 학문적 어려움은 댈 것도 아니었다. '여학생'이 일상에서 친숙한 존재가 되는 것은 1920년대 이후의 일이지만, '그녀들은 1920년대 전후로는 '신여성'이 되고 있었다. 근대 초기의 '여학생'은 청년의 '바깥에서', '청년이 아닌' 존재로서, 역설적으로 청년의 범주를 규정해주면서, 청년 담론의 필연적 구성 요소로서, 그렇게 '청년'과 관계 맺고 있었다.

청년은 근대적 주체로 호명되면서 국민의 일원이 된다. 물론 국민 전체가 청년으로 규정되는 것은 아니다. 계몽적 주체로서의 청년이 있다면, 계몽의 대상인 학생 청년도 있다. 청년이라고 모두 동일한 청년이 아닌 것이다. 신분과 성별, 지위와 재산의 차이와 무관하게 근대적 인식을 내면화한 존재들을 청년으로 호명하는 경향이 한편에서 본격화되었다. 그러나 다른 한편에서 신분과 지위 그리고 성별이 서로 다른 존재 사이에서 차별적인 청년 이미지가 만들어지고 있었다. 이는 청년에 관한 논의 과정에서 발생할 수밖에 없는 필연적인 분화 현상이지만, 청년의 젠더에 관한 한 그 진행 자체가 지나치게 자연스럽게 이루어졌다는 점에서 문제적이라고 해야 한다. 계몽 주체로서의 청년과 계몽 대상으로서의 청년 사이, 서로 다른 지향점을 주장하

청년은 남성이더라

는 계몽 주체로서의 청년 사이에서 정체성을 둘러싼 다양한 격돌이 발생한 반면, 어떤 경우에도 청년의 이미지가 젠더적으로 남성화되는 것에 이의가 제기되지 않았다.

청년은 남성인가, 여성인가? 소년은 남성인가, 여성인가? 소년이나 청년의 성별 구분은 어떻게 가능한가? 우리는 일반적으로 청년이라는 말을 남성적 이미지와 함께 떠올린다. 강건하고 진취적이며 민족의 전위가 될 수 있는 존재로 청년을 상상한다. 신분과 성별, 지위와 재산과 무관한 청년은 왜 남성적 표상을 덧입게 되었을까.

> 나는 이 잡지의 간행하는 취지에 대하여 길게 말씀하지 아니하리라.
>
> 그러나 한마디 간단하게 할 것은
>
> "우리 대한으로 하여금 소년의 나라로 하라 그리하려하면 능히 이 책임을 담당하도록 그를 교도하여라"
>
> 이 잡지가 비록 적으나 우리 동인은 이 목적을 관철하기 위하여 온갖 방법으로써 힘쓰리라
>
> 소년으로 하여금 이를 읽게 하라 아울러 소년을 훈도하는 부형으로 하여 그도 이를 읽게 하여라(《소년》 속표지)

1905년 이후 '소년', '청년'이라는 말에 대한 관심이 급격히 증가하지만, '소년'과 '청년'의 함의에 대한 실질적 합의는 쉽게 이루어지지 않았다. 최초의 종합잡지인 《소년》이 발간된 이후에야 '소년'과 '청년'이 적극적으로 호명되고 근대적 의미의 '청년'에 대한 규정이 이루어지기 시작했다. 발간 1년 후 2천부 이상을 발행

— 잡지 《청춘》의 표지 그림

했으며 각 지방 보통학교에서 종합 교과서로 사용된 《소년》 지는 '신대한'을 건설할 수 있는 주체로 '소년/청년'을 적극적으로 호명했으며, 창간호부터 근대적 청년상을 만들고자 하는 간행 취지를 분명히 했다.

압축적으로 말하자면, 《소년》 지의 간행 취지는 소년과 아동, 청년을 근대(국가)가 요구하는 '청년'으로 만드는 데 있었다. 그렇다고 《소년》 지가 '청년'을 교육 대상으로만 바라본 것은 아니며, 당연하게도 이들 '청년'이 그저 교육 대상으로서의 학생만을 의미하지도 않았다. 1900년대를 거쳐 1910년대까지도 교육기관이 완비되지 않은 조선적 상황에서 《소년》을 포함한 당대의 인쇄 미디어는 교육기관의 역할을 대신했다. 《소년》과 《청춘》 등의 잡지가 문학, 과학, 수학, 지리, 천문학, 위생, 윤리 등 다양한 분과 학문적 지식을 제공한 것도 이러한 상황과 무관하지 않았다. 그러나 이 시기의 '청년'은 문명개화와 '신대한 건설'의 주체로 호명되며, 따라서 스스로 스승이면서 학생이 되어야 할 존재였다. 학생으로서의 청년 이미지뿐 아니라 지도자 상으로서의 청년 이미지가 동시적으로 요청된 상황은 청년 이미지의 젠더화를 강화한 주요 원인 가운데 하나였다.

청년 표상들 : 바다, 태백, 호랑이

1

텨……ㄹ썩, 텨……ㄹ썩, 텩, 쏴……아.

싸린다, 부슨다, 문허바린다,

　泰山갓흔 놉흔뫼, 딥태갓흔 바위ㅅ돌이나,

　요것이무어야, 요게무어야,

　나의큰힘, 아나냐, 모르나냐, 호통짜디하면서,

싸린다, 부슨다, 문허바린다,

　텨……르썩, 텨……르썩, 텩, 튜르릉, 콱.

2

　텨……르썩, 텨……르썩, 텩, 쏴……아.

　내게는, 아모것, 두려움업서,

　陸上에서, 아모런, 힘과權을 부리던者라도,

내압헤와서는 쏨쌱못하고,

아모리큰, 물건도 내게는 행세하디못하네.

내게는 내게는 나의압헤는.

텨……르썩, 텨……르썩, 텩, 튜르릉, 콱.

3

텨……르썩, 텨……르썩, 텩, 쏴……아.

나에게, 멸하디, 아니한者가,

믜슥짜디, 업거던, 통긔하고 나서보아라.

秦始皇, 나팔륜, 너희들이냐,

누구누구누구냐 너희亦是 내게는 굽히도다.

나허구 겨르리 잇건오나라.

터……ㄹ썩, 텨……ㄹ썩, 텩, 튜르릉, 콱.

4

텨……ㄹ썩, 텨……ㄹ썩, 텩, 쏴……아.
죠고만 山모를 依支하거나,
죠ㅅ쌀갓흔 덕은섬, 손ㅅ벽만한 짱을가디고,
고속에 잇서서 영악한톄를,
부리면서, 나혼댜 거룩하다하난者,
이리톰 오나라, 나를보아라.
텨……ㄹ썩, 텨……ㄹ썩, 텩, 튜르릉, 콱.

5

텨……ㄹ썩, 텨……ㄹ썩, 텩, 쏴……아.
나의 쟉될이는 한아잇도다.
크고길고, 널으게 뒤덥흔바 뎌푸른하날.
뎌것은 우리와 틀님이업서,
덕은是非 덕은쌈 온갓모든 더러운것업도다.
죠쟈위 世上에 죠사람텨럼.
텨……ㄹ썩, 텨……ㄹ썩, 텩, 튜르릉, 콱.

6

텨……ㄹ썩, 텨……ㄹ썩, 텩, 쏴……아.
뎌世上 뎌사람 모다미우나.

그中에서 쏙한아 사랑하난 일이잇스니,

膽크고 純精한 少年輩들이,

才弄텨럼, 貴엽게 나의품에 와서안김이로다.

오나라 少年輩 입맛텨듀마.

텨……ㄹ썩, 텨……ㄹ썩, 텩, 튜르릉, 콱.[1]

《소년》의 첫 페이지가 최남선의 신체시인 〈해에게서 소년에게〉로 시작된다는 점은 이런 의미에서 매우 의미심장하다. 최남선은 바다에서 연상된 이미지를 소년 표상으로 적극적으로 활용한다. 태산 같은 산과 집채 같은 바위도 두려워하지 않고 부숴버리려는 용기와 힘, 담대함, 순정함, 이 모든 파도의 이미지가 이 시를 통해 소년의 이미지로 전이되는 것이다. 바이런의 〈해적가〉를 번역한 시 〈해적가〉(《소년》 3년 3권), 〈바다 위의 용소년勇少年〉(《소년》 2년 10권), 〈대양〉(바이런 원작의 시, 《소년》 3년 6권) 등에 의해 '소년/청년'은 전시대적 틀을 해체하려는 강력한 힘을 상징적으로 부여받게 된다.

갈고리 같은 나의 발톱에 긁혀지지 않는 것이 어디 있으며 톱 같은 나의 이에 씹혀지지 않는 것이 어디 있으리오 그러나 나는 이 톱과 이를 온전히 정의를 위하여 쓰노니 다른 범은 죽이기 위하여 잡아먹되 나는 살리기 위하여 잡아먹으며 다른 범은 저를 위함인데 나는 남을 위함이라 나의 이루려함은 오직 진眞이오 선善이오 미美뿐이라.

범은 통골通骨이라 고개를 돌리지 못하고 벗을 기운만 가진지라 위로 뛰

기만 한다함은 전부터 이르는 말이어니와 이는 과연 그러하니 우리는 오
직 진취만 하도록 또 연방 향상만 하도록 천생天生이 된지라 진취와 향상
은 이것이 곧 우리의 전체-니라. 그러므로 하늘이 품수稟授하신 것을 거
슬러 앞에 몰려 있는 온갖 날랜 기관을 게을리 쓰면 뜻밖에 어려움이 이
르나니라.[2]

또한 태백을 둘러싼 다양한 이미지도 '소년/청년'을 규정하는 자
리에서 적극적으로 활용되었다. 태백 호랑이에 관한 시와 호랑이에
관한 서술 또한 '소년/청년'의 강건한 이미지를 강화시켰으며, 강력
한 힘을 상징하는 호랑이의 발톱과 이빨에 대한 서술, 앞만 보고 나
아가는 진취적 성격에 대한 강조 등 태백과 호랑이에 대한 긍정적 이
미지가 응축되어 곧바로 '소년/청년'의 이미지와 합체되었다.

내압헤노힌 곳半島는 왼큰것의 點이니,

모든빗나고 고은일이 네게로서 始初라,

네한나라를 爲해서나, 왼世界를 爲해나,

제일하기엔 勇敢하고 남爲하얀 慈悲해,

적고큰너의 모든所望 내압헤서 이루라,

壯하고大하고 富하라 眞코善코 美하라.[3]

최남선은 도산 안창호에게 바치는 《태백산시집》에서 가歌, 부賦 등
의 다양한 형식 실험을 통해 태백산의 위용을 칭송했다. 이 과정에서
'태백산'은 우리 민족의 기원으로 상정된 '대황조'의 정신으로 응축

되었다가 민족 전체의 정신으로 확장되고, 다시 민족의 정수인 '청년'의 이미지 속으로 녹아들었다. 이렇게 해서 조선의 '청년'은 단군으로 상징되는 민족의 기원으로부터 그 정기를 이어받고 세계무대로 뻗어나갈 수 있는 바다의 힘을 갖춘 굳세고 강건한 위용을, 아니 이러한 '이미지'를 갖추게 되었다.

대륙에서 해양으로, 환태평양 지리학

문자로만 풀어도 해海는 넓음을 의미하고 말로만 들어도 큰 것이 생각되나니 그와 같이 바다는 광활한 것 웅대한 것 연심淵深한 것이라 그러므로 천天으로써 작배作配하여 우리 소년의 흉회胸懷를 형언形言하고 악岳으로서 반련伴緣하여 우리 소년의 지망志望을 모사하는구려.[4]

울고 보채는 아이가 있거든 바다의 무서운 모양을 보여라 …… 죽기를 싫어하여 한숨으로 세월을 보내는 노인이 있거든 바다의 꿋꿋한 광경을 보여라 ……이에 알괘라. 바다는 노소 없이 다 보아야 할지로다. 바다는 가장 완비한 형식을 가진 백과사휘Encyclopedia다. 그 속에는 과학도 있고 이학도 있고 문학도 있고 연희도 있을 뿐 아니라 …… 바다는 가장 진실한 재료로 이른 수양 비결이라. 자탄불식의 정신, 독립자존의 기상, 심활한 흉차, 원대한 경륜, 홍원한 규모, 노동역작, 향상정진, 불편부비, 불교불방, 용감활발, 호장유락 등 온갖 덕성을 다 가지고 있을 뿐 아니라 사행에 나타내니 바다는 일로 말하는 자, 몸으로 가르치는 자이다. …… 신대한 소년에게 있어서는 바다를 보지 못하였다 알지 못하였다 하는 것이 최대 치욕이오 최대 수상인 것처럼 그 반대로 바다를 보았다 안다하는 것처럼 영광스럽고 괴열한 일이 없다[5]

흥미롭게도 청년(소년)의 표상을 만드는 이런 과정은 조선의 지리적 표상을 재구축하는 과정과 맞물리면서 진행되었다.《소년》지는 발간 초기부터 조선 반도의 지리적 외형에 대한 관심을 드러냈는데, 구체적으로 최남선은 '대한 반도'를 용맹스러운 호랑이가 발을 들고 동아대륙을 향해 "나는 듯 뛰는 듯 생기 있게 할퀴며 달려드는 모양" 으로 비유하기도 했다.[6] 최남선은 〈해상대한사〉를 연재하면서 조선의 지리적 특성을 세계 속에서의 조선의 사명과 연결시키고, 조선의 역할을 청년(소년)의 사명과 동일시하기도 했다. 우리나라를 삼면이 바다로 둘러싸인 반도국가로 규정하는 방식은, 오늘날의 우리에게는 매우 익숙한 것이지만, 이전에는 없던 것이자 이 시기로부터 비롯된 새로운 인식틀이었다.[7]

환태평양 중심의 인식론을 상세하게 들여다보기 위해서는 〈해상대한사〉를 꼼꼼하게 읽어볼 필요가 있다. 〈해상대한사〉는 근대문명의 발전사를 지리적 서열화를 통해 다시 쓰려는 흥미로운 시도를 담고 있기 때문이다. 이를 테면, 〈해상대한사〉를 통해 우리는 일본이 앞선 문명이 도입되는 통로로, 지나(중국)가 지나간 기원이자 폐기해야 할 과거로 재규정되고 있음을 확인할 수 있다.

만일 사람에 귀천의 별이 있다하면 마땅히 진보를 알고 모름으로써 나눌 것이오 나라에 화이華夷의 별이 있다하면 또한 진보의 있고 없음으로써 나눠지니 이 이치로써 말하면 석일昔日의 지나는 화華라 할지라도 금일의 지나는 이夷로 석일昔日의 서인은 이夷라 할지라도 금일의 서인은 화─니[8]

이 나라(일본: 인용자)는 원래 태동일국에서 가장 미개한 자─러니 비로소 지금 황제 때로부터 닫았던 문을 여러 새 문물을 맞아들이고 막혔던 길을 뚫어 새 규모를 얻어가져다가 사오십년을 두고 상하 일심으로 죽기를 한하고 새 사업을 경영하여 드디어 오늘날 지위를 얻은 신흥국이니 우리가 장차 나아가려 하는 길을 이 나라에서는 그 일부분을 먼저 지나간 경험을 가졌고 또 우리나라 새 문화는 이 나라로부터 가져올 것도 많을 뿐더러 ─ 다나 쓰나 지금에는 극히 큰 관계를 맺고 있는 즉 그가 좋은 데로 잘 지도하여주는 것은 우리가 또한 감사하는 뜻으로 쫓을 필요가 있소 …… 근동近東인 일본의 말은 이만큼 하거니와 우리는 여러 가지 필요상으로 원동遠東인 북 아메리카 합중국의 사정을 알아둘 일이 있으니 일엽가항一葉街巷할 저 일본만 없으면 아메리카 합중국이 곧 동린이 될 뿐 아니라 다른 날 남대양 상에서 패권을 다투게 되는 때에 그가 가장 무서운 경쟁자가 될 터인 연고오.[9]

그리하여 우리(=조선)는 중국을 중심으로 하는 중화사상이 아니라 환태평양적 지리관에 입각할 때, '야만국─문명국'의 구도에서 '문명국' 쪽으로 다가갈 수 있는 탈출 논리를 마련하게 된다. 이런 관점에서라면 중국에 대해서도 이전과 전혀 다르게 접근할 수 있다. 가령, 중국이 당대까지 이룩한 문명도 그것을 기원으로 인정하면서 과거의 것으로 화석화할 수 있다. '과거의' '중화中華'가 언제든 '현재의'

'오랑캐夷'(즉 '신新-야만')가 될 수도 있는 것이다.

서로 다른 국가 사이의 공간적 차이를 야만에서 문명에 이르는 시간의 스펙트럼으로 전환하는 이런 논리에 따르면, 일본에 대한 판단도 식민 본국과 피-식민국의 관계를 넘어선 동아시아적 구상 속에서 다시 검토할 수 있게 된다. 그리하여 일본은 새 문물을 일찍 받아들이고 새로운 사업을 재빠르게 경영하면서 당대와 같은 지위를 획득한 국가, 야만에서 문명으로 나아간 근대적 국가의 모범적 사례가 된다. 미국에 대한 인식도 이와 다르지 않다. 자연스럽게 여기서 우리도 일본이나 미국과 같은 적극적인 근대화를 도모할 필요가 있다는 논리를 수립할 수 있게 되는 것이다.

일본만 없으면 미국이 우리의 이웃이라는 인식은 '중국-조선-일본'을 중심으로 접근하는 고전적인 근린 이해 방식과는 완전히 다른 것이다. 환태평양 국가들이 경제와 문화의 층위에서 동일한 권역으로 묶일 수 있다고 보는 이러한 발상은 일본의 동양사학에 깊이 침윤된 것이기도 하지만, 무엇보다 미국이 모험과 탐험을 통해 새로운 국가를 형성했다는 건국이념에 깊게 영향 받은 것이기도 하다.

어쨌든 바야흐로 해양 중심의 사고방식은 대륙을 중심으로 한 근대 이전의 인식을 완전히 뒤집어 놓았다. 이 모든 범주를 당시에는 '지리학'으로 분류했다. 물론 우치무라 간조內村鑑三의 지리학에 관한 글 〈지인론〉 가운데 일부인 〈지리학연구의 목적〉(《소년》 2년 10권)을 소개하는 자리에서도 확인할 수 있듯이, 최남선에게도 지리학은 지리 연구만을 의미하지 않는다. 이때의 지리학은 모든 학문의 기초이며, 지구상에서 발생하는 모든 자연 현상을 연구해서 인생과의 관계를 조명하는 과학 전체, 총칭 문화론이었던 것이다.

흥미로운 것은 지리와 문화의 연관성에 주목하는 이러한 입장이 향후 《소년》 지의 문화 운동 지향성을 말해준다는 점이다. 특히 최남선은 지리학에 경도되면서 반도로서의 조선의 지리문화적 속성을 통해 후발 근대국가로서 조선의 가능성을 발견한다. 최남선의 관점에서 보면, 해양과 대륙이 만나는 반도로서 조선의 지정학적 특이성은 바다를 통해 들어오는 문화와 대륙을 통해 전수되는 문화를 서로 교류시킬 뿐 아니라 결합시키고 집대성할 수 있는 최적의 토양으로 작용할 수 있다. 최남선은 나아가 서양과 동양 문화가 만나는 자리에 있기 때문에 조선이 지리적 장점에 대한 각성과 함께 전심전력으로 노력하는 태도를 갖춘다면 세계적인 문화의 성장처가 될 수 있을 것이라고 주장했다. 이 장면에서 근대적인 인식 구조를 받아들이고 자기화하는 최남선의 방식은 역설적 낙관론을 마련하게 되었다.

모험, 여행, 탐험

아울러 《소년》 지가 보여준, 우리나라를 포함한 세계 각국에 대한 지리적 관심은 탐험, 모험, 여행을 강조하는 방식으로 폭넓게 확장되었다. 《소년》 지에 연재를 거듭하는 기사 가운데 상당수가 모험, 여행, 탐험에 관한 것들이었는데, 각각의 기사들은 논설적 주장이 있는 글에서 학과 수업처럼 지리에 관한 기초적 지식을 제공하는 글, 다양한 탐험기와 모험심을 자극하는 번역 소설에 이르기까지 글쓰기의 종류

도 매우 다양했다.[10]

이제 내가 바쁜 길을 떠나지 않고 이 글을 초(抄)함은 다름 아니라 다만 얼마 동안 식강(衰降)하였던 여행성(旅行誠)을 갱기(更起)케하여 그저 우리 소년만이라도 좀 활발하고 좀 쾌활하여 능히 남아사방(男兒四方)의 지(志)를 드릴 만한 사람되기를 권하고자 함이라 나는 별로 여행의 덕을 송(頌)하지도 아니하오리다 그러나 나보다 비콘스필드가 "여행은 진정한 지식의 대근원이라" 한 말 한마디를 전하오리다. 바라노니 소년이여 울적한 일이 있을 리도 없거니와 있으면 여행으로 풀고 환희한 일이 있거든 여행으로 늘이고 더욱 공부의 여가로써 여행에 허비하기를 마음 두시오 이는 여러분에게 진정한 지식을 줄 뿐 아니라 온갖 보배로운 것을 다 드리리이다. 가는 길이 바쁨에 아뢰올 말을 다 못적삽나이다. 삼가 여러분의 진중하심을 수(酬)하옵나이다.[11]

에세이로 분류되는 근대적 기행문이 여행하는 주체의 내면을 드러내는 글쓰기라면, 《소년》 지에 실린 여행기들은 대체로 사적인 감상

→ 《소년》지에 소개된 삽화. 《소년》지에는 비행기의 역사와 함께 서구 과학의 다양한 발전상에 대해 소개했다.

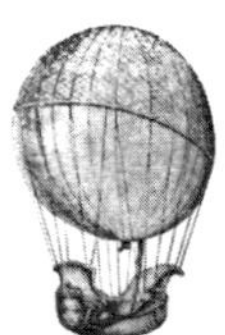

보다는 여행 지역에 대한 지리적 정보를 제공하거나 역사를 개괄해 주고 지방적 특색을 서술해준다. 일련의 여행기들이 《소년》지에서 유독 강조되는 첫 번째 이유는 이들 글쓰기가 '소년/청년'에게 세계 각국에 관한 지리적 정보를 제공해줄 수 있었기 때문이다. 그 보다 중요한 이유는 이 글쓰기들이 '소년/청년'의 함의를 규정하는 자리 에서 적절하게 활용될 수 있었기 때문이다. 북극을 탐험한 '폴라리 스'호 일행의 표류담을 기록한 〈북극탐색사적〉의 첫 머리에서 분명 하게 밝히고 있듯이, 이들 여행기는 "아랫목에서 윗목까지 가기도 만리원정이나 하는 듯하게 여기는 옷밥씨름꾼들에게 자극제가 될 까"[12] 하는 목적으로 수록되었다. 요컨대, 미지의 세계로 나아갈 수 있는 여행과 탐험을 강조하고 모험 정신을 고취하는 이러한 종류의 글은 청년에 대한 구체적인 상과 함께 청년이 지향해야 할 바까지 제 시하는 이중의 효과를 거두었다. 그리고 바로 이런 일련의 과정을 통 해 '소년/청년'은 남성적으로 젠더화되었다.

그러나 별안간에 다시 새 기운이 나서 장심掌心 힘줄이 꼿꼿하여지는 수가 생기는 이는 곧 우리 소년 사이에 항상 강건한 사조가 창락漲落하고 호장 豪壯한 기풍이 취동吹動하여 차차 신대한은 소년의 것인즉 이를 흥성케 함 도 소년이오 이를 쇠망케 함도 소년이오 이미 잃어버린 것을 찾아올 사람 도 소년이오 아직 남아 있는 것을 보전함도 소년이어니[13]

표 나게 강조되고 있지는 않지만, 여행과 모험을 강조하는 논리의 이면에는 자연을 개발과 정복의 대상으로 바라보는 폭력적인 근대지상주의 논리가 은폐되어 있다. 서구의 여행기가 폭발적인 인기를 끌었던 시기가 대체로 미지의 세계를 식민지로 정복해가던 시기와 일치했으며, 이국에 대한 호기심을 자극하는 이러한 방식의 글쓰기가 궁극적으로는 근대의 정복 논리와 맞닿아 있었다. 근대 문명을 선취해야 하는 존재로 '소년/청년'이 호명된다고 할 때, 이 호명 메커니즘을 다각도에서 바라보아야 하는 것은 이 은폐된 논리 때문이기도 하다.

《소년》지의 입장에 따르면, 근대를 추인하기 위해 혹은 장래에 위대한 국민이 되기 위해, 마땅히 '기왕과 방금'의 위대한 국민들의 위대한 정신을 배워야만 한다.[14] 말하자면 '청년이 근대의 총아가 되어야 한다'는 논리에는 '낡은 옛 것과 새로운 미래의 것'이라는 발전론적 시간관이 내장되어 있는 것이다. 따라서 '신대한 청년'은 '신대한'을 '부강흥성' 시키고 '문명개화'를 하기 위해서 미지의 세계를 정복하고 식민지를 확장하는 모험심과 탐험심을 내면화한 존재가 되어야 한다.[15] 이때에야 비로소 우리도 전근대적 요소들을 일소하고 근대를 선취한 일본과 미국이 누리는 문명적 세계로 진입할 수 있게 되기 때문이다. 그런데 여기가 바로 최남선의 역설적 낙관론의 또 다른 이면, 그 역설적 식민주의가 드러나는 지점이기도 하다. 앞선 문명을 뒤쫓아서 우리도 근대에 진입하자는 논리는 동전의 뒷면처럼 언제나 다음과 같은 폭력적 근대의 논리를 이끌게 되기 때문이다.

우리 세계에도 아직도 탐사할 구역이 적지 아니하며 크게 말하면 이 우주는 아직도 손톱 하나만큼도 건드려본 자가 없나니, 만일 마음을 크게 먹고 뜻을 굳게 가지면 공중의 정복도 제자의 공명을 이룰 일이오, 해저의

탐구도 제자의 한적을 깨칠 일이라 지금까지도 허다한 비밀계는 신대한 소년의 손으로 개발되기를 축원하고 있나니 모름지기 힘쓸지어다.

과연 신대한 소년의 소견할 일은 담뱃대 태우고 글귀 짓는 것이 아니라 자연을 정복하고 신비를 개발함이라 소견할 것은 한간 칠 홉도 되지 못하는데 타구 재떨이가 반 넘어 차지한 새서방 사랑이 아니라 누워도 발을 시원하게 뻗고 누울 이 대지오 다녀도 활개를 마음 놓고 치며 다닐 저 우주니라. 젊은 애기와 어린 열혈로 담배씨에 뒤웅을 파던 가련한 심리적 노인들은 벌써 구대한의 이름과 함께 역사란 광중에 매몰되지 아니하였느냐

우리는 이 글을 읽고 이러한 공명을 앵글로색슨 인종에게 아인(뺏긴: 인용자) 것을 분하게 여길 소년이 많이 있을 것을 추측하면서 이에 붓을 던지노라.[16]

경계에 선 청년들

1910년대 중반 이후, 청년론은 대강의 윤곽을 형성하기 시작했고 그 범주를 정련해갔다. 남성적으로 젠더화된 청년 표상을 거부하는 청년들이 등장한 때가 바로 이즈음이다. 새롭게 등장한 이들 청년은, 정치와 사회에 대한 관심을 저 멀리에 두고 사랑과 미를 통해 자신을 완성하고자 하는 이른바 '탈–정치적' 청년이자 '탈–남성적' 청년이었다.

너는 사나이로서 그 간사한 점과 그밖에 여러 가지로 오히려 성격은 여자에 가깝다. 어떤 여자는 이 성질을 싫어하지만 어떤 자는 오히려 좋아한다"고 어떤 나의 벗이 내게 말한 적이 있다. 다른 여교사들은 나를 돌아보

지도 않을 때에 Y가 내게 사랑을 구함은 이와 같이 성격이 서로 다름으로 말미암았으리라 …… 나의 성격 가운데는 참 여자의 성격의 분자가 많았다. 좀스러운 자존심. 시기.[17]

핏기도 열기도 없는 이들의 얼굴은 한눈에 보아도 혈기 왕성한 청년상과는 거리가 멀었다. 이들은 어딘지 모를 우수에 잠겨 있으며 눈물이 날 듯한 감상에 사로잡혀 있었다.[18] 현실적 생활보다는 공상과 몽상에 사로잡힌 이들은 심지어 스스로가 여성스러운 성격의 소유자이며, 감상적이고 너무나 나약한 자임을 고백하기까지 했다. 이들은 기복 많은 감정에 충실한 존재들이고 도덕과 윤리에 얽매이지 않으면서 감정을 눈물로 외면화하는 억압 없는 감정의 소유자들이었다. 이들은 자신의 정체성을, 외적으로 규정된 국민으로서의 청년, 계몽적 지도자로서의 청년, 도덕적 문사로서의 청년의 자리를 거부하는 방식으로 만들어가고자 했다. 머리 모양과 복장을 통해, 병적 징후에 사로잡힌 채, 사회와 민족이 요구하는 건전한 청년상을 파괴하면서 그렇게 자신의 독자적 영역을 마련하고자 했던 것이다.

혼동하지 말아야 할 점은 댄디dandy의 전형으로 꼽을 수 있는 보들레르가 그러했듯이, 여성적 성격의 소유자인 이들이 여성에 대해 호의적이거나 긍정적 태도를 취한 것은 아니었다는 사실이다. 이들이 선택한 젠더적 장치들이 단순한 포즈가 아니었던 것은 분명하지만, 그들의 외양은 '구별 짓기'를 위한 차별화의 성격을 강하게 띠고 있었다. 실상 이들의 차별화 전략은 과거와의 대결을 남성성/여성성 구도로 대치하는 방식으로 아버지의 세계와 단절을 꾀하는 것이었다.

그럼에도 이들의 차별화 전략이 유의미하다고 해야 한다면, 그것은
이들이 근본적으로 기존의 남성성/여성성의 경계를 허무는, 즉 기성
의 논리에 대한 강도 높은 비판의 성격을 가지고 있었으며, 남성적으
로 젠더화된 단일한 청년상의 단단한 외피를 내파하고 다양화했기
때문이다. 요컨대 천편일률적인 청년의 눈으로 보자면 '불량청년'으
로 분류되어야 마땅할 이들은 기성의 도덕과 제도에 균열을 가하면
서 청년에 대한 논의 자체를 새롭게 시작할 수 있는 활로를 열어젖힌
것이다.

사진으로 보는 청년시대

- 여성청년이 아니라 신여성인 이유
- 청년 바깥의 청년, 여학도
- 청년은 남성이더라

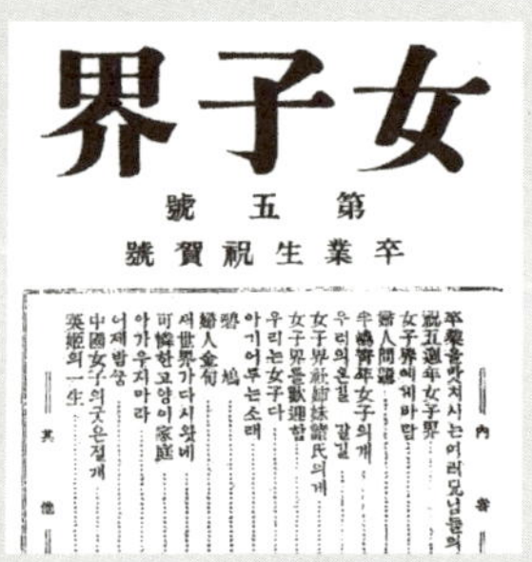

← 《여자계》 제5호. 동경 여자 유학생 친목회의 기관지 성격을 띠었던 잡지로 1917년 2월 동경에서 발간되었다. 발간 초기 남성 지식인이 필자로 참여하고 편집과 발간을 주도했다는 점 때문에 이 잡지가 과연 여성 잡지인가 하는 내부 반성이 일어나기도 했다.

← 1915년경 이화학당 학생이 수업 받는 모습. 1886년 개교한 이화학당은 개교 당시 학생이 1명이었으며, 당시 여학교 운영의 가장 어려운 문제는 학생모집 문제였다. 자발적 입학은 거의 없었으며, 이화학당의 경우에도 20여년이 지나서야 자발적 입학이 자리잡았다.

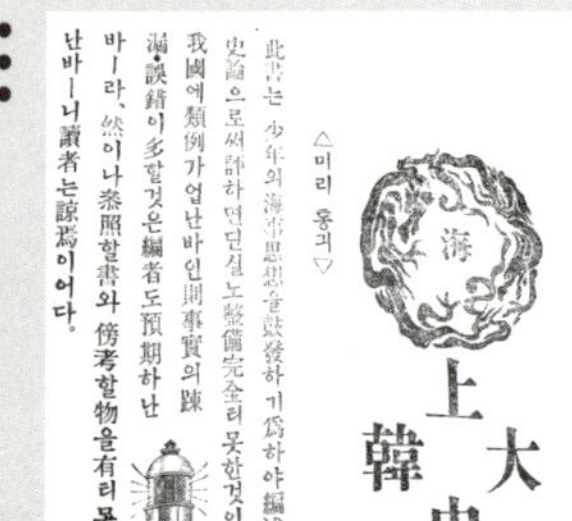

← 〈해상대한사〉(《소년》1908. 11. 창간호). 최남선은 조선의 지리적 특성을 세계 속에서의 조선의 사명과 연결시키고, 조선의 역할을 청년의 사명과 동일시했다.
→ 《소년》(1908. 11. 창간호). 이 잡지에서 '소년'과 '청년'이 적극적으로 호명되고 근대적 의미의 '청년'에 대한 규정이 이루어졌다.

← 《독립신문》에 실린 〈여학교론〉. 《독립신문》이 창간된 1896년 4월 7일 이후 1900년대에 이르는 시기에 미디어가 여성에 관해 다룬 기사는 주로 '여자교육'에 관한 것이었다.

→ 《신여자》 제3호. 1920년에 창간되었다.

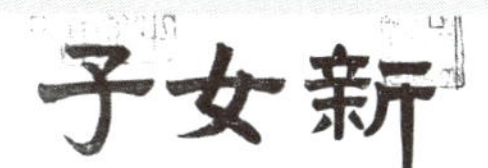

新女子
第 參 號

← 1920년 4월 정동예배당에서 치러진 나혜석과 김우영의 기독교식 결혼식 모습. 근대적 교육이 소개되면서 결혼 풍속도 조금씩 변해갔다.

→ 책보를 들고 있는 여학생.

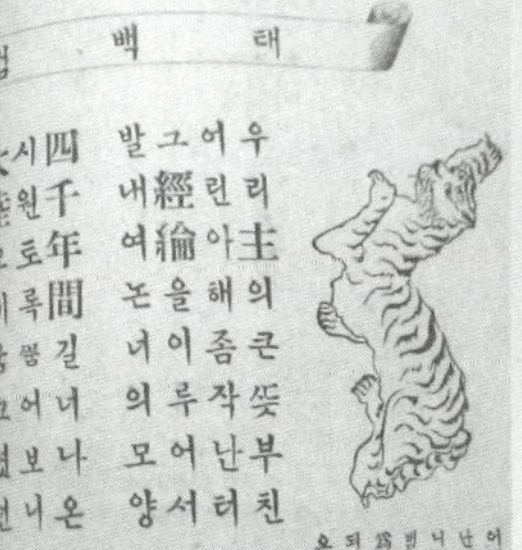

태 백 범

← 〈태백범〉(《소년》1909. 11월 2. 10권)) 태백 호랑이에 대한 시와 서술은 '소년/청년'의 강건한 이미지를 강화시켰다.
→ 《청춘》(1914. 10. 창간호). 문학, 과학, 수학, 천문학 등 다양한 지식을 제공하였는데, 청년을 근대가 요구하는 청년으로 만드는 데 목적이 있었다.

青春
第

명목상으로만 보자면, 1894년에 조선에서는 양반과 천민이 사라진다. 계급적으로 차별 없는 세상이 열릴 수 있는 법적 근거가 '갑오경장'과 함께 마련된다. 그러나 '갑오경장'은 실질적 항목들에서 오늘을 사는 우리에게도 선진적일 만한 내용이 담겨 있는 하나의 상징적 선언문에 가깝다. 경천동지할 항목들은 바로 그렇기 때문에 당시의 현실적인 사정과는 무관한 자리에서 구성되었다고 해야 한다. 반상의 구별과 남녀의 차별을 당연하게 여겨온 사람들은(어느 쪽이든) 혁신적 내용들을 쉽게 받아들이기 어려웠던 것이다.

근대 이후 제도적·물리적 힘이 행사되면서 일상이 급변하는 경우가 종종 있어왔지만, 대체로 급진적으로 일상이 파괴되고 재조직될

청년의 지방의식은
애국심보다 강하다?

만한 선진적인 선언들이 일상적 체감의 수준에서 경험되기까지는 많은 시간이 소요되었다. 근대 초기의 신분과 계약의 대립, 자연 상태와 사회적 관계라는 대립이 인간 해방과 개인의 해방을 달성하기보다 시민적 노예 계약을 정당화한 측면이 있다. 이런 관점에서 보자면, 근대적 혁신들도 그 진보성을 둘러싸고 과대평가된 측면이 적지 않다. 주의 깊게 들여다보면 현재 우리의 삶에도 전근대적 요소들이 곳곳에서 몸을 바꾼 채 근대적 요소들과 뒤엉켜 있다.

지역간 대립에 관한 질문이 가능한 것은 이런 대목에서이다. 한나 아렌트의 표현을 빌려, 폭력의 세기가 끝나고 화해와 상생의 세기가 열린 것일까. 국가와 민족 단위로 전세계적인 대통합이 이루어진 근대 이후 지역간 대립은 해소되었을까. 언제부터 우리는 향우회 등의 이름으로 출신 지역별 연대감을 강조하는 방식에 익숙해진 것일까. 유독 학교를 포함한 교육 기관을 중심으로 출신 지역별 조직이 생겨난 원인은 무엇일까.

지역 분파주의를 개탄하다

근대적인 국가를 만들고 새로운 대통합의 가능성을 열고자 한 1900년대 전후는 암흑의 동토가 빛의 제국으로 변전하는 계몽Enlightment과 혁신의 시대였다. 《독립신문》, 《황성신문》, 《제국신문》 등의 다양한 인쇄 미디어에서 정치·사회적 수준뿐 아니라 소소한 일상사에 이르기까지 혁신의 목소리를 높인 것은 이 때문이다. 이 시기에는 구투를 벗고 새 시대에 맞는 새로운 인간형이 창조되어야 하고 새로운 조직 논리가 만들어져야 했다. 그러나 조직의 실상이 이상과 반드시 일치한 것은 아니다.

가령, 유학생 단체가 최초로 만들어진 시기는 '대조선인일본유학생친목회'가 조직된 1896년이며, 유학생 단체가 만들어진 것은 1905년을 기점으로 해서이다.[1] 흥미롭게도 이때의 단체들은 주로 출신 지역을 중심으로 만들어졌다. 1909년 11월 13일자 《대한매일신보》 논설란에서 '친목회' 형식으로 등장한 지역 분파주의가 개탄의 대상이 된 것은 당연한 현상이었다.

슬프다 국내에 다섯 학회가 설립되더니 그 영향이 청년 학생계에 미쳐 학생친목회가 또 다투어 일어날 새 관동 교남 호남 호서 서북 다섯 학생친목회가 일어나비쳐고 요사이에 또 그네 학생친목회가 설립되는도다 슬프다 저 해외각국을 보건대 소위 학회라는 것이 많이 있으나 그러나 대개 법률학회 정치학회 공업학회 농업학회 같은 것이요 오늘날 한국과 같이 서북이니 기호이니 하는 학회 같은 것은 보기 어려운바-라 저 법률학회나 정치학회 같은 것은 그 학술을 연구하기 위함이거니와 이 서북이니 기호이니 하는 학회는 무엇을 연구하고자 함인가[2]

신문 매체의 글쓰기를 두고 오늘날 떠올리는 방식과는 사뭇 다르게도 이 논설은 논리보다는 파토스와 에토스에 호소한다. 이미 《수사학》에서 아리스토텔레스가 지적해준 것처럼, 감정을 뒤흔들고 '제군'의 이름을 부르면서 사회적 지위를 인정해주고 그 책임과 의무를 묻는 방식은 설득 효과가 매우 높다. 세계를 지금까지와는 전혀 다른 것으로 대체해야 하는 시기에는 그 효과가 배가되는 방식이며, 그렇기 때문에 이런 방식은 전형적인 계몽의 수사학이 되었다.

'슬프다'를 연발하는 이 논설은 한편으로 계몽에 대한 의지로 지식인들 사이에서 불같이 일어나는 '학회' 붐을 독려하려는 데 근본 취지가 놓여 있다. 학회가 각기 분파의 형태로 남기보다는 보다 긴밀한 관계 속에서 '통일적 대단체'로 나아가야 한다는 식의 방향이 권고되고 있었다. '관동, 교남, 호남, 호서, 서북, 기호' 등의 이름으로 생겨나는 '친목회'는 대對사회적 성격의 학회로 거듭나야 하며, 지역을 거점으로 해서 사적인 친교에 그친다면 선진적인 학회가 될 수 없었던 것이다.

지역 연고 중심의 운동회

우려 섞인 이러한 비판이 전혀 근거 없는 것은 아니다. 1907년 10월 11일 일요일 훈련원 앞뜰에서는 오전 8시부터 서북 학회 '가을 대 운동회秋期大運動'가 열렸다. 이 운동회는 오백칠십여 명의 학생과 내빈, 구경꾼을 포함해서, 참가 회원만 천이백여 명에 관광자가 그 몇 배에 달하는 매우 규모가 큰 행사였다. 서북 지역의 "지방신사"[3]들이 특별히 후원하는 이 운동회의 규모가 컸던 것은 이 행사가 이 해에 처음으로 실시되는 운동회였기 때문이다.

1896년 5월 31일 훈련원 앞뜰에서 관립 소학교 학원들을 중심으로 최초의 근대적 운동회가 실시된 이래, 운동회는 한 해에도 여러 차례에 걸쳐 개최되는 공식적인 국가 행사였다. 대한제국기(1897~1910)에 관립학교 연합운동회는 대한제국 정부가 주최하는 공식행사이자 국제적 성격의 연례행사가 되기까지 했다.[4] 취재 기자가 운동 과목에서 "아무 독창의 권위를 발휘하고 신선한 취미를 공급함이 없"[5]다는 점이 이 운동회의 결점이라는 논평을 가하기도 한 것에서 알 수 있듯이, 사람들에게 운동회는 더 이상 낯선 행사가 아니었다.

한 주일 뒤인 11월 17일 토요일에는 장충단에서 호서학생친목회 대운동회가 실시되었다. 이 해에는 특히 호서 지역 부노父老의 찬조가 특별해서 성대한 운동회가 열릴 예정이라는 선전이 대대적으로 이루어졌다. 그러나 실제 행사의 규모는 그리 크지 않았다. 다음날 11월 18일 일요일에는 같은 장소에서 호남학생 친목회 운동회가 열렸다. 달리기와 장애물 넘기 등 다양한 기록경기와 청홍 팀의 대항경기가 이루어졌고 운동 과목이 모두 실시된 이후에 창가와 권사와 함께 행사가 폐회되었다.

사오십 인되는 묘아妙娥들이 일패이패씩 반쯤 함교含嬌하고 반쯤 항분亢奮하여 경보쾌주輕步快走하여 열심히 우승을 다툼은 특별히 재미있음이라 그 선수경주에는 여자고등의 한기주 아씨인데 좌종座鍾 상을 타가지고 나오는 그 얼굴에는 기쁜 홍조가 가득하며 이등에는 능인교회 학생 홍인숙 아씨요 삼등에는 양원여학교 학생 김영준 아씨더라
여학생 경기에 간사하는 부인은 누군지는 모르겠으나 실례지만은 복식의 치려侈麗함이 두렵건대 일시일망정 소녀학생을 지도하기에 타당치 아니

하겠는데 성미 좀 괄한 이는 좀 분개도 하더라

회가 아주 난숙하여 건아의 비육髀肉이 바야흐로 살질 때에 일천 이백 미돌의 원거리 선수경주가 된다 그 헌걸한 기상 그 굳건한 자태 규규赳赳하고 앙앙昂昂하고나 삼십여 인 여룡여호如龍如虎한 이가 사용저주獅勇猪走하니 장관이오 또 기관이 있다 홍? 청? 일심으로! 하는 소리가 고조에 달한 때에 성대한 박수가 제기齊起함은 선착자 이병화(배재)군을 기림이러라 이착은 제중원의 박수풍 삼착은 오성五星의 최태경 제군이오 일등상 은시표銀時表는 학생놀이에 좀 과한 듯하더라[6]

인용문은 서북 친목회가 주관한 운동회에 대한 기사의 일부이다. 이 기사와 관련해서 자못 흥미로운 지점은 서북 친목회 주최 운동회에는 서북 출신이라면 계급과 남녀의 구별 없이 누구나 참여할 수 있었다는 점이다. ‘부인’이 간사를 맡았고 여학생이 경기를 치렀으며 각기 다른 학교의 남녀 학생들이 한 자리에 모여 운동회에 참여했다. 이들은 학생이라는 공통의 신분으로 이 행사에 참여했으며, 무엇보다 연고 지역이 동일하다는 이유로 한 자리에서 행사를 치를 수 있었다. ‘서북’ 출신, ‘학생’이 공통의 참가 자격이었던 것이다. 학생들의 친목과 교류를 목적으로 한 일종의 ‘친목회’를 중심으로 이들은 출신 지역이라는 공간적 동질성을 강화하면서 일종의 세력 과시까지 했던 것이다.

우리나라에 운동회라는 이름의 행사가 실시된 이후 국가가 주도하고 실시한 행사는 적지 않았으며 낳은 이들이 이런 행사 진행 방식에 낯설어 하지 않았다. 이런 관점에서 보면 서로 다른 학교의 학생들이, 남녀나 종교, 사상적 입장 차이와 무관하게 출신 지역이 공통적이라는 이유로 대규모 운동회를 여는 방식은 특이하다고 할 수 있다. 그럼에도 당시의 지식인들은 친목회 중심의 학생 운동회를 실시하는 방식을 자연스럽게 받아들인 것으로 보인다. 가령, 이 기사에 대한 항의가 들어오기도 했는데, 이 과정에서 행사 방식 자체에 대한 문제 제기는 찾아볼 수 없었다.

특히 여기서 흥미로운 것은 취재 기사에 대한 항의가 제기되고 그에 대한 해명성 기사가 《청춘》 4호에 게재되는 해프닝이 벌어졌다는 점이다. 운동회 기사에 대한 항의의 구체적 내용은 세 가지로, 서북 학생 친목회가 주최한 운동회에 지면을 많이 할애했다는 점, 호서 편의 운동회에 대한 기사가 상대적으로 짧고 상세하지 않았다는 점, 호남 편 운동회를 다룬 기사에서 총재 박병철 군에 대한 표현(넙적한 얼굴에 그윽한 웃음을 띠고 우왕좌왕하는 거동이 훌륭한 회수會首틱러라, 97쪽)이 적절하지 않았다는 점이다.

호서 편의 경우에는 분량 면에서도 소략했으며 다루는 방식도 거칠었다는 비판에 대해 운동회를 직접 참관한 것 외에 해당 책임자에게 각각 기사화할 만한 관련 사항을 요구했으나 적절한 응답이 없었기에 불가피했음을 해명한다. 호남 편 운동회의 경우에는 항의 내용에 대한 해명 자체보다는 항의의 표시로 '보이코트(불매운동)'을 계획했다는 점에 대한 아쉬움과 우려를 표명했다.

물론 기사 내용에 대한 항의가 근거무근은 아니다. 실제로 호서 친목회가 실시한 운동회에 대한 기사 내용에는 "워낙 수효부터 서북에 비해 훨씬 적으며 모든 것이 소조蕭條하게 보이는 것은 어쩔 수 없으며 구시대의 사대부 지역도 신무대에서는 별 수 없다는 생각이 절로 난다"(《청춘》 3호, 97쪽)는 식의 논평을 덧붙이고 있다. 직접적으로 호서 학생들에 대한 기자의 편중편애가 있는 것은 아닌지에 대한 불만이 제기되기도 했거니와, 출신 지역을 거점으로 조직적 행동을 기획한다는 점에서, 기사의 내용과 그에 대한 반응이 철저하게 지역 연고 의식에 묶여 있었던 것은 분명하다. 운동회 참관기를 둘러싼 해프닝은 지역주의에 대한 당시 학생—지식인 청년의 의식의 단면이었던 셈이다.

때문에 지역주의에 대한 경계의 목소리는 돌출적인 반응이라고 할 수 없다. 지역주의에 대한 비판은 경성과 같은 도회지로 경기니, 서북이니, 기호니, 영남이니 호남이니 하는 지방 사람들이 모여들어 살게 되면서 강화되고,[7] 무엇보다 학교의 설립이 증가하고 고향을 떠나 서울이나 해외로 유학을 떠나는 학생들이 늘어나면서 구체화된 경향이 있다. 동경 유학생의 경우, 특히 황해도와 평안도 지역 출신 학생들의 지방의식이 강했다. 이들은 태극학회를 중심으로 완강한 지방의식을 드러냈는데, 그 회원수도 다른 지방회에 비해 많았고, 일본 유학생 총회기관인 유학생회에도 참여하기를 꺼렸다.[8] 이러한 상황이었기 때문에, 계인상은 《학지광》을 통해 동경 유학생들이 통성명을 한 후 반드시 출신 지역을 묻는 방식을 문제 삼으면서 지방적 분파주의에 의존하는 그런 방식을 벗어버려야 할 구투로 규정하고 강력하게 비판하고자 했던 것이다.[9]

서북파와 기호파 청년들(평안도 중심과 서울, 경기, 충청 중심)[10]

일반인은 물론이거니와 지식인층과 기독교층에 만연한 지역감정은 예상보다 강고한 것이었다. 조선 시대에 그 연원을 둔 '서북파와 기호파'의 대립은 오래도록 해소되지 않고 계속되었다. 윤치호가 밝히고 있듯이, 1920년대 후반에도 서울의 잘 알려진 가문에서 평양 출신 청년을 사위로 맞는 일은 조롱과 비난을 감수해야 하는 일이었다. 그의 일기에 따르면, 안창호가 이끄는 서북파가 기호파를 증오했다는 사실은 널리 알려져 있었다.

중국(청)과의 교역이 활발했던 국경지대라는 지리적 조건으로 인해 평안도와 황해도 지역은 가장 먼저 기독교를 접할 수 있었으며 신흥 중간계급이 주도한 이 지방의 평민적 자치질서와 인격적 개인주의 그리고 자유주의에 기초한 청교도적 프로테스탄티즘 사이의 이념적 친화성으로 인해 이 지방의 기독교세는 급속한 신장을 보여주었다. 이 지역의 신흥 중간계급은 자신들의 사회적 처지와 이해를 대변해줄 새로운 세계관을 모색했으며 그 과정에서 기독교를 적극적으로 받아들였다.

기호 지방의 경향은 매우 달랐다. 경성에서 초기 기독교인 대부분은 배오개(청계천)나 남대문 일대의 상인층, 백정을 비롯한 천민층, 부녀자들이었다. 이로 인해 개신교 전체에서 기호지방의 교세가 차지하는 비율은 미미했다. 그러나 배재학당을 통해 배출된 청년 지식인과 양반 개혁 관료층으로 대표되는 엘리트 청년들이 교인으로 가세하면서 비록 교세는 약했으나 사회적 파급력이 확대되기 시작했다. 이후 기독교의 사회적 세력이 증가되고 정치사회적 활동이 개시되면서 기독교를 받아들인 주도 계층, 받아들이게 된 원인 등이 전혀 달랐던 두 계층의 분화가 격심해졌다.[11]

상공인을 중심으로 한 서북지방의 신흥 중간계급과 기호지방의 청년 학생층을 비롯한 개화지식인층을 양대 축으로 출신 지역에 따른 분파 의식과 서로에 대한 배척 감정이 해외에 거주하는 조선인 사이에까지 널리 퍼져 있었다. 하와이를 포함한 미국, 상하이, 만주, 러시아 등에서도 서북파와 기호파 간의 경쟁과 충돌이 빈번했으며 특히 안창호계와 이승만계 간의 갈등은 심각할 정도였다. 미국의 한인 사회와 교회는 안창호가 이끄는 흥사단 국민회 계열과 이승만의 동지회 계열로 분열되어 있었다. 유학생 신분의 청년들은 주로 지역 연고에 따라 한쪽을 선택해서 활동했으며, 유학을 마치고 귀국하면 한국 내 친미 엘리트들의 양대 세력 즉 수양동우회와 흥업구락부 중 어느 한 편에 가담했다.

평안도 출신을 중심으로 1926년 1월에 결성된 수양동우회는 이광수의 주도 하에 인격수양과 민족성 개조를 골자로 하는 비정치적 수양운동을 운동 목표로 삼은 단체이고, 1925년 3월 YMCA의 실질적 리더였던 신흥우의 주도하에 이상재, 윤치호, 안재홍 등을 중심으로 결성된 흥업구락부는 이승만이 하와이에서 결성한 동지회의 자매단체로, 미국을 상대로 한 외교 운동과 실력양성운동을 병행하면서 세력을 확대했다. 두 단체는 사회 전 분야에서 치열한 경쟁을 벌였으나 공통적으로 미국과의 친화력을 강조했으며, 한국 사회 내에 기독교를 중심으로 친미 엘리트 세력을 형성하는 데 기여한 바

크다.[12]

　평안도 장로교계와 기호 지역 감리교계의 신앙 노선의 차이이기도
했던 두 그룹 간의 지역감정은 기독교계에서는 1915년 12월 8일에
창간되어 1937년 8월에 폐간된 《기독신보》를 격전지 삼아 서북과 남
부 파벌을 형성했다. 항간에는 서울의 서북파 지도자를 이광수, 정인
과, 이용설, 새문안교회의 차재명 목사로 꼽았으며, 여운영을 기호파
의 거물급 인사로, 신흥우, 박용희 목사, 함태영 목사 등을 대표적인
반反 서북 인사로 손꼽았다.

　신흥우와 유억겸 등의 지도자들은 서북인에게 극심한 거부감을
가지고 있었다. 김활란은 윤치호가 안창호의 석방을 위해 당국자와
접촉한다는 소문에도 불쾌감을 감추지 않았다고 전해진다. 서북 출
신의 걸출한 소설가 이광수에 관해서는 지역간 증오심과 연관된 몇
몇 에피소드도 남아 있다. 그 가운데 하나를 들어보면, 이화여전 학
생들이 문학을 주제로 한 강연에서 이광수를 초빙한 후 팜플렛까지
인쇄를 마쳤으나, 예정시간을 몇 시간 앞두고 강연이 취소된 일이
있었다. 유길준의 아들로 당시 연희전문 교수였던 유억겸이 이화여
전 교장인 앨리스 아펜젤러Alice R. Appenzeller에게 이광수의 이혼 경력
을 거론하면서 강연을 금지시키는 것이 좋을 것이라고 충고했기 때
문이다.

　배재학당 교장을 지낸 신흥우와 유억겸 등의 기호파 인사들이 이
광수와는 말도 섞지 않았던 것으로 미루어 보아(이런 에피소드를 둘러
싼 진위 여부를 확정짓기는 쉽지 않겠지만), 이러한 사정의 바탕에 지역
감정이 개입되어 있었던 것은 부인할 수 없는 듯하다. 기호인 사이에

서 서북 출신 민족 지도자인 안창호에 대한 거부감은 대단했던 것으로 보인다. 안창호 자신이 지역적 분파 감정을 부추긴 바 없음을 강력하게 주장하기도 했지만, 기호인 사이에서 안창호는 민족의 독립보다 우선되어야 하는 것이 기호파의 축출이라고 생각하는 인사로 거론되었다.

물론 애국심이 단지 거짓 믿음에 가까운 허위적 이데올로기이거나 잘못된 신념만은 아닌 것처럼 지역적 분파주의 역시 결코 출신 지역별 인사들 사이에 이유 없이 번진 감정적 대립만은 아니었다. 그렇다면 지역 구분과 분파적 감정은 어떻게 연관되어 있을까. 일단 지방감정은 지역 발전의 불균형 문제와 뗄 수 없는 관계에 놓여 있다.[13]

기호파에 대한 서북파의 거부감은, 양반을 중심으로 운용되던 조선의 신분제에 대한 저항이나 거부의 감정과 무관하지 않다. 요컨대, 일제 강점기에 서북지역과 기호지역을 중심으로 한 지역갈등이 극심했던 것은 근대 이전 사회에서 평안도 지역에 대한 차별이 있었고, 반면 근대화 과정에서 선진 문물을 일찍 받아들인 평안도 지역이 공업이나 문화 등 다방면에서 선진적인 양상을 보여주었다는 점, 여기에 지역을 분할하는 방식으로 기독교의 선교가 이루어지는 과정에서 심각한 갈등이 야기되었다는 점 등을 그 원인으로 꼽을 수 있다.[14] 서북파들이 조선의 패망에 대해서도 그리 통탄할 일이 아니었다고 여겼다면, 아마 그것은 이와 같은 매우 복합적인 구조 속에서 나올 수밖에 없었던 갈등 국면의 표면화였다고 해야 할 것이다.

민족감정에 대한 묵은 오해를 돌아보며

지역감정이라는 말에 익숙해지기는 '3김' 시대를 거치면서이지만, 지역감정을 학문적 연구 대상으로 삼는 학자들은 때로 그 기원을 삼국 시대로까지 끌어올리기도 한다. 기원이야 어쨌든 지역 분파주의와 여기서 연유한 지역적 감정 구도에 대한 논의는 매 정치적 국면마다 무성했던 것이 사실이다. 이는 한국 사회의 특징인 가족 중심의 배타성과 학연·지연·혈연 중심의 공동체 의식, 유교 중심적 의식 구조와 인재 등용의 차원에서 벌어진 불균형 상황에 의해 부추겨진 바 있다.[15]

무엇보다 국가 간의 정치적, 사회적 문제를 논의하는 장인 국제법상에서 국가로 인정받지 못하는 식민지 현실이 분파에 대한 감정을 강화시킨 면이 있다. 예를 들어, 3·1 운동 이후 조선에서는 국가 기구와 유사한 형태의 기관 통일작업이 필요하다는 인식이 공유되었다. 그러나 통일된 조직을 만들기는 쉽지 않았다. 임시적인 형태의 정부와 의정원이 중국을 포함한 러시아와 미국 등 해외 곳곳에 존재했으나, 이들 간의 위계나 관계망이 긴밀하게 조직될 수 없었기 때문이다. 이들은 오랜 기간 해소되지 않는 헤게모니의 장에 놓여 있을 수밖에 없었다.[16] 이런 점에서 지역감정의 중요한 축은 계층적 분노와 연결된다는 점과 함께, 근대 초기의 엘리트 청년 간의 헤게모니 쟁투 과정에서 분출된 문제라는 점을 기억할 필요가 있다.

아울러 우리는 지역 분파주의에 대한 관심을 통해 민족주의에 대한 몇몇의 묵은 오해들을 해소하거나 적어도 재검토할 계기로 삼아야 할 것이다. 국가 대항 스포츠 경기나 독도 문제 등은 '민족'의 이름으로 우리를 하나로 묶어준다. 그러나 여기서 동원되는 '민족' 이념과 '민족의식'은 1910년 일본에 의해 강제 합병된 이후 상당 기간이 지난 후에도 한국인의 무의식에 각인된 '자동적이고 자발적인' 감정이 아니었다. 지역 분파주의를 조선시대 '사색당파'의 일제 강점기 판본으로 과장하면서 이 문제 자체에 대한 관심을 거두어들이는 방식에도 반성이 요청되지만, 무엇보다 '민족' / '민족의 독립'이라는 이름으로 모든 갈등이 종식된 것이 아니라는, 역사적 실상을 다시 곱씹을 필요가 있다. 지역감정의 이면에는 근대적 주체 형성 과정이 불러온 갈등, 각기 다른 국가(/민족) 상을 가진 청년들 간의 헤게모니 쟁투가 그림자처럼 드리워져 있었던 것이다.

목사이자 소설가인 전영택이 그의 소설 〈K와 그 어머니의 죽음〉에서 소개하는 기독교인 'K의 어머니'의 이력은 압축하면 이렇다. K의 어머니, 그녀는 시누이 부부에게 전도를 받아 기독교를 만난 이후 시아버지와 남편의 핍박과 방해에도 굴하지 않고 20년 동안 한결같은 믿음과 주의를 지켜온 독실한 신자였다.

기독교인이 'K'가 아니라 그의 어머니라는 점도 특이하지만, 기독교 문제와 관련해서 이 소설의 특기할 만한 점은 'K의 어머니'가 받아들인 기독교의 정체에 관한 것이다. 그녀의 기독교는 무엇이었는가. 그녀에게 기독교는 무엇을 의미했는가. 이 물음은 그녀에게 기독교를 전도한 이들의 정체가 무엇인가에 관한 질문으로 대

청년의 기원을 돌아보며

치될 수 있다. 그녀에게 기독교는 자신의 처지를 정신적으로 극복하게 해줄 만한 근원을 알 수 없는 믿음이거나 종교 자체는 아니었기 때문이다. 당연하게도 그녀에게 기독교를 전파한 K의 고모 부부에게도 기독교는 종교 이상의 어떤 것이었다. 특히 K의 고모부는 일찍 개화한 인물이자 서구적 사상의 이치를 선취한 인물이었다. 그러니 K의 어머니에게 기독교는 K의 고모부의 삶으로 상징되는 문명이자 신사상이었던 것이다.

조선에서 기독교가 단지 종교가 아니라 서구적 문물이 유입되고 변용되는 실질적인 통로였다는 점은 이미 이광수의 몇 편의 논문을 통해서도 널리 알려진 바 있다. 이광수는 《청춘》 9호에 실린 〈야소교의 조선에 준 은혜〉에서 '야소교'가 조선이 미친 영향을 여덟 가지로 말했다. 골자만 간추리자면 다음과 같이 정리할 수 있다.

야소교가 조선에 준 제 일 이익은 조선인에게 서양사정을 알림이외다.

제 이는 도덕의 진흥이외다.

제 삼은 교육의 보급이외다.

제 사은 여자의 지위를 높임이외다.

제 오는 조혼의 폐를 교정함이오.

제 육는 언문의 보급이오.

제 칠은 사상의 자격刺激이외다.

제 팔은 개성의 자각, 우又는 개인의식의 자각이외다.[1]

이광수에 의하면, 기독교가 조선에 미친 영향은 이렇게 엄청나다.

그런데 사실 그가 언급하는 면면은 모두 서구 문명이 유입되면서 불어 닥친 변화에 대한 서술과 다르지 않다. 이 점은 《청춘》 11호에 실린 〈금일 조선 야소교회의 결점〉에서 이광수가 지적한 조선 야소교회의 문제점을 통해서 보다 분명해진다. 조선 야소교회가 목사, 장로, 교인 식의 위계적 구도 속에 놓여 있다는 점, 종교는 정치, 경제, 과학, 문학 등과 같이 문명의 한 분과 사상인데, 조선의 경우에는 교회지상주의가 지나치다는 점, 이러한 분위기가 결과적으로 학문을 천시하고 국가에 대한 의무 등 교회 이외의 제반 문제에 소홀하게 한다는 점, 무엇보다 학문적으로 부족한 교회 관련 인사들에 의해 종교가 미신으로 점차 전락하고 있다는 점 등의 논거를 들면서 이광수는 조선 야소교회의 결점을 비판하고 문명적 신교회로 개조되어야 할 필요성을 부르짖었다.

근래의 유有교육 계급의 인사와 청년학생들이 점차로 외인의 교회로 가는 경향이 있음은 실로 이 조후兆候가 아닐까요. 재래의 교회에 불만하여 이상의 만족을 얻으려하는 경향이 아닐까요. 그런데 조선의 교회는 여전히 '믿음이 약하다'는 책망을 가지고 그 파멸을 방어할 수가 있을까요. 연전 백만 명 전도운동의 실패와 근년 점점 신교인 증가율의 멸소함과 유有교육 계급이 타교회로 나아가는 것이 무엇을 의미하나요.[2]

교회가 개조되어야 한다는 논의는 교회의 사회적 역할에 대한 이광수의 입장을 드러내는 것이기도 한데, 이광수의 입장에서 보면 교회가 청년과 교육 있는 계급의 인사들에게 문명의 산실 역할을 마땅히 수행하지 못할 때, 교회는 제구실을 하지 못하고 도태될 수밖에 없는 일종의 불성실한 교육기관일 뿐이었던 것이다. 조선적 청년의 기원을 찾는 자리에서 가장 먼저 살펴보아야 하는 영역이 기독교 유입 경로인 것은 이 때문이다.

기독교·YMCA·청년회

'청년'이라는 말은 '연애', '사랑', '사회' 등의 용어와 마찬가지로 일본을 통해 수입된 'Young-men'의 번역어이다. 1880년 일본에서 기독교인인 코자키 히로미치小崎弘道는 'YMCA : Young Men's Christian Society'를 '기독교청년회'로 번역했다. 'young men'을 번역하면서 그는 《당시선唐詩選》을 참조했다. 《당시선》 가운데 한시 〈조경견백발照鏡見白髮〉의 일부분인 '宿昔靑雲志, 蹉跎白髮年'에서 글자를 따와 '세에넨靑年'이라는 번역어를 만들었다. 여기서 '청년'이 젊은이 일반을 통칭하는 말로 처음 사용되었다.[3]

우리나라에서는 1898년에 접어들면서 《대한크리스도인회보》와 《독립신문》에 '청년회'라는 말이 등장했다. 1897년 9월 5일 창립된 상동교회 내의 엡윗청년회Epworth Leage에 대한 소식이 《대한크리스도인회보》에 실리면서 기독교 관련 신문과 잡지에서 '청년'이라는 용어가 사용되고, 이 용어들은 중국 YMCA, 한국 YMCA가 창설되면서 본격적으로 유포되기 시작했다. 1920년대 이후 '청년' 담론은 청년 일반을 독자층으로 하는 '청년독본' 류의 수신서의 형태로 매회 쇄를 거듭하며 폭발적인 인기를 끌었는데, 이는 ‘청년’ 담론의 시대적 의미와 영향력을 단적으로 보여주는 사례라 하겠다.

청년이라는 말은, 처음 사용될 때에는, 특정한 연령층 의식을 동반하지 않았다. 주자朱子가 “소년은 늙기 쉽고 학문을 이루기 어렵다. 일촌광음을 가볍게 여기지 말라”고 했을 때, 이때 ‘소년’은 젊은 사람을 지칭하기 위해 두루 쓰이는 말이었다. 일본에서 청년이라는 말이 유통되기 전에는 젊은 사람을 주로 ‘소년’으로 불렀고, 우리의 경우에도 혼례를 치르지 않은 어린 사람을 아兒, 동童, 유幼 등으로 지칭했으며, 결혼을 하면 아兒와 동童이 장년이 되었다. ‘청년’이라는 말이 유행한 직후에도 청년의 실질적인 나이는 그다지 중요하지 않았다. ‘청년’이라는 말이 근대적 교육을 받고 근대적 의식을 흡수한 젊은 이를 지칭하는 말이기는 했지만, 진정한 청년이란 청년적 속성을 갖추고 있으며 청년적 실천을 행하는 존재를 의미했기 때문이다. 그래서 혼례를 치른 나이 서른의 젊은이도 청년일 수 있으며 중등학교 정도의 학력을 가진 젊은이도 청년일 수 있었다. 일본의 경우, ‘청년’에 대한 세밀한 규정은 ‘장사’라는 세대와의 차이를 통해 이루어진 반면, 이미 청년이라는 용어가 일정한 함의를 지니게 된 이후 도입되었기 때문에, 우리의 경우에는 청년이라는 말이 실질적인 행위와 결사의 중심이던 ‘청년회’를 중심으로 확산되어간 경향이 있다. 근대 초기의 청년 담론이 기독교와 끈끈한 밀착관계에 놓이게 된 것도 이와 무관하지 않다.

한국 YMCA는 1903년 ‘황성기독교청년회’라는 공식 명칭을 달고 창설되었다. 학생 YMCA가 1901년에 이미 조직되고, 학생 YMCA의 공식 명칭이 '학숙 청년회'였기는 하지만, '황성기독교청년회'가 설립되기 이전에는 청년이라는 말에 별다른 함의가 포함되어 있지는 않았다. 1900년대의 대표적인 신문인 《독립신문》이나 《대한매일신보》의 경우를 보더라도,[4] 청년이라는 말은 주로 〈잡보〉란에 '청년회'의 이름으로 등장했을 뿐이며, 아동이나 학생 등, 범박한 의미에서 교육 대상을 지칭하는 말로 사용되었다.

1898년 7월 16일 토요일자 《독립신문》에는 청년회에 관한 두 개의 기사가 실렸다. 한편의 기사는 집단의 구성원이나 성격을 알 수 없는 '대한 청년 애국회'의 이름으로 투고된 것으로, 알 수 없는 경로로 도착한 기사가 전문 그대로 게재되었다. '대한 청년 애국회'는 황태자를 황제로 추대하려 했으나 실패했으며 그 전모를 알리기 위해 신문지상에 글을 남기고자 한다고 밝히고 있었다. 다른 한편의 기사는 '대한 청년 애국회'와 배재학당의 관련성을 탐문하는 경무청의 조사에 대해 아펜젤러가 배재학당 내에 있는 청년단체에 대한 입장을 밝히는 기사였다.

이번에 청년 애국회라 하는 회에서 옥사 발명을 출판하여 각처에 반포한 고로 이 회가 혹 배재학당에 상관이 있는가 하여 궐내에서와 경무청에서 채탐한 즉 미국 공사가 배재학당 총교사 아펜젤러씨를 청하여 물은 즉 아펜 총교사의 말이 배재 학당에는 청년회라 하는 것은 본래 없고 교중에 소년들과 어린 아이들이 하는 회가 있는데 서양 규모를 따라서 청년회라 칭하였으니 청년은 즉 소년이라 한 뜻이라 이 회는 다만 교중 도리

→1920년대 YMCA 건물 모습. 한국 YMCA는 1903년 '황성기독교청년회'라는 공식 명칭을 달고 창설되었다. YMCA가 창설되기 전에는 청년이란 말에 별다른 함의가 포함되어 있지 않았다.

상만 가지고 토론도 하고 권면도 할 뿐이오 기其의 세상 사무와 정치 문제는 일절 상관이 없다고 설명하였다 하니 청년 애국회라 하였으면 이 교중에 있는 청년회 보다 애국 두자가 한즉 이는 애국 두자가 같은 뿐으로 의심 받을 까닭은 없는 것이 가령 주식회사도 있고 보험 회사도 있으니 만일 보험 회사에서 실수한 일이 있으면 그 회사 두자가 같다고 주식 회사를 책망할 경계는 없으니 제군자들은 청년 애국회와 청년회를 분간하시오[5]

청년회는 우리 교회 중에서 설립하여 전도하기를 힘쓰고 나라 일에는 조금도 상관이 없거늘 근일에 대한 청년 애국회 경백이라 하는 글이 있어 나라 일을 의논하였는데 그 글이 사방에 전파하매 외인들이 보고 청년 두 글자가 같은 고로 우리 교중 청년회에서 한 일인가 의심 한다더라[6]

사실, 이 사건은 1898년 7월 1일에 독립협회의 전 회장인 안경수를 중심으로 황제를 퇴위시키고 황태자에게 국정을 대리케 하자는 익명 투서를 작성해 독립신문사를 비롯한 주요 언론사에 발송한 일을 말한다. 8월 14일에 법부대신 신기선이 고종에게 이 사실을 알리면서 사건의 내용이 세상에 알려지게 되었는데, 황태자를 추대하려는 기도는 전국에 큰 파문을 일으켰으며 주동자를 체포하기 위한 조사가 다각도로 이루어졌다. 대한제국이 출범한 후 1년도 안 되어 일어난 사건이기 때문이었다. 결국 이 사건은, 주모자 안경수 등이 인천을 거쳐 일본으로 밀항하고 연루된 이들 상당수

가 체포되어 유죄 판결을 받고 유배에 처해지는 방식으로 마무리되었다.[7]

어쨌든 항간에서는 배재학당 내의 청년회를 사건의 주동 세력으로 의심했고, 당시 교장이던 아펜젤러는 이에 대해 해명을 해야 했다. 아펜젤러는 배재학당 내에 있는 청년회가 소년과 아이를 중심으로 하고 있으며 교육과 권면을 중심으로 하고 있다고 설명했다. 그는 배재학당 내의 청년 조직이 세상 사무와 정치 문제와는 무관하다는 점을 각별히 강조했다.

미국 북감리회 선교사 아펜젤러에 의해 1886년 6월 8일 정식으로 개교했으며, 1894년부터는 본격적인 교육단체의 역할을 수행했던 배재학당은 신교육을 통한 간접적인 문화선교의 시작을 알리는 거점이었다. 1887년 2월 고종으로로부터 '배재학당'이라는 교명을 하사받고, 같은 해 9월 르네상스식 벽돌 단층교사의 준공식을 거행하면서, 배재학당에는 영어를 배워 출세길을 찾으려는 현실적 목적에서 많은 학생이 몰려들었다.[8] 특히 헐버트H. B. Hulbert와 벙커D. A. Bunker가 육영공원이 폐교되면서 배재학당으로 옮겨오고, 미국에서 귀국한 서재필이 배재학당에서 강의를 시작하면서, 배재학당은 학생-청년의 산실이 되었다.

배재학당 내의 협성회가 학생 YMCA와 한국 YMCA 조직의 모태가 되었으므로,[9] 배재학당과 아펜젤러에게로 의혹이 쏠린 것은 당연했을 것이다. 아펜젤러의 해명이 신뢰할 만한 것이었는가의 여부와 무관하게 이러한 기사들은 청년이라는 말이 점차 사회의 관심이 되고 있었음을 알려준다. 상동교회의 전덕기 목사 중심의 청년학원이

1904년에, 안창호 중심의 청년학우회가 1908년에 조직된다.[10] 청년
이라는 말이 대대적으로 유행하기 시작하는 시기는 이즈음이며, 그
이름이 널리 유포된 거점의 중심에는 기독교 청년회 조직이 놓여 있
었다.

조선의 기독교로 본 근대청년

근대 초기의 청년과 기독청년회의 관계를 엿보면서 확인할 수 있는
것은 청년 담론과 기독교와의 깊은 상관성만은 아니다. 오히려 이 작
업은 청년 담론의 주창자들이 어떤 청년을 실질적으로 요청하고 있
었는가의 문제, 말하자면 청년을 통해 유포된 한국 기독교의 성격이
무엇이었는가, 한국의 주체 구성 과정의 실상은 어떠했는가에 관한
흥미로운 힌트를 제공해준다.

　가령, 천진에 주재하며 중국 YMCA 창설을 준비하고 있던 라이언
D. Willard Lyon은 의화단 사건으로 한국에 피난 와 있는 동안(1900. 6.
28.~10. 17.) 한국 YMCA 창설을 계획했고, 구체적인 사업 구상을 위
해 언더우드H. G. Underwood와 면담을 한 바 있다. 면담 중에 YMCA 사
업의 필요성에 대해 언더우드는 이렇게 답변했다.

　언더우드는 당시의 교회에 하류층 신자가 많았음을 거론했다. 상
류층 신자도 있었지만 교회에 출석하는 경우는 많지 않았는데, 강고
한 신분사회인 조선에서 정서상 하류층과 상류층이 한 자리에 모이
는 일은 쉽지 않았기 때문이다. 따라서 양반 자제들이나 학교 학생

들, 감리교에서 경영하는 배재학교나 관립 외국어학교 학생들, 헐버트가 경영하는 고등학교와 청도학교 학생들, 이외의 사립학교 학생들이 모일 공간이 절대적으로 필요하다는 것이었다. 요컨대 YMCA를 창설하고 도서관이나 독서실을 마련하고 외국서적들을 구비할 때 교회 안의 청년들을 집결시킬 수 있을 것이라는 예측을 토대로 언더우드 일행은 YMCA 창설의 필요성으로 강변했다.[11] 이런 정황이다 보니, 기독청년회가 구심점이던 초기 조직에서 '청년'은 '엘리트 지식인'을 지칭하는 용어로 자리매김되고 있었다.

YMCA 창설을 비롯한 한국 기독교의 성격, 한국 기독교가 청년 담론과 맺는 상관성을 좀더 찬찬히 들여다보기 위해서는 먼저 19세기에서 20세기 초에 걸친 기독교의 성격을 둘러볼 필요가 있다. 가깝게는 조선에 온 선교사들의 성격, 당시 해외 선교 운동의 열풍과 그 성격 등이 한국 기독교의 형질을 상당 부분 결정하고 있었기 때문이다.

19세기 이후 서구에서는 미지의 세계를 발견하고 탐사하고자 하는 탐험가와 여행가가 등장하기 시작했다. 이들 탐험가와 여행가는 기선의 특등실, 침대차의 침실, 호텔의 안락함과는 거리가 먼 미지의 세계를 여행하는 사람들이었다. 특히 19세기 후반에는 이국을 여행하면서 낯선 사회에 대한 정보를 수집해 대중에게 전달하는 새로운 유형의 여행가들이 등장했다. 이들의 오지 탐험 기록이 기행문으로 출간되었으며 이를 통해 서구인에게 낯선 세계에 대한 동경의 분위기가 조성되었다.[12]

이국 취향에 대한 동경의 분위기와 함께 미국 개신교는 자본주의의 해외 진출과 동시적으로 해외 선교에 열을 올렸다. 특히 19세기

말에서 20세기 초에 다수의 선교사가 비서구권을 대상으로 한 선교를 떠났는데, 이들 선교사들은 대개 세속적으로 이데올로기화된 청교도적 사명을 이어받은 사람들이었다. 신참 선교사들은 대개 육체적, 정신적 능력을 고루 갖춘 25세에서 30세 사이의 중산층 젊은이들이었으며,[13] 이들은 비서구권에서 문명을 전달하면서 의도든 아니든 선교사와 선교 대상국(사람들) 사이에 문명과 야만의 구도를 만들어냈다.

조선의 경우를 보더라도, 선교사들은 눈에 잘 띄는 곳에 지어진 그림 같은 집에서 생활하면서 조선인을 게으르고 위생 관념이 없으며 정확성이 부족한 인종으로 묘사했다. 육체적 쾌락을 죄악으로 여기는 금욕적인 생활태도를 강조했으며, 담배와 술을 용인하지 않는 엄격한 태도를 취했다. 결과적으로 미국 개신교의 복음적evangelical 전통과 정교분리적이고 개인주의적 성격이 조선 교회의 신학적 보수성으로 자리 잡게 되었다.[14]

대저 종교는 모든 교육의 기초基礎가 되는 고로 상중하 삼등의 교육을 물론하고 종교로써 기초를 세우지 못하면 그런 교육은 비유컨대 뿌리 없는 꽃나무가 아침이슬에 잠시 동안 작작灼灼한 빛이 있을지라도 태양을 보면 곳 오래지 아니하여 마르는 것과 같으니 무슨 좋은 효력이 없을 뿐 아니라 도리어 악한 일을 행하는 기계가 되어 재주와 학식이 한 세상을 흔들만하되 천구에 씻지 못할 더러운 이름을 역사상에 끼친 난신적자亂臣賊子가 몇 천 백 명인지 이루 다 헤일 수 없도다 그러므로 태서각국 중에 가장 문명한 나라는 다 그리스도교로 기초를 삼아 가정에서는 부모가 이것으로 그 자녀를 가르치고 학교에서는 선생이 이것으로 그 학생들을 훈도함으로 웨슬네와 루위스 같은 대종교가도 이 교육에서 낳으며 화성돈[15]과 넬슨 같은 대영웅도 이 교육에서 낳으며 비스막[16]과 글내스돈 같은 대정치가도 이 교육에서 낳으며 에듸손과 모리 같은 학술가도 이 교육에서 났으며 하와드와 리빙스돈 같이 공덕심 있고 모험 잘하는 사람도 이 교육에서 났으니 생각할지어다 그리스도교의 효력이 이와 같이 크도다 조선은 몇 백년내로 유교儒敎를 숭봉하였으나 이 20세기 활동하는 시대를 당하여 유교로 교육의 기초를 삼는 것이 완전한 방침이라고 말할 수 없는 즉 조선에는 아직 교육의 기초가 없다 해도 가可할지라 그러나 조선 13도내에 우리 주 예수 그리스도를 믿는 수십만 명의 남녀 교우는 다 그리스도교로써 교육의 기초를 삼았으니 하나님의 특별한 은혜와 영광을 찬송하리로다 그런즉 부모된 자− 마땅히 그리스도의 말씀으로 그 자녀를 교훈하며 학생된 자 또한 그리스도의 품행으로써 스스로 권면하여 사랑이 마음밖에 뿌리가 되고 진실함과 정격함과 믿음과 의로움과 인내와 희망과 용진심勇進心과 공덕심이 열매가 되면 이는 한 완전한 인물이니 어떤 시대에 나든지 어떤 경우를 당하든지 이 위에 말한바 여러 사람으로 더불어 어깨를 겯고 함께 나아갈 만하고 그 효력이 한 사람에 미칠 뿐 아니라 능히 한 집에 미치고 한 집에 미칠 뿐 아니라 한 민족에 미칠 것이니 깊이 생각하고 힘써 행할 지어다 우리교중 학부모시여 청년학생들이여[17]

청년은 인생의 춘이라 화 − 발하려하면 풍우 − 다多하나니 고로 건전한 자를 결結하려 하면 제반 장애와 고난으로 더불어 일정한 기간에 분투

역전할 준비가 가무可無치 못할 지니라 하何를 준비라 위謂하나뇨 건강한 신체요 견강堅强한 의지요 고결한 품행이니 청년시대에 재在하여 차此 삼자의 수양 여하는 인생영욕의 분기점이니라 차此 서書는 유명한 교훈가 스톨 박사의 *What a young man ought to know*란 명저를 초역抄譯한 것이니 정박한 식견과 투철한 사지로써 혹 생리 혹 성리性理와 혹 이론 혹 실제로 청춘의 위기를 경성驚醒하고 인생의 침로針路를 지시한 것이라 여하如何히 심령의 성결聖潔을 보保할까 여하히 근골의 강장을 치致할가 정욕을 제복制服함은 여하히 할까 품격을 향상함은 여하히 할까 평소의 열심과 일상의 행위는 여하히 할까 등 절요한 문제를 실험으로 설說하고 경전으로 증하니 장장절절이 무비無非 정금精金 미옥美玉이라 세간 청년이 차서此書의 교시를 종하여 신심身心을 하련鍛鍊하고 지덕智德을 수양할진대 인생의 재하여 최강최용자됨은 기期하여 필必할지라 하何를 공恐하며 하何를 겁怯하리오 합리한 생애를 송送하고 유의有意한 사업을 영營코저 하는 유위有爲청년에게 감히 차 양사우良師友를 천薦하노라[18]

조선에 들어온 기독교의 성격에 대한 논의에서 유추할 수 있듯이, 초기부터 기독교 청년회는 학문적, 종교적 친목회의 성격을 띠었고, 기독교 관련 청년회가 강조한 교육도 종교적 입장과 쉽게 만나는 덕육德育에 치중된 편이었다. 포교의 수단이기는 했더라도 초기에는 의료와 교육[19] 문제를 강조했으나, 기독교 관련 출판물이 쏟아져 나오면서 점차 교육 차원의 종교적 성격이 강화되어갔다. 이는 청년 담론의 보수화 과정과 맞물려 있었으며, 이런 경향은 결국 기독교 담론과 청년 담론 내부에 변화의 기운을 불러오게 되었다.

청년의 기원을 돌아보며

1910년대 중반을 지나면서 동경 유학생이 증가했고, 이 과정에서 개인중심주의와 기독교의 관계에도 변화가 생겨났다. 서구문명을 접할 수 있는 통로가 다양해지면서 기독교에 대한 입장도 변하기 시작한 것이다. 근대 초기의 지식인에게 기독교가 서구에서 유입된 신문명의 다른 이름이었다면, 이후 다양한 신사상이 '일본', '미국'을 통해 대거 유입되면서 지식인들은 기독교를 통과하지 않은 사상과도 만날 수 있게 되었다.

미국 선교사들의 강력한 영향 아래에서 문명으로서의 기독교가 포교되는 동안 조선의 기독교는 점차 개인 차원의 경험으로 범주화되는 경향을 보였다. 조선 사회의 문명화를 향한 열망이 기독교와 결합되어 있는 서구문화 즉 천부인권론에 기반한 개인주의와, 자본주의적 경제체제 즉 자유주의적 사조와 친화적인 관계를 이끈 것이다. 기독교의 개인주의적 성향은 동경 유학생의 증가와 함께 일련의 변화를 겪는다. 가라타니 고진식으로 말하자면, 새로운 기독교의 영향 아래에서 내면이 발견된 것이다.

청년은 혈기 있고 용기 있으며 열렬한 의기는 충천沖天하고 활발한 활력은 세계를 일변할지어늘 어찌 십자가가 무섭고 죽음이 두려워서 우리

안에 갇힌 가축같이 비루하겠느냐? 자기의 인격을 보전하거나 칼을 들어 악마를 목 베든가 기중其中 하나이 과연 남아가 한번 하여볼 일이 아닐런가?

……

봄이 왔도다 봄이 왔도다 봄이 다시 우리 강산에 돌아왔도다 봄이 오면 천지가 화동하고 만물이 즐거워한다. 명주明紬 옷 입고 가벼웁게 날아오는 듯한 따듯한 봄바람은 장미같이 향기 나는 사랑을 가진 천사의 일군이 아니던가? 도화桃花같이 아름다운 온화한 봄빛을 알리우는 나팔수喇叭手의 일대一隊가 아니던가? 하늘에서 내려오는 신성한 사랑의 불은 굳은 악마의 뿔을 꺾고 붉은 눈알 가진 모든 죄악을 씻어 마음을 맑게 하며 영 띤 눈을 뜨게 하니 신통하다! 뵈지 않는 천지가 현출現出하여 몸이 평화하며 들리지 않는 음악이 량량喨喨하게 들리어서 마음이 즐겁도다 우의羽衣 두른 천사같이 내려오는 봄바람은 지옥에서 올라오는 죽음같이 찬 바람을 유순하고 따뜻한 사랑의 기운으로 쳐 물리고 온화하게 신춘 신태양이 미소하니 세계가 비로소 백설을 떨치고 눈을 뜨며 견빙동堅氷凍을 탈출하여 자유로다 아아 세계가 자유로다![20]

동경 유학생들은 종교적 거부감 없이 기독교를 비교적 자연스럽게 받아들인 편인데,[21] 기독교를 신학문의 일종으로 이해했기 때문이다. 동경 유학생 기관지인 《학지광》에는 장덕수의 글 〈신춘을 영迎하여〉가 실리는데, 철저한 근대주의자인 장덕수는 이 글에서 봄이 상징하는 새로운 시대와 이 시대를 이끌어갈 활력 넘치는 청년의식을 고무하는 데 집중했다. 그러면서도 지옥과 악마, 죄와 죽음을 뒤로 하고 사랑과 평화의 세계를 추구해야 한다고 역설했다. 이 글이 시대 맥락 없는 영적인 글쓰기처럼 보이는 것은 이 때문이다. 근대적이면서 영적인 이 두 경향을 결합시키는 매개 역할을 한 것은 기독교 바깥의 기독교라고 할 수 있는 에머슨R. W. Emerson의 초월주의 영향이었다. 새로운 기독교라 칭할 수 있는 초월주의는 미국의 세속화된 청교도 전통의 기독교를 정면으로 비판한 신경향으로, 종교 운동을 넘어서 자유사상과 독일 관념론, 낭만주의와 개인주의를 옹호하는 철학적 문학적 운동의 성격을 보여주었다.

거룩하도다 자연의 미여, 태양이 떨어진대도 아직까지 털끝만치도 희망이 끊어진 적이 없으며, 별이 번쩍거림에 어떻게 그가 평화의 눈을 가지고 번영히 하계를 내려다보는가. 방금에 평화가 있고 내두에 희망이 있으나, 이러하여 자연은 오인吾人으로 하여금 숭고한 생각을 기르게 하려 하는 도다.[22]

물론 에머슨에 대한 소개는 이미 《소년》지를 통해 이루어진 바 있다. 《소년》 18호(1910. 6.)에는 에머슨의 글 가운데 자연에 관한 내용 일부가 실려 있다. 그러나 이때의 자연은 에머슨적인 심령 개념을 담고 있기보다는 들꽃의 천진함을 설명하는 정도였다. 이에 반해, 초월주의, 그 가운데서도 에머슨의 초월주의는 심령soul 개념을 통해 의지와 정신의 무한한 가능성을 제안했다. 장덕수의 사례가 입증하듯이, 초월주의를 통해 동경 유학생들은 청년을 "내부로 발동하는 생명력의 충동"[23]의 소유자로 호명할 수 있는 논리적 근거를 마련하게 되었다.

자연의 아름다움은 인간의 정신 속에서 스스로를 재현시키는데, 그것은 무기력한 관조를 위해서가 아니라 새로운 창조를 위해서이다. 인간은 모두 어느 정도는 자연의 모습에 감명을 받는다. 그 중에는 희열에 이를 정도로 감명을 받는 사람도 있다. 아름다움에 대한 이러한 애정이 곧 취향 taste이다. 이러한 애정을 넘치도록 가지면, 단순히 찬탄하는 것에 만족하지 않고 그것을 새로운 형식으로 재현시키고 싶어진다. 이 아름다움의 창조가 곧 예술이다.

예술 작품은 세계의 추상이요 축도이다. 그것은 축소된 자연의 결과물이요 표출이다. 왜냐하면 자연의 창조물들은 헤아릴 수 없이 많고 또한 모두 다르지만, 이 모두의 결과나 표현은 유사하고 단일하기 때문이다. …… 자연 현상에 공통적인 것, 그 완벽함과 조화, 그것이 미이다. 미의 표준은 자연 형상의 완전한 순환 곧 자연의 총체이다. 예술은 인간이라는 증류기를 통과해온 자연이다. …… 세계는 이와 같이 영혼에게는 미의 욕망을 만족시키기 위하여 존재한다. 미는 가장 넓은 의미에서 또 가장 심오한 의미에서 우주를 나타내는 한 가지 표현이다. 신은 전적인 아름다움 그것이다. 진·선·미는 동일한 전체의 서로 다른 양상이다.[24]

이와 더불어 우주를 자연과 심령soul 양자로 구성된 것으로 보고, 우리 자신과 분리되어 존재하는 모든 것 즉 자연과 예술, 타자와 나 자신의 육체까지 자연에 포함시키면서 초월주의는 서구적 의미에서의 진, 선, 미에 대한 인식을 가능하게 했다. 자연은 세계를 의미하지만 완벽한 조화이자 완전함이기 때문에, 동시에 아름다운 것 즉 미의 상징이 되는 것이다. 1920년대 전후 동인지를 중심으로 내면의 감정이 외면화된 두 가지의 형식으로 예술과 종교가 거론될 수 있었던 것도 초월주의가 그 사상적 토대를 마련해주었기 때문이다. 에머슨의 초월주의는 내면의 발견을 가능하게 함으로써 심미적 창조의 가능성을 열어주었다. 소위 서구적 의미의 미, 예술, 예술가, 예술가 청년에 대한 의식은 이로부터 싹트게 되었다.

그러니 이런 경우를 아이러니하다고 말해야 하는 것일까. 관서지방의 상인들로부터 유입되기 시작한 기독교는 조용한 아침의 나라 조선에 혈기 넘치는 청년을 불러 모았을 뿐 아니라 심지어 예술가 청년까지 탄생시켰다. 긍정적이었든 부정적이었든 기독교는 비교적 짧은 기간 동안 한국 사회의 총체적 재구성 작업에 막강한 영향력을 행사했으며, 무엇보다 우리가 상상하는 것 이상으로 근대적 주체 구성(청년 주체) 작업에 깊숙이 개입해 있었다. 한국의 주체 형성 과정에 대한 고찰 작업이, 기독교가 한국 사회에 미친 영향력에 대한 분석 작업과 맞물려 이루어져야 하는 이유가 여기에 있다.

이 모든 것을 기독교만으로 설명할 수 있는 것은, 물론 아니다. 1920년대 중반 이후에는 사회주의와 천도교가 청년 담론을 떠받치는 주요한 이념적 지반으로 새롭게 떠오른다. 아마도 이 키워드들은 청년과 근대에 대한 '또 다른' 장면을 보여주게 될 것이다. 그럼에도 이 작업과 관련해서 변하지 않는 사실은 조선의 기독교를 통해 청년 담론의 '기원'을 확인할 수 있으며, 우리의 근대에 대한 어떤 이해가능성을 발견할 수 있다는 점이다. 청년 담론에 관한 수십 가지의 아니 수만 가지의 접근법이 가능할 것이며 아마도 수십 번의 수만 번의 덧그리기 작업 속에서 근대에 대한 보다 나은 이해의 가능성이 열리게 될 것이다. 그러니 이것은 어쩌면 그 덧그리기 작업의 출발에 불과할지도 모른다.

주석

호모쿨트라의 출현

[1] 최찬식, 《추월색》, 회동서관, 1912, 29쪽.

[2] 가령, 1907년 경성박람회에서 판매된 외국산 화장품에 가장 많은 관심을 보인 이들은 여학생이다. 화장품이 처음으로 사용된 것은 1900년대 초의 일이다. 중국과 일본을 통해 밀수입된 외제 화장품이 기생을 중심으로 사용되었는데, 이들은 손님으로부터 받은 화장품을 방물장수나 매분구를 통해 일반 가정집으로 유포시키는 판매망 역할을 했다. 이 과정에서 화장품에 대한 관심이 폭넓게 확대되었다. 김희숙, 《한국과 서양의 화장문화사》, 청구문화사, 2000, 42쪽. 156쪽.

[3] 정월晶月, 〈一年만에 본 京城의 雜感, 하이카라가 느러가는 京城〉, 《개벽》 49호, 1924. 7., 86쪽.

[4] 김영웅, 《신발의 역사》, 선진문화사, 2004, 213~214쪽.

[5] 고부자, 《우리 생활 100년·옷》, 현암사, 2001, 88쪽.

[6] 고부자, 《우리 생활 100년·옷》, 현암사, 2001, 89쪽.

[7] 《여자계》 4호, 1920. 3., 36~37쪽.

[8] Diana Crane(서미석 옮김), 《패션의 문화와 사회사》, 한길사, 2004, 25쪽.

[9] 팔봉 김기진이 러시아의 '루바시카'라는 옷을 좋아했다면, 회월 박영희는 멕시코 모자 같은 까만 벙거지를 쓰고 다녔다. 김기진, 〈초창기 문단 측면 비화〉, 《세대》 1971. 4.,(홍정선 편, 《김팔봉문학전집》 V.논설과 수상, 문학과지성사, 1989, 193쪽.)

[10] 김기진, 〈시대의 격류 속에서-나의 생활과 문학과 사상〉, 《월간문학》 1971. 4.(홍정선 편, 《김팔봉문학전집》 V.논설과 수상, 문학과지성사, 1989, 165~170쪽.)

[11] 김동식, 〈비평가 Tympan씨의 하위 문화 만유기〉, 《냉소와 매혹》, 문학과지성사, 2002, 253쪽.

[12] 빙허 현진건, 〈피아노〉, 《개벽》 29호, 1922. 11., 22~23쪽.

13) 미국과 유럽 등지에서 각종 물건을 들여와 파는 '개리양행開利洋行'이나 '세창양행世昌洋行 Edward Meyer & Co.' 등의 대표 품목은 담배였다. 히어로Hero는 그 대표적 상품이었다.

14) 《창조》 시기 전영택은, 일본 사소설 형식의 영향으로, 종종 소설 속에 실존 인물과 자신의 일상을 담았다. 결혼한 다음날 만세 운동으로 검거되어 감옥에 갇힌 아내에 관한 이야기를 담고 있는 〈생명의 봄〉이 그러하듯, 미완 소설 〈K와 그 어머니의 죽음(1)〉에 등장하는 'S'는 김동인을 떠올리는 인물이다. 가령 'S'의 형님은 김동인의 형인 김동원─YMCA 설립의 핵심 멤버로 회장까지 역임한 바 있음─을 연상시킨다. 그런 'S'가 애용하던 담배가 칼포이다.

15) 《동아일보》 1922. 1 25., 1925. 1 10. 참조. 인력차부가 꺼내드는 담배가 칼표가 되는 시절이 오고야 만 것이다.

16) 국여 양건식, 〈단편소설〉, 《반도시론》 2권 2호, 1918. 2. 10., 73쪽.

17) "조선은 애연국이다 연초를 애흡치 아니하는 자 ─기인其人이뇨 연然이나 조선산 연초는 세계에 최열最劣하니 시是하고何故이뇨 차此는 연초애흡할 줄만 지知하고 연초제조의 기술은 부족함이 불시不是이 '바이럿도' 일갑─甲에 팔전의 고가이나 염가 연초에 비하여 수용이 다하니 차는 기其 풍미가 조선산으로는 차에 비할 자─무無한 고故일다. 연즉 연초제조자도 주의할 바이어니와 경종耕種부터 개량할 바이니 위선 종자개량, 의토宜土와 비료 적당, 경종과 수확, 건조까지 법으로 아니하면 고상한 풍미와 가격을 부득不得하리라" 〈연초를 개량하라〉, 《반도시론》 2권 6호, 1918. 6., 31쪽.

18) 광고의 역사는 1910년 이후에나 본격적으로 열린다. 《독립신문》의 광고란을 통해 근대 초기에 도입된 서양 문물들이 소개된 이후, 1910년대에 이르면 《매일신보》와 《신문계》, 《반도시론》에는 당대의 독자층이던 청년들을 대상으로 한 보다 많은 품목이 등장했다.

19) 그 밖에 약방(약포)과 의원, 이 해 박는 곳, 상회, 인쇄소, 서점, 서적, 양말, 자전차, 화장품 등의 광고가 실린다.

20) 실제로 신문이나 잡지에 실린 광고의 상당수가 담배에 관한 것이며, 그것들 거의 전부가 외제산 담배에 관한 것이다. 담배 광고는 《독립신문》에서부터 실리기 시작했는데, 담배 전매제(1921년)를 앞두고 1914년을 전후로 치열한 광고전을 치르게 되었기 때문에 1910년대에는 유독 담배 광고가 많았다. 신인섭·서범석, 《눈으로 보는 한국광고사》, 나남출판, 2001, 9~51쪽 참조.

21) 늘봄, 〈K와 그 어머니의 죽음(1)〉, 《창조》 9호, 1921. 1., 14쪽, 17쪽.

22) 전영택, 〈생명의 봄(1)〉, 《창조》 5호, 창조사, 1920. 3., 14쪽.

23) 이상길, 〈유성기의 활용과 사적 영역의 형성〉, 《언론과사회》 9권 4호, 2001. 가을. 59~65쪽 참조.

24) 1900년대 전후로 대중이 공공적 관심을 드러낼 수 있는 장소가 토론−연설회의 형태로 마련된 이후, 토론과 연설회는 정치와 사회에 내한 관심을 표명힐 수 있는 통로로 정식화되었다. 토론−연설의 제도적 성격에 대해서는 신지영, 〈연설, 토론이라는 제도의 유입과 감각의 변화〉, 《한국근대문학연구》 11, 태학사, 2005. 참조할 것.

25) 吉見俊哉(안미라 옮김), 《미디어 문화론》, 커뮤니케이션북스, 2006, 91~94쪽. 18세기 내내 커피하우스는 영국에서 신문을 읽을 수 있는 공간으로 존재했다. 당시 커피하우스에서 손님들은 몇 백 가지에 이르는 신문과 팸플릿을 자유롭게 읽을 수 있었고 정치토론을 벌일 수도 있었다. 가게에 따라 밤늦게까지 문을 열어 최신판 뉴스를 읽는 것도 가능했으며 커피하우스는 때로 뉴스를 제공하는 공간이 되기도 했고 신문검열소와 전람회장의 역할까지 담당했다. 런던의 커피하우스에서 서민들은 커피 한 잔 값으로 진귀한 물품들을 마음껏 감상할 수 있었다. 이 시대의 커피 하우스는 세계 각지에서 물품이나 정보가 모여들고 전시되고 논의되는 일종의 문화센터였다.

26) 이상길은 1930년대 전후로 엘리트 청년들의 집결지인 다방과 카페가 크게 번성한 것은 당시의 지식인들이 겪은 경제적 불안정과 정신적 불안상태와 연관되어 있었다고 지적한다. 〈"인텔리 위안소", 혹은 식민지 공론장의 초상〉, 《문화과학》 36호, 2003. 겨울, 참조.

27) 태화관은 33인이 모여 독립선언문을 낭독하고 축하연을 베푼 곳으로 유명하다.

28) 풍류생, 〈경성의 요리점과 기생〉, 《반도시론》 1권 9호, 1917. 9., 72쪽.

29) 〈졸업생연회〉, 《대한매일신보》 1907. 2., 29. 잡보 3면.

30) 〈학도연회〉, 《대한매일신보》 1908. 4., 1. 잡보 2면.

31) 신현규, 《기생 이야기》, 살림, 2007, 72~79쪽 참조.

32) 백악, 〈신비의 막〉, 《창조》 창간호, 1919. 2., 21쪽.

33) 세루serge는 모직물의 일종으로, 바탕이 얇고 올새가 가는 천이다.

34) 노자영, 〈표박〉, 《백조》 창간호, 문화사, 1922. 1., 7쪽.

35) 백악, 〈신비의 막〉, 《창조》 창간호, 1919. 2., 20쪽.

36) 장춘, 〈운명〉, 《창조》 3호, 창조사, 1919. 12., 45쪽.

37) 추호 전영택, 〈각성의 신춘〉, 《여자계》 1권 2호, 1918. 3, 4쪽.

부랑청년 전성시대

1) 사실 근대 초기에 금시계와 금테 안경은 신교육을 받은 청년들의 대표적 상징 가운데 하나였는데, 그것은 학교를 우등으로 졸업한 학생들에게 시상되는 물품이었기 때문이기도 하다. 우등생은 공책, 연필에서부터 금시계, 금테 안경까지 다양한 근대적 물품들을 상으로 받았다. 〈여학교의 방학〉, 《대한매일신보》, 1908. 7. 9., 잡보 1면. : 〈졸업생 시상〉, 《대한매일신보》 1908. 4. 8., 잡보 3면. 사립 보광학교 우등 졸업생 김종우, 민병준 등은 교장 이지용씨로부터 '금시표와 금테 안경', 법학통론, 대한지지 등을 상으로 받았다.

2) 현상윤, 〈말을 반도청년에게 부침〉, 《학지광》 4호, 1915. 2., 19쪽.

3) セル : serge의 일본어 표현인 セル地의 출임말, はかま : 일본옷의 겉에 입는 아래옷

4) きぬだび : 비단옷.

5) 현상윤, 〈구하는 바 청년이 그 누구냐?〉, 《학지광》 3호, 1914. 12., 4쪽.

6) 고영환, 〈오해와 미혹〉, 《학지광》 19호. 1920. 1., 33~34쪽.

7) 극웅, 〈식자계급의 각성을 요(要)함〉, 《학지광》 18호, 1919. 8., 57쪽.

8) 일성, 〈겉개화?, 속개화?〉, 《학지광》 18호, 1919. 8., 66–67쪽.

9) 이일, 〈청년靑年의기寄함〉, 《서광》 창간호, 1919. 12., 18쪽.

10) 고범생孤帆生, 〈서울스켓취: 고등부랑자高等浮浪者〉(2), 《서광》 4호, 1920. 3., 91쪽.

11) 고범생孤帆生, 〈서울스켓취: 고등부랑자高等浮浪者〉(2), 《서광》 4호, 1920. 3., 93쪽.

12) 양건식, 〈단편소설 슬픈 모순〉, 《반도시론》 2권 2호, 1918. 2., 71–73쪽.

13) 삼죽생三竹生, 〈청년제군靑年諸君에게 일언一言을 정로함〉, 《동아일보》, 1920. 5. 1., 4면

14) 황석우, 〈최근의 시단(월평)〉, 《개벽》 5호, 1920. 11., 89쪽.

15) 전영택, 〈과거의 우리 문학운동〉, 《청년》 7권 1호, 1927. 2., 23~4쪽.

16) 김동인, 〈거츠른 터〉, 《개벽》 44호, 1924. 2., 205~206쪽

17) 이 소설 전체는 남편의 내면을 이해하지 못한 부인이 남편이 죽은 지 4년째 되는 날 남편의 고향에서 그가 자살한 이유를 밝혀주는 액자 형식으로 이루어져 있다.

18) '청년' 이라는 용어의 번역과 유통 과정에 대해서는 〈청년의 기원을 돌아보며〉 장에서 상세한 내용을 확인할 수 있다.

19) 김이준, 〈반도청년의 각오〉, 《학지광》 4호, 1915. 2., 22쪽.

20) 예를 들면 청년에 관한 수식어는 다음과 같다. "시대적 큰 사명을 어깨에 메고 용기 있게 나오는 신청년"(현상윤, 〈구하는 바 청년이 그 누구냐?〉, 《학지광》 3호, 1914. 12., 3쪽.)

21) 〈국가의 주동력〉, 《대한유학생회학보》 2호, 1907. 4., 4쪽.

22) 《소년》 10호, 제 2년 제 8권, 신문관, 1909. 9.

23) 최찬식, 〈청년을 경고함〉, 《반도시론》 2권 6호, 1918. 6., 15쪽.

24) 김경일, 《한국의 근대와 근대성》, 백산서당, 2003, 31쪽.

25) 최찬식, 〈청년을 경고함〉, 《반도시론》 2권 6호, 1918. 6., 16쪽.

26) 북창생, 〈부랑자 교구책을 강구함〉, 《반도시론》 2권 8호, 1918. 8., 14쪽.

27) 추봉, 〈금강필(1)〉, 《학지광》 19호, 1920. 1., 50쪽.

28) 〈육호통신〉, 《개벽》 70호, 1926. 6., 99쪽.

29) 물론 청일전쟁 이후 조선 내 일본인 거류지의 유곽 영업이 시작되었는데, 1908년 이후로는 기생이든 창기든 조합을 통해 활동을 허가받아야 하는 제도권 내의 존재가 되었다. 김영희, 《개화기 대중예술의 꽃, 기생》, 민속원, 2006. 23~26쪽.

30) 송연옥, 〈일제 식민지화와 공창제 도입〉, 서울대 석사학위논문, 1998. : 이경민, 《기생은 어떻게 만들어졌는가》, 사진아카이브연구소, 2005, 60~74쪽.

31) 윤치호, 김상태 편역, 《윤치호 일기》, 역사비평사, 2001, 128~9쪽. 참조.

32) 손정목, 《일제강점기 도시사회상연구》, 일지사, 1996,

33) 〈부랑자 십오명 동대문서에 검거〉, 《동아일보》 1929. 3. 15., 2면 8단 : 〈청루전문의 폭행한暴行漢검거〉, 《동아일보》 1929. 3. 15., 5면 5단 : 〈동대문서 총동원 부랑자 대청소-범죄를 미연에 방지코자〉, 《동아일보》 1929. 3. 30., 2면 11단 : 〈춘절春節에 나대는 부랑자 동대문과 종로서 유치장 대만원〉, 《동아일보》 1929. 4. 6., 2면 10단 : 〈부랑자 대검거, 박람회 앞두고 대수색, 종로서에만 오십명〉, 《동아일보》 1929. 7. 26., 2면 8단 등.

입신출세의 시대

1) 소성 현상윤, 〈박명〉, 《청춘》 3호, 1914. 12., 130~131쪽.

2) 이상춘, 〈기로〉, 《청춘》 11호, 1917. 11., 48~9쪽.

3) 유종석, 〈냉면 한 그릇〉, 《청춘》 10호, 1917. 9., 108쪽.

4) 배재황, 〈뽀뿌라 그늘〉, 《청춘》 10호, 1917. 9., 113~6쪽.

5) 이상춘, 〈기로〉, 《청춘》 11호, 1917. 11., 42쪽.

6) 《자조론》의 번역 문제, 소개된 방식에 대한 자세한 논의는 최희정, 〈한국 근대지식인과 '自助論'〉, 서강대 박사논문, 2004. : 소영현, 〈근대 인쇄 매체와 수양론 · 교양론 · 입신출세주의〉, 《상허학보》 18집, 2006. 참조.

7) 연구생, 〈학문의 목적〉, 《태극학보》 17호, 1908. 1., 14쪽.

8) 물론 박영효, 김옥균 일행 이전에도 탁정식이라는 승려 유학생이 있었다.

9) 김산 · 님 웨일즈(조우화 옮김), 《아리랑》, 동녘: 개정판, 1992(초판: 1984), 80~81쪽.

10) 〈유학생소식(4)〉, 《반도시론》 1권 5호, 1917. 8., 42쪽.

11) 〈반도에 기다 인재를 내인 영 · 미 · 로 · 일 유학사〉, 《삼천리》 5권 1호, 1933. 1., 22~29쪽.

12) 김인덕, 〈일본지역 유학생의 2 · 8운동과 3 · 1운동〉, 《한국독립운동사연구》, 독립기념관, 1999, 2장 참조.

13) 김상태, 〈평안도 기독교 세력과 친미엘리트의 형성〉, 《역사비평》 1998 겨울호, 185~6쪽.

14) 박춘성, 〈일본 동경에 유학하는 우리 형제의 현황을 들어서〉, 《개벽》 9호, 1921. 3., 81~83쪽.

15) 최승만, 《나의 회고록》, 인하대학교출판부, 1985, 60쪽.

16) 김인덕, 앞의 글 2장 참조.

17) 일기자, 〈경성제국대학 예과의 개교식을 보고서〉, 《개벽》 49호, 1924. 7., 76~7쪽 참조.

18) 김철 교주, 《바로잡은 《무정》》, 문학동네, 2003., 716~717쪽.

19) 이경훈, 《한국 근대문학 풍속사전》, 태학사, 2006. 12., 386~390쪽.

20) 김기진, 〈별을 그리던 시절〉, 《지성》 1958. 6. (홍정선 편, 《김팔봉문학전집》 V. 논설과 수상, 문학과지성사, 1989, 127~128쪽.)

21) 장춘, 〈혜선의 사死〉, 《창조》 창간호, 1919. 2., 36쪽.

22) 흰뫼, 〈나의 묵은 일기에서〉, 《창조》 9호, 1921. 6., 47~48쪽. 형사의 감시를 받아야 하는 생활이었으므로 그저 황홀한 이국풍취를 경험하는 시간만은 아니었다.

23) 현상윤, 〈동경유학생생활〉, 《청춘》 2호, 1914. 11., 112~113쪽.

24) 현상윤, 〈동경유학생생활〉, 《청춘》 2호, 1914. 11.

25) 현상윤, 〈핍박〉, 《청춘》 8호, 1917. 6., 89쪽.

26) 〈시험과 뇌 쓰는 법〉, 《청춘》 창간호, 1914. 10., 63쪽.

27) 〈시험과 뇌 쓰는 법〉, 《청춘》 창간호, 1914. 10., 66~67쪽.

28) 일기자, 〈사회일지社會日誌(4월)〉, 《개벽》 23호, 1922년 5월, 128쪽.

29) 박달성, 〈급격히 향상되는 조선청년의 사상계, 가하可賀할 조선청년의 지식열〉, 《개벽》
2호, 1920. 7., 28쪽.

30) 배시라, 〈부인기자 암행기(기이其二, 여자고학생으로 변장히고 학생 하숙촌탐방기, 시
험 때의 학생생활〉, 《별건곤》 18호, 1929. 1., 138쪽.

31) 심지어 당대의 여자들이 건강하지 못한 이유로 지나친 공부 문제가 거론되기도 한다.
여학생들이 공부를 너무 많이 해서 신경쇠약이 되는 경우도 있고 폐병에 걸리는 경우
도 있는데, "무엇하자는 학문인 줄도 모르고 다만 시험만 생각해서 집안 치우는 일도
잊어버리고 잠도 안자고 날마다 밤을 새워가면서 공부를 하는 것" 등이 문제라는 것이
다. 이러한 분석 끝에 두뇌와 신체를 적당히 쓰면서 건강을 유지할 것을 당부하는 기사
까지 등장한다. 춘정생, 〈처녀의 번민〉, 《여자계》 2호, 1918. 3., 15~16쪽.

32) 전영택, 〈바람 부는 저녁〉, 《전영택 전집》 1권, 192~193쪽.

33) 민태원, 〈음악회〉, 《폐허》 2호, 1921. 1., 138쪽.

고학생을 둘러싼 몇 가지 신화

1) 이상춘, 〈기로〉, 《청춘》 11호, 1917. 11., 49쪽.

2) ㅅㅎ생, 〈우유배달부〉, 《청춘》 13호, 1918. 4., 103쪽.

3) 백악, 〈신비의 막〉, 《창조》 창간호, 1919. 2., 29쪽.

4) 춘파 박달성, 〈대화, 고학의 로〉, 《개벽》 18호, 1921. 12., 91쪽.

5) 〈유학생소식(2)〉, 《반도시론》 1권 3호, 1917. 6., 73쪽.

6) 이돈화, 〈최근 사회의 신현상을 보고 도덕심의 수립을 절망함〉, 《개벽》 14호, 1921. 8.,
3~12쪽.

7) 문제는 이때 '고학생이 지향했던 자유와 평등이 구체적으로 무엇이었는가' 이다. 물론
고학생을 둘러싼 담론은 시대의 따라 변화했으므로 고학생 담론 전체를 일반화하는 것
은 부적절할 수 있을 것이다. 1910년대 초·중반 유학생 출신 작가의 작품에 등장한 고
학생에 한정해서 말하자면, 이들이 추구하고자 했던 자유와 평등이란 자본을 자유롭게
소유하고 그 자본의 소유자를 중심으로 한 공동체를 지향하는 부르주아적인 것이었다.
이재봉, 〈근대적 욕망의 추구와 서사화 방식—1910년대 소설의 고학생 모티프와 '자본'
의 논리〉, 《어문연구》 41, 2003. 4., 258~263쪽.

8) 일본 유학생의 감독을 맡았던 신해영은 고학생의 열악한 상황을 학부에 보고하고 처분

을 기다린 바 있다. 〈학도의 정황〉, 《대한매일신보》, 1907. 8. 10., 3면.

9) 山田昭次(정선태 옮김), 《가네코 후미코》, 산처럼, 2003, 98쪽.

10) 박춘성, 〈일본 동경에 유학하는 우리 형제의 현황을 들어 써〉, 《개벽》 9호, 1921. 3., 84~85쪽.

11) 구강, 〈일본 고학생의 정형을 거하여 아본방동학我本邦同學 제군에게 고하노라〉, 《대한흥학보》 6호, 1909. 10. 20., 31~34쪽.

12) 1920년경 1 달러는 우리 돈으로 2원 2전 정도였다.

13) 박노영, 〈미국학생의 자립성〉, 《개벽》 12호, 1921. 6., 84~85쪽.

14) 박춘파, 〈심추 나의 동정가는 곳〉, 《개벽》 6호, 1920. 12., 111쪽.

15) 소영현, 〈근대소설과 낭만주의〉, 《상허학보》 10집, 2003, 75~77쪽.

16) 외배 이광수, 〈동정〉, 《청춘》 3호, 1914. 12., 57쪽.

17) 춘파 박달성, 〈대화, 고학의 로〉, 《개벽》 18호, 1921. 12., 97쪽.

18) 강아지, 〈나의 귀와 불평의 소리〉, 《개벽》 5호, 1920. 11., 97쪽.

19) 강인택姜仁澤 속기速記, 〈강연월단講演月旦〉, 《개벽》 18호, 1921년 12월, 56쪽.

20) 〈민간사업의 창시 당시 로맨쓰, 당임當任했던 이의 회상담〉, 《별건곤》 29호, 1930년 6월, 74~5쪽. : 〈'만주桶에不穩文書'〉, 《동아일보》 1921년 11월 22일자 3면 1단.

21) 춘파, 〈다사한 계해 경성 일월을 들어〉, 《개벽》 32호, 1923. 2., 68쪽.

22) 〈동경에 동우회 설립, 고학생과 노동자를 위하여〉, 《동아일보》 1920. 6. 6., 3면 4단.

23) 정규상이 개회를 하고 최현이 취지서를 낭독했으며, 이병조, 이일, 안국선, 김광제, 박일병 등의 권사가 있었다. 《동아일보》 1920. 6. 21., 3면 8단. : 〈'갈돕' 회 창립, 고학생의 모임〉, 《동아일보》, 1920. 6. 23., 3면 9단.

24) 일기자, 〈사회일지社會日誌(4월)〉, 《개벽》 23호, 1922. 5., 127쪽.

25) 〈고학생연극회〉, 《동아일보》, 1921. 2. 21., 3면 8단. : 《동아일보》 1921. 2. 22., 3면 10단. : 〈평양의 자선음악회〉, 《동아일보》 1921. 2. 28., 4면 4단.

26) 김산·님 웨일즈(조우화 옮김), 《아리랑》, 동녘: 개정판, 1992(초판: 1984), 73~74쪽.

자선+음악회=조선식 모럴

1 1910년대 자선 공연, 자선 연주회에 대한 상세한 자료는 홍효정의 〈근대적 관객의 집합적 주체성 형성 과정 연구〉(연세대학교 대학원, 2006, 46~52쪽.)에서 확인할 수 있다.

2) "청년회환등 오늘 하오 다섯 점 반에 청년회관에서 환등회를 설하고 미국에 자선가로
   유명한 전 체신대신 원아미익가씨의 행적과 각처 유명한 데를 환등할 터인데 시간은 다
   섯시 삼심팔분이 지나면 들이지 아니 한다더라"《대한매일신보》 1908. 1. 26., 2면.

3) 〈자선연주회〉, 《대한매일신보》 1909. 3. 7., 2면.

4) 〈박씨 자선〉, 《대한매일신보》 1907. 7. 6., 2면.

5) 〈리씨의 자선〉, 《대한매일신보》 1910. 7. 16., 1면

6) 〈부호의 자선〉, 《대한매일신보》 1907. 10. 6., 1면.

7) 물론 감리교 중심의 종교 단체인 부인 자선 단체가 자선을 목적으로 보호회를 조직한 것
   은 1900년의 일이다. 한국여성사 편찬위원회, 《한국여성사》 2, 이화여대출판부, 1972,
   53~54쪽.

8) 자선 사업을 포함한 사회사업을 여성의 영역으로 바라보는 이런 관점은 이후에도 크게
   달라지지 않는다. 전영택이 《여자계》에 실은 〈각성의 신춘〉에서 "사회사업은 남자도 해
   야 되지만 특별히 여자에게 적당하고 여자의 천직인가 합니다"라고 했을 때, 사회사업
   은 구체적으로 구제소, 고아원, 양로원, 병원 등의 설립과 운영을 가리켰다. 전영택, 〈각
   성의 신춘〉, 《여자계》 1권 2호, 1918. 3., 5쪽.

9) 〈회보: 본회의취지서〉, 《자선부인회잡지》 창간호, 1908. 8., 41쪽.

10) 〈자선부인회조직〉, 《대한매일신보》, 1908. 8. 27., 잡보 1면. 이들은 대개 친일 성향 인
    사의 부인들이었다.

11) 〈유치원설시〉, 《대한매일신보》 1908. 3. 14., 잡보 2면. : 〈유치원설시〉, 《대한매일신
    보》 1908. 5. 2., 잡보 3면.

12) 〈발간취지〉, 《자선부인회잡지》 창간호, 1908. 8., 1~2쪽.

13) 김흥경, 〈자선부인의 연설〉, 《자선부인회잡지》 창간호, 1908. 8., 13쪽.

14) 최장자 〈자선부인의 담화〉, 《자선부인회잡지》 창간호, 1908. 8., 17쪽.

15) 자선에 대한 논의가 종교적 범주 가운데서도 기독교와 연관된 자리에서 자주 논의된
    까닭도 이와 무관하지 않다.

16) 외배, 〈동정〉, 《청춘》 3호, 1914년 12월,

17) 김임호, 〈콩트: 자선〉, 《사해공론》 2권 3호, 641쪽.

18) 稻垣恭子, 《女學校と女學生》, 中公新書, 2007, 24~30쪽.

19) 《폐허》는 김억, 김찬영, 김원주, 남궁벽, 나혜석, 염상섭, 이병도, 이혁노, 민태원, 오상
    순, 황석우 등이 동인이 되어 1920년 7월 25일 창간되지만, 1921년 1월 20일 통권 2호

로 종간된 잡지이다. 《폐허》가 발간되는 과정에서 창간호에서 편집 겸 발행을 담당한 고경상의 물질적 기여가 컸다. 이 시기에 미디어 자본주의가 확립된 것도 아니거니와 특히 동인지를 중심으로 잡지 동인들의 사상적 · 문화적 인식을 분명하게 하고자 한 잡지들의 경우 대개 경제적인 어려움 때문에 지속적으로 발간되기 힘들었다. 《창조》가 김동인의 경제력을 바탕으로 만들어지고 유지될 수 있었다면, 《폐허》와 《백조》는 각각 2호와 3호를 끝으로 종간될 수밖에 없었다.

20) 민태원, 〈음악회〉, 《폐허》 2호, 1921. 1., 115쪽.

21) まじめ 진지하고 성실한

22) 민태원, 〈음악회〉, 《폐허》 2호, 1921. 1., 129~130쪽.

23) 동서양을 막론하고 이는 근대적인 연주회와 청중이 만들어지는 과정에서 나타났던 공통된 현상이었다. 渡辺裕(윤대석 옮김), 《청중의 탄생》, 강, 2006, 28~9쪽.

24) 평양의 경우에는 남산 예배당이 그 역할을 했다. "평양청년회에서는 동회의 주체로 오는 십오일에 평양 남산 예배당 안에서 음악회를 열 터이라는데 그 음악회에는 경성악대와 김영환金永煥씨가 출현할 터이오 동청년회에서는 오는 십육일과 십팔일에 대강연회를 열예정이라더라"〈평양음악회〉, 《동아일보》, 1920. 7. 14., 3면 12단.

25) 민태원의 〈음악회〉는 이 독창회를 소설화한 작품이다.

26) 〈柳夫人獨唱會의 曲目解說〉, 《동아일보》, 1920년 5월 3일자 4면 2단.

27) 〈聲如玉客如醉〉, 《동아일보》, 1920년 5월 6일 3면 1단.

28) 〈榊原直氏入城〉, 《동아일보》, 1920년 5월 5일 3면 7단.

29) 〈금야今夜의 대독창회〉, 〈청초한 류겸자부인〉, 《동아일보》 1920. 5. 4., 1면 7단.

30) 《동아일보》 1920년 4월 13일부터 18일까지 연재함.

31) 〈《폐허》동인의 류씨 환영회〉, 《동아일보》 1920. 5. 5., 3면 7단.

32) 〈낙계樂界의대명성大明星〉, 《동아일보》 1920. 5. 1., 3면 7단.

33) 〈겸자 부인 귀국〉, 《동아일보》 1920. 5. 16., 3면 5단.

34) 〈작년에 내경來京하였던 류종열 부부의 재래再來〉, 《동아일보》 1921. 5. 5., 3면 6단 : 〈친애하는 조선민족의 미술관을 건설코자〉, 《동아일보》 1921. 5. 6., 3면 5단. : 〈류씨는 금야입성今夜入城〉, 《동아일보》 1921. 6. 2., 3면 6단.

35) 이광수, 김철 교주, 《바로잡은 《무정》》, 문학동네, 2003.

36) 〈자선기관과 자선연주〉, 《매일신보》, 1913. 8. 8. : 〈자선음악회〉, 《매일신보》, 1915. 11. 20. : 〈자선음악회〉, 《매일신보》, 1916. 10. 29. : 〈사일간자선연주〉, 《매일신보》,

37) 저명한 동물학자이자 당시 상트페테르부르크 대학의 학장이었던 케슬러Kessler 교수
가 1880년 1월 러시아 박물학자 대회에서 행한 '상호부조의 법칙에 관하여' 라는 강연
에 감화를 받은 크로포트킨은 진화에서 상호부조의 중요성을 확증하기 위해 노력했
다. 크로포트킨Kropotkin은 《상호부조론》을 통해 자연계와 인간계에 존재하는 다양한
상호부조의 사례와 유의미함을 과학적 방식으로 입증한다.

38) 혁노, 〈생존경쟁대상호부조의 토론회개최에 대하여〉, 《동아일보》 1921. 7. 22., 1면 4
단 : 〈학생대회서선강단學生大會西鮮講團〉, 《동아일보》 1921. 8. 5., 4면 4단. : 〈모임〉,
《동아일보》 1923. 4. 3., 3면 8단 등

39) 윤자영, 〈상호부조론(속)〉, 《아성》, 1921. 10., 25쪽.

에스페란티스토이거나 아나키스트이거나

1) 록안경綠眼鏡, 〈천가천색, 문패 비밀 조사록〉, 《별건곤》 55호, 1932. 9., 38쪽.

2) がだがき : 명함에 붙인 직함, 지위, 신분 등.

3) 김억의 〈폐허 La Ruino〉의 번역이다. 김윤식, 《《폐허》 에스페란토 표지 시와 나카노 시
게하루中野重治의 〈비내리는 품천역〉》, 《역사비평》, 1992년 여름호, 307~308쪽.

4) 경화생, 〈창조 · 건국 · 창어創語 삼대위인, 세계문명의 은인 국제어 창시자 자멘호프 박
사의 13주기를 임하여〉, 《별건곤》 20호, 1929. 4., 45쪽.

5) Edmond Privat(이현숙 · 이중기 · 허성 옮김), 《국제어 에스페란토의 역사》, 자유문고,
1986, 54~55쪽.

6) 장석태, 〈상식강좌: 국제어의 필요와 '에쓰페란토'〉, 《별건곤》 11호, 1928. 2., 131~133
쪽.

7) 에스페란토는 인도 · 유럽어의 어휘를 근거로 하며 28자(23개의 자음과 5개의 모음)의 알
파벳과 단순하고 불변하는 16개조의 문법으로 이루어져 있다. 자멘호프는 제일 먼저 발
표한 《제 1서》를 통해 16개조의 문법과 915개의 단어로 된 자전字典을 만들었다. 예문
으로 6개의 짧은 문장을 실었는데, 주기도문, 구약 창세기의 첫 몇 구절, 편지의 예문,

하이네의 시 번역 1편과 자멘호프 자신의 자작시 2편이었다.

8) 가령 명사와 동사, 형용사, 부사의 어간 부분은 언제나 일정하며 어미의 활용에 따라 품사가 결정된다. am—(사랑)이라는 어근에 명사형 어미 'a'를 덧붙이면 am—a(사랑)이라는 명사가 되고, 동사의 어미인 'i'를 덧붙이면 am—i(사랑하다)라는 동사가 된다. 긍정어와 부정어는 'mal'을 어근 앞에 덧붙이는 방식으로 조어할 수 있는데, '닫다'라는 의미의 단어 'fermi'에 'mal'을 덧붙인 'mal-fermi'는 '열다'라는 의미가 되는 식이다. 이와 함께 에스페란토는 다양한 접미사를 활용한다. 가령 'il'은 기구를 표시하는 접미사이다. '베다'라는 뜻의 'tranci'의 끝에 'il'을 덧붙인 'trancilo'는 '칼'을 뜻하게 된다. 이렇게 활용할 수 있는 접미어가 에스페란토에는 30개가량 된다.

9) 조세현, 〈에스페란토世界語와 중국 아나키즘 운동〉, 《역사와경계》 63집, 2007. 6. 참조.

10) "무정부당인들이 지난 달 서역 병마사 남탑련 골목에 세계어학회 을소乙所를 설립하여, 이미 60여 명의 학생들이 있으며 모두가 전문학교학생들로 보습에 참가하고 있다는 것을 보고한다. 모든 경비는 발기인들이 매월 을원乙元을 원조하고, 학생들은 오각의 비용을 받는다. …… 대체로 세계어 인재를 형성한다는 명목이지만, 사실은 당의를 전파하고 철저히 주입시키고 있다." 갈무춘·장준·이흥지 편: 《무정부주의사상자료선》(하), 북경대학출판사, 1984년, 1057~1058쪽.(박환, 〈1920년대 전반 북경지역 한인아나키즘〉, 《일제하 아나키즘운동의 전개》, 국학자료원, 2003, 10쪽 재인용.)

11) Edmond Privat(이현숙·이중기·허성 옮김), 《국제어 에스페란토의 역사》, 자유문고, 1986, 145쪽.

12) 안종수, 《에스페란토, 아나키즘 그리고 평화》, 선인, 2006, 86쪽.

13) 장석태, 〈상식강좌: 국제어의 필요와 '에쓰페란토'〉, 《별건곤》 11호, 1928. 2., 130쪽.

14) 장석태, 〈상식강좌: 국제어의 필요와 '에쓰페란토'〉, 《별건곤》 11호, 1928. 2., 131~133쪽.

15) 김삼수, 《한국에스페란토운동사》, 숙명여대 출판부, 1976. 참조.

16) 〈청년제군에게 에스페란토를 전함〉, 《동아일보》 1920. 6. 24.

17) 1923년 이후 김억 외의 필자에 의해 에스페란토 어의 문법과 활용법을 소개한 단행본이 여러 차례 출간되었다. 구체적으로는, 신봉조의 《강습용 에스페란토 독본》(한성도서, 1923. 2.), 원종린의 《에쓰페란토 독습》(동양대학당, 1925), 백남규의 《에스페란토 강좌》(동아일보사, 1932), 석주명의 《국제어 에스페란토 교과서》(선문서관, 1947) 등이 있다.

18) 〈신간소개, 독서실〉, 《동광》 39호, 1932. 11., 127~128쪽.

19) 김억, 〈세계어(에쓰페란토) 연구실〉, 《학생계》 1호, 1920. 7., 67쪽.

20) 김억, 〈국제공통어에 대하여〉, 《개벽》 22호, 1922. 4., 68쪽.

21) 김억, 〈에쓰페란토에 대히여〉, 《동아일보》 1923. 9. 23.

22) 양희석, 《자멘호프의 평화사상》, 자유문고, 1994, 4장 참조.

23) 이종영, 《한국에스페란토운동 80년사》, 한국에스페란토협회, 2003, 54쪽.

24) Inocento Serishev, 〈Cu Proletariaro Bezonas Internacian Lingvon?〉, 《동아일보》, 1924. 11. 3.

25) 김억, 〈에쓰페란토에 대하여〉, 《동아일보》 1923. 9. 23.

26) 김동환, 〈만국에 유전하는 망명객 무리: 노서아의 맹(盲)시인 '에레시엥코'〉, 《삼천리》 11호, 1931. 1., 24쪽.

27) 박노자, 〈박노자의 우리가 몰랐던 동아시아—착한사람 에로센코〉, 《한겨레》 2004. 9. 16.

28) 〈에스페란토 고정란〉, 《동아일보》 1924. 11. 3.

29) 박열, 김약수, 백무 등 조선고학생동우회 회원들이 이와사 사꾸다로岩佐作太郎 집에서 1921년 11월 29일 최초 결성한 사상단체 흑도회黑濤會가 해산명령을 받았을 때 그들은 세계어연구회(에스페란토)모임 중이었다. 《동아일보》 1921. 12. 7.

30) 山田昭次(정선태 옮김), 《가네코 후미코—식민지 조선을 사랑한 일본 제국의 아나키스트》, 산처럼, 2003, 137~139쪽.

경성 스켓취

1) 김달하, 〈경성역사의 개요〉, 《서우》 11호, 1907. 10., 41쪽.

2) 염복규, 《서울은 어떻게 계획되었는가》, 살림, 2005, 7~9쪽.

3) 김백영, 《일제하 서울에서의 식민권력의 지배전략과 도시공간의 정치학》, 서울대 박사논문, 2005. 참조.

4) 죽내록지조竹內錄之助, 〈경성십년사〉, 《반도시론》 1권 7호, 1917. 10., 11쪽.

5) 상투생, 〈경성의 이십년간 변천〉, 《개벽》 48호, 1924. 6., 67쪽.

6) 무명산인, 〈귀성잡감—동경에서 경성에, 소하특집 양미만곡〉, 《동광》 16호, 1927. 8, 20쪽.

7) 이상춘, 〈기로〉, 《청춘》 11호, 1917. 10., 41쪽.

8) 유종석, 〈냉면 한 그릇〉, 《청춘》 10호, 1917. 9., 109쪽.

9) 민태원, 〈음악회〉, 《폐허》 2호, 1921. 1., 111쪽.

10) 노작, 〈그리움의 한묶음〉, 《백조》 3호, 1923. 9.

11) 백대진, 〈도회의 미〉, 《반도시론》 2권 10호, 1918. 10., 27쪽.

12) 〈경성의 하夏〉, 《반도시론》 1권 5호, 1917. 8., 81쪽.

13) 〈도회생활의 표리〉, 《반도시론》 2권 10호, 1918. 10., 25쪽.

14) 중간인, 〈외인의 세력으로 관한 조선인 경성〉, 《개벽》 48호, 1924. 6., 40~41쪽.

15) ㅅㅎ생, 〈경성 P형에게〉, 《개벽》 1호, 1920. 6.

16) 성서학인, 〈서울의 여름〉, 《개벽》 38호, 1923. 8., 48~49쪽.

17) 염복규, 《서울은 어떻게 계획되었는가》, 살림, 2005, 17쪽.

18) 강민길, 《일제시대 빈민생활사 연구》, 창작사, 1987, 238~40쪽.

19) 강만길, 《일제시대 빈민생활사 연구》, 13쪽.

20) 염복규, 《서울은 어떻게 계획되었는가》, 살림, 2005, 58~64쪽.

21) 춘파, 〈다사한 계해 경성 일월을 들어(시골 계신 M형에게 부치노라 1월 22일)〉, 《개벽》 32호, 1923. 2, 68쪽.

22) 김기진, 〈경성의 빈민－빈민의 경성〉, 《개벽》 48호, 1924. 6., 103~105쪽.

23) 일기자, 〈사회의 성聲〉, 《개벽》 8호, 1921. 2., 80쪽.

24) 《매일신보》 1914. 1. 7., 잡보 3면.

25) 《매일신보》 1914. 1. 8., 잡보 3면.

26) 《매일신보》 1914. 1. 9., 잡보 3면.

27) 《매일신보》 1914. 1. 10., 잡보 3면.

28) 《매일신보》 1914. 1. 13., 잡보 3면.

29) 《매일신보》 1914. 1. 14., 잡보 3면.

30) 《매일신보》 1914. 1. 15., 잡보 3면.

31) 《매일신보》 1914. 1. 18., 잡보 3면.

32) 《매일신보》 1914. 1. 20., 잡보 3면.

33) 《매일신보》 1914. 1. 21., 잡보 3면.

34) 〈여자직업안내, 돈 없어서 외국 유학 못가고 취직할 곳은 몇이나 되는가〉, 《별건곤》 5호, 1927. 3., 100~104쪽.

35) 고범생, 〈서울스켓취〉, 《서광》 창간호, 101~103쪽.

36) 〈경성시내의 현행現行 동요〉, 《개벽》 5호, 1920. 11., 94쪽.

37) 묘향산인, 〈격변 중에 있는 평북지방을 잠간暫間 보고〉, 《개벽》 12호, 1921. 6., 62~3쪽.

38) 〈경성부의 총인구〉, 《개벽》 21호, 1922. 3., 30쪽.

39) 〈조선 안에 사는 각 인종의 세력소장勢力消長〉, 《개벽》 41호, 1923. 11., 59쪽.

40) 개항 이후 한국 사회에 형성된 근대 도시는 개항도시와 전통도시로 양분된다. 개항도시는 개항장과 개시장開市場으로 지정되어 경제 중심의 새로운 신도시가 성장한 곳으로, 부산, 원산, 인천, 목포, 진남포, 군산, 성진, 마산, 용암포, 청진, 한성, 용산, 경항, 평양, 의주 등이 있다. 김영근, 〈도시계획과 도시공간의 변화〉, 《일제의 식민지배와 일상생활》(연세대학교 국학연구원 편), 혜안, 2004, 41~43쪽.

41) 중간인, 〈외인의 세력으로 관한 조선인 경성〉, 《개벽》 48호, 1924. 6., 41~42쪽.

도회와 청년, 동경-경성-평양

1) 김하구, 〈농촌과 도회를 논함〉, 《대한흥학보》 5호, 1909. 7., 11~12쪽.

2) 박달성, 〈경성 형제에게 탄원합니다!!-대大 경성을 건설키 위하여〉, 《개벽》 21호, 1922. 3., 48쪽.

3) 소성, 〈경성소감〉, 《청춘》 11호, 1917. 11., 126쪽.

4) 소성, 〈경성소감〉, 《청춘》 11호, 1917. 11., 127~128쪽.

5) 고범생, 〈서울스켓취〉, 《서광》 창간호, 1919. 12., 103~104쪽.

6) 박달성, 〈경성 형제에게 탄원합니다!!-대大 경성을 건설키 위하여〉, 《개벽》 21호, 1922. 3., 44쪽.

7) 중간인, 〈외인의 세력으로 관한 조선인 경성〉, 《개벽》 48호, 1924. 6., 40쪽.

8) 메이지明治 20년인 1888년에 발표된 논문은 수정, 가필되어 소책자로 발행된다.

9) 木村直惠, 《〈青年〉の誕生》, 新曜社, 1998, 21~23쪽.

10) 〈동몽교육〉, 《독립신문》, 1898. 7. 6.

11) 전영택(표언복 엮음), 〈조만식 선생〉, 《늘봄 전영택 전집》, 3권, 346~347쪽.

12) 소성, 〈경성소감〉, 《청춘》 11호, 1917. 11., 128쪽.

13) 예컨대, 《대한매일신보》에서도 졸업과 관련된 행사를 알리는 기사를 발견하기는 어렵지 않다. 〈졸업생연회〉, 《대한매일신보》 1907. 2. 29. ; 〈학도연회〉, 《대한매일신보》 1908. 4. 1. 등.

14) 이상춘, 〈기로〉, 《청춘》 11호, 1917. 11., 42쪽.

15) 늘봄, 〈평양성을 바라보면서〉, 《서광》 8호, 1921. 1., 76쪽.

16) 소성, 〈동경유학생생활〉, 《청춘》 2호, 1914. 11., 112쪽.

17) 이광수, 〈동경에서 경성까지〉, 《청춘》 9호, 1917. 7. : 추호 전영택, 〈동경에서 부산까지〉, 《여자계》 2호, 1918. 3. : 백악 김환, 〈고향의 길〉, 《창조》 2호, 1919. 3. : 난파 홍영후, 〈경성에서 동경까지〉, 《서광》 6호, 1920. 7. 등.

18) 김엽, 〈강호江戶에서 동정호洞庭湖까지 (1)〉, 《창조》 3호, 1919. 12., 67쪽.

19) 김환, 〈고향의 길〉, 《창조》 2호, 1919. 3., 52~3쪽.

20) 벽파생, 〈눈 오는 밤(1)〉, 《창조》 6호, 1920. 5., 48쪽.

21) 백악 김환, 〈고향의 길〉, 《창조》 2호, 1919. 3., 51쪽.

22) 〈유학생소식(1)〉, 《반도시론》 1권 2호, 1917. 5., 73쪽.

그것은 참말 안해가 아니었다

1) 김찬영, 〈K형에게〉, 《폐허》 창간호, 1920. 7., 28~9쪽.

2) 나도향, 〈젊은이의 시절〉, 《백조》 창간호, 1922. 1., 26쪽.

3) 목성, 〈소설 그날 밤〉, 《개벽》 6호, 1920. 12., 131~132쪽.

4) 순문예 잡지임을 표방하면서 한국 문단에 동인지의 시대를 열어젖힌 잡지 《창조》는 새 시대에 대한 창조의 열망을 주요한의 〈불노리〉로 표현하면서 시작한다. 1년 기념호인 5호에서는 "여러분 중에서 혹 시국에 관한 말을 써서 보내시는 이가 계시지만은 우리 창조는 순문예 잡지이므로 작가의 성의는 감사하오나 게재할 수 없사오니 여러분은 주의하여 주시기를 바라나이다"(《창조》 5호, 1920. 3., 99쪽.)라고 직접적이고도 노골적으로 현실 정치에 관한 논의를 피하겠다는 입장을 밝히고 있다. 《창조》에 실린 작품 가운데 상당수가 사랑과 배신, 불륜, 이혼을 다루고 있는 것도 이와 무관하지는 않을 것이다. 이러한 의미에서 〈불노리〉에 이어 근대 청년의 이혼 문제를 다루는 최승만의 희곡 〈황혼〉이 실린 것은 의미심장한 일이 아닐 수 없다.

5) 최승만, 〈황혼〉, 《창조》 창간호, 1919. 2., 4쪽.

6) 금화산인, 〈남녀동등〉, 《대한매일신보》, 1907. 7. 7., 3면

7) 동초생, 〈이혼법 제정의 필요〉, 《서우》 17호, 1908. 5.

8) 〈이혼법 연구〉, 《대한매일신보》 1910. 1. 21., 2면.

9) 〈유행성의 이혼소송〉, 《동아일보》 1921. 9. 30., 3면 2단. : 〈이혼도 연말세음年末細音〉, 《동아일보》 1921. 12. 28., 3면 5단. : 〈유행성의 이혼소離婚訴〉, 《동아일보》 1922. 6. 10., 3면 4단. 등.

10) 변호사 이인, 〈이혼문제와 현대 법률〉, 《삼천리》 2호, 1929. 9., 38쪽.

11) 〈이혼의 도시, '서울'〉, 《삼천리》 3권 11호, 1931. 11., 35쪽.

12) 〈작년부터 이혼격증〉, 《동아일보》 1924. 3. 25., 2면 5단.

13) 김송은, 〈이혼문제에 대하여〉, 《개벽》 35호, 1923. 5., 39쪽.

14) 목성, 〈소설 그날 밤〉, 《개벽》 6호, 1920. 12., 134쪽.

15) 벽파, 〈눈 오는 밤〉, 《창조》 6호, 59쪽.

16) 장춘, 〈운명〉, 《창조》 3호, 1919. 12., 49~50쪽.

17) 민태원, 〈음악회〉, 《폐허》 2호, 1921. 1., 121쪽, 147~148쪽.

18) 백야생白野生, 〈일년 후一年後〉, 《창조》 6호, 1920. 5., 67쪽.

19) 〈회화(2)〉, 《서광》 2호, 1920. 1., 34쪽.

20) 〈이혼당코 방랑 중 산중에서 횡사〉, 《동아일보》 1926. 8. 18., 2면 8단.

21) 월계, 〈신구충돌의 대비극-혼인애화 희생된 처녀〉, 《신여자》 창간호, 1920. 3.

22) 물망초, 〈처녀의 가는 길〉, 《신여자》 창간호, 1920. 3.

여성청년이 아니라 신여성인 이유

1) 춘강, 〈나의 일기日記〉, 《여자계》 3호, 1918. 9., 36쪽.

2) 김명순, 〈소설 칠면조〉, 《개벽》 18호, 1921. 12., 146쪽.

3) 동원, 〈몽영의 비애〉, 《창조》 3호, 1919. 12., 28쪽.

4) 성, 〈남녀교제에 대하여〉, 《여자계》 6호, 1921. 1., 22쪽.

5) 노경생, 〈아십니까? : 공동생활〉, 《여자시론》 창간호, 1920. 1., 29쪽.

6) 옥로, 〈결혼과 연애〉, 《여자계》 6호, 1921. 1., 31쪽.

7) Christopher Lasch(오정화 옮김), 《여성과 일상생활》, 문학과지성사, 2004, 109~110쪽.

8) 상아탑, 〈유학생의 견지로부터 보는 조선가정〉, 《여자시론》 창간호, 1920 1., 40쪽.

9) 전영택, 〈가정제도를 개혁하라〉, 《여자계》 1권 2호, 1918. 3., 10쪽.

10) 〈논설〉, 《독립신문》 1896. 5. 12., 1면.

11) 〈논설〉, 《독립신문》 1896. 9. 5., 1면.

12) 〈여학교 론〉, 《독립신문》 1899. 5. 26., 1면.

13) 1920년 1월에 창간된 《여자시론》에 실린 글 역시 이러한 갈등적 상황을 재연한다. 몇
가지 사례만을 들어보면 다음과 같다. "사람의 인격수양 상으로 남자는 불가불 여자의

감화를 받아야 하겠습니다. 활발하고 강강하고 호걸스러운 남자의 성품과 자애스럽고도 단아한 또한 유연한 여자의 성품으로써 조화가 있은 후에 비로소 완전한 사람이라 할 것이외다. 서양 사람들을 보면 그네들의 사회상 조직이 남녀평등임으로 피차의 감화를 받아서 여자의 활발 강강함이 있고 남자는 자애 친절함이 있는 줄 압니다. 여하간 우리 사회도 남녀의 학식과 지위가 평등하고야 무한한 행복을 받을 줄로 압니다."(최영택, 〈누님들아 울지를 말아라〉, 8쪽.) "원래 여자는 온순하고 남자는 활발합니다. 그래서 남자는 활발하므로 먼저 나아가고 여자는 온순함으로 남자의 뒤를 쫓았습니다. 그러나 인류도덕의 쇠퇴함으로 따라 여자란 반드시 남자에게 따르는 것 같이 생각하고 여필종부라 하여 여자에게 구족주의를 쓴 것이외다."(방순경, 〈여자해방문제〉, 15쪽.)

14) 소영현, 〈젠더 정체성의 정치학과 '근대/여성' 담론의 기원〉, 《여성문학연구》 16, 2006. 122~124쪽.

15) 《여자계》의 전신은 평양 숭의여중학교 동창회 잡지부이다. 《여자계》는 엘리트 지식인이 중심이 되어 발간되었으나 투고문에 대해서도 가급적 언문 사용을 권고하는 등 독자의 성격과 범주에 대한 고민을 보여주었다. 《여자계》 1권 2호, 1918. 3., 57쪽.

16) 이앨나, 〈여자교육의 사상〉, 《여자계》 2호, 55~56쪽.

17) 방순경, 〈여자해방문제〉, 《여자시론》 창간호, 1920. 1., 17쪽.

18) 김해지, 〈여자의 정조〉, 《신여자》 3호, 1920. 5., 46쪽.

19) 박순애, 〈대문을 나선 형제들에게〉, 《여자계》 1권 2호, 1918. 3., 25쪽.

20) 소영현, 〈정열의 재배치〉, 《현대소설연구》 24호, 2004. 177~181쪽.

21) 〈여자교육론〉, 《여자계》 3호, 1918. 9., 6~11쪽.

22) 춘강, 〈신여자의 자각〉, 《여자계》 4호, 1920. 3., 31쪽.

23) 이앨나, 〈여자교육의 사상〉, 《여자계》 2호, 1918. 3., 55쪽.

24) 《신여자》 창간호, 1920. 3..

청년 바깥의 청년, 여학도

1) 한국여성연구회 여성사분과 편, 《한국여성사―근대편》, 풀빛, 1992, 25쪽.

2) 〈여학교 관제〉, 《독립신문》 1899. 5. 26., 3면.

3) 이효재, 《한국의 여성운동》, 정우사, 1989, 85쪽.

4) 1898년 10월 11일에 순성학교에서 부녀들이 상소를 했다. 깊은 규중에 있던 여성들이 나라의 일을 걱정해서 상소를 하게 된 일은 개명한 효험임을 치하하는 기사가 《매일신

문》 1898년 10월 12일자 3면 〈잡보란〉에 실렸으며, 상소문은 전문이 다음날인 10월 13일 《매일신문》 1면에 실린다. 전문은 다음과 같다. "복이 학교란 자는 인재를 배양하옵고 지식을 확장하옵는 것이라 고로 옛적에 국에 학이 있으며 당의 상이 있으며 가에 숙이 있음은 홀로 남자만 교육할 뿐 아니라 비록 여자라도 또한 교도지방이 있사와 내측과 규범 등 선훈이 구비하였사오며 구미 각국으로 말씀 하와도 여학교를 설립하여 각 항 재예를 학습하와 개명 진부에 이르었사온 즉 어찌 아국에만 여학교가 없사오리까 유아 대황제폐하께옵서 중흥의 운을 응하옵시고 독립의 업을 건하오셔 도을 백유신하시며 성택이 방유하오셔 관 사립학교들을 설립하사 인재를 발달케 하오시니 의여 성재라 흠송도 무하옵나이다 대저 인재는 학문에 있삽고 학문은 교육에 있는지라 근일 독립협회의 목적을 들사온 즉 충군 애국하는 마음으로 공직한 의리를 잡아 천폐에 글월을 올리어 성총을 보좌하옵고 국강을 부지코저한다오니 우리 폐하의 신민된 자 뉘 아니 흠감하오리까 심지어 나무장사와 과실 파는 아이까지라도 의연금을 내어 애국지성을 표하옵는데 신첩 등 까사온 분대지류인들 어찌 병이 지심이야 없사오리까 그러하오나 혹 비방하는 논의와 배척하는 문자가 없지 아니하와 청문에 현혹이 있사오니 이는 다름 아니오라 비록 남자라도 학식이 없사와 시의에 영합하고자 하옵는 주의라 그러하오면 도리어 학문 있는 여자만도 못하오니 이로써 미루어 여자로도 또한 충애지심과 문명지학을 힘쓰는 이만까지 못하온지라 소이로 신첩 등이 찬양회를 설시하와 충애 이자를 규중으로부터 일국이 흥황케하려하오니 학교가 아니면 총혜한 여아 등을 배양할 도리가 없삽기로 감희 외월을 불피하옵고 충장을 실폭하와 제성앙유어유광지하하오니 복걸성명은 깊이 통촉하오셔 학부에 칙령을 나리오사 특별히 여학교를 설시하여 방면묘아 등으로 학업을 닦아 동양에 문명지국이 되옵고 각국과 평등의 대우를 받기를 복망하옵나이다 신첩 등은 무임병영기간지지근매사이 문하옵나나다 광무이년십월십일"

5) 〈여학교 사건〉, 《독립신문》 1899. 1. 4., 3면.

6) 〈여학교 사건〉, 《독립신문》 1899. 9. 14., 2면.

7) 박용옥, 《한국근대여성운동사연구》, 정신문화연구원, 1984. 참조.

8) 특히 1905년 여학교 운동이 활발해지면서 여성들은 여학교의 설립과 후원자로 등장하기 시작했다. 설립자와 후원자로서 여성들은 연설과 토론을 통해 근대적 여성교육과 여학교의 필요성을 강조했다. 여성들이 주체가 되어 행해지는 연설과 토론은 이 시기에 하나의 새로운 문화가 되었다. 홍인숙, 〈여학교 주변의 여자들〉, 《한국고전여성문학연구》 13, 2006, 123쪽.

9) 〈길주여학교〉, 《대한매일신보》, 1909. 8. 27., 1면.

10) 〈여학교흥황〉, 《대한매일신보》, 1909. 6. 10., 1면 : 〈여학교시찰〉, 《대한매일신보》, 1909. 10. 22., 3면.

11) 〈여학교권면〉, 《대한매일신보》, 199. 10. 22., 3면.

12) 〈여학생의 기숙사 생활- 기일期― 이화학당〉, 《신여자》 창간호, 1920. 3.

13) 물론 '이화학당'이 정식 학교명이 된 것은 1887년 2월 고종이 교명을 하사하면서부터이다. 학교명을 하사하는 것은 정부가 선교사들이 운영하는 학교에 대해 신임을 표시하는 일이었으며 한국사회에서 공인된 위치를 얻게 되는 일임을 뜻했다. 이화100년사편찬위원회 편, 《이화100년사》, 이화여자대학교, 1994, 53쪽.

14) 이화100년사편찬위원회 편, 《이화100년사 자료집》, 이화여자대학교, 1994, 339쪽.

15) 이화학당의 첫 학생들은 서로 상반되는 계층의 두 사람인 양반 부인(소실)과 가난한 소녀였다. 헨리 G. 아펜젤러(노종해 옮김), 《자유와 빛을 주소서》, 대한기독교서회, 1998, 10쪽.

16) 이화100년사편찬위원회 편, 《이화100년사》, 이화여자대학교, 1984, 51~52쪽.

17) 이화100년사편찬위원회 편, 《이화100년사》, 이화여자대학교, 1984, 49쪽.

18) 손인수, 《한국여성교육사》, 연세대학교출판부, 1977. 참조.

19) 〈여학생의 기숙사 생활- 기일期― 이화학당〉, 《신여자》 창간호, 1920. 3.

20) 이화100년사편찬위원회 편, 《이화100년사》, 이화여자대학교, 1984, 63쪽.

21) 윤성렬, 《도포 입고 ABC 갓 쓰고 맨손체조》, 학민사, 2004, 50~81쪽 참조.

22) 〈진명여학교 급제방〉, 《대한매일신보》 1907. 7. 2., 2면.

23) 〈진명학교 시험〉, 《대한매일신보》 1907. 2. 8., 3면.

24) 1908~1909년에 이르면 《대한매일신보》에 신학교 설시와 건축, 개축에 관한 기사들이 다수 실린다. "대구 사립 달서여학교는 설립한 지 일년에 생도가 오십여 명에 달하였는데 재정이 곤란함으로 학교집을 정치 못하였음으로 그 고을 달성 친목회에서 그 회관을 빌려주었더니 신사 제씨가 부인교육회를 발기하여 다수 금액을 보조하여 학교집을 새로 확장하여 교육상태가 울연히 전진한다더라" 〈달서여학교확장〉, 《대한매일신보》, 1909. 12. 30., 1면. : 관립고등 여학교는 교실이 좁아서 재동에 있는 위생회 마구간을 학교로 수리하고 4월 초에 옮기기로 한다. 〈학교가 좁아서〉, 《대한매일신보》 1910. 2. 27., 3면. : "원산항 감리교회에서 설립한 여자중학교는 미국 사람 마야의 주선으로 날마다 진취되더니 금년 봄에 학교집을 새로 상층양옥으로 건축하기를 시작하고 본월 십칠일에 주춧돌을 놓는 예식을 거행하였는데 참여한 남녀학도가 오륙백 명

이오 내외국인 관광자가 천여 명이나 되었다더라" 〈여학교건축〉, 《대한매일신보》, 1910. 6. 1., 1면.

25) 물론 남학교의 설립과 교사 확장 또한 빈번했다. 〈보통학교확장〉, 《대한매일신보》 1910. 3. 22., 1면.

26) 〈여학 개학〉, 《대한매일신보》 1908. 7. 2., 잡보 1면.

27) 〈여교 입학〉, 《대한매일신보》, 1908. 7. 5., 2면.

28) 〈여학도 모집 극난〉, 《대한매일신보》 1908. 5. 30., 잡보 2면. "관립여학교 학도를 상한 자격으로 모집할 터인데 한국에서 여자학교를 설립하는 것이 처음인 고로 학도를 모집하기가 극히 어렵다는 소문이 있더라"

29) 〈입학권면〉, 《대한매일신보》 1908. 6. 24., 2면.

30) 〈여학도 모집〉, 《대한매일신보》 1908. 6. 27., 2면.

31) 안악 여학교의 경우에도 학생수는 사십여 명 정도였다. 〈안악여학교 개학〉, 《대한매일신보》, 1098. 8. 30., 잡보 1면.

32) 〈여학교연합운동〉, 《대한매일신보》 1908. 10. 24., 3면.

33) 《황성신문》 1907. 5. 25. : 《만세보》 1907. 5. 26. : 《제국신문》 1907. 5. 27. 등.

34) "본월 이십 삼일 토요일에 각 여학교에서 연합 운동회를 서궐안에서 할 차로 진명학교와 양규의숙에서 발기하고 경성각처에 있는 여학교 열둘과 수원과 개성과 인천에 있는 각 여학교까지 통첩하였는데 임시위원장은 양규의숙 사무장 이종하씨로 하고 서기는 진명의숙 교사 노병선씨로 정하여 본 일에 절차를 의정한다더라" 〈여학교연합운동〉, 《대한매일신보》 1908. 5. 16., 2면.

35) 이규태, 《개화백경》, 신태양사, 1971, 320쪽. (김용근 · 정우진, 〈근대한국여성체육 · 스포츠에 관한 연구〉, 《체육사학회지》 12, 2003, 20쪽에서 재인용)

36) 김용근 · 정우진, 〈근대한국여성체육 · 스포츠에 관한 연구〉, 《체육사학회지》 12, 2003, 20~21쪽.

37) 고부자, 《우리 생활 100년 · 옷》, 현암사, 2001, 75~85쪽 참조.

38) 고부자, 《우리 생활 100년 · 옷》, 현암사, 2001, 93쪽.

39) 윤성렬, 《도포 입고 ABC 갓 쓰고 맨손체조》, 학민사, 2004, 50~51쪽.

40) 〈연극장금지〉, 《대한매일신보》, 1909. 6. 10., 3면.

41) 풍류남, 〈경성의 요리점과 기생〉, 《반도시론》 1권 6호, 1917. 9., 71쪽.

42) 〈서씨쾌담〉, 《대한매일신보》, 1908. 12. 31., 2면.

43) 최찬식, 《안의성》(1914), 전광용 외 편, 《한국신소설전집》 4권, 을유문화사, 1968, 130쪽.

44) 평론자, 〈부인평론〉, 《반도시론》 1권 6호, 1917. 9., 62쪽.

45) 평론자, 〈부인평론〉, 《반도시론》 1권 4호, 1917. 7., 61쪽.

46) 평론자, 〈부인평론〉, 《반도시론》 1권 4호, 1917. 7., 62쪽.

47) 최찬식, 《추월색》(1912), 전광용 외 편, 《한국신소설전집》 4권, 을유문화사, 1968, 13쪽.

48) 최찬식, 《해안》(1914), 전광용 외 편, 《한국신소설전집》 4권, 을유문화사, 1968, 263쪽.

49) 백야생, 〈일년후〉, 《창조》 6호, 창조사, 1920. 5., 64쪽.

50) 최찬식, 《안의성》(1914), 전광용 외 편, 《한국신소설전집》 4권, 을유문화사, 1968, 69~70쪽.

51) 최기숙, 〈출구 없는 여성, 여성적 시간의 식민화—1910년대 최찬식 소설의 '여학생' 형상화〉, 《한국고전여성문학연구》 9, 2004, 317쪽.

52) "경자는 부친의 힘으로 가정에서 대강 여자의 닦을 만한 학문과 침공을 배웠으나 재주가 또한 출중하여 문일지십할 뿐 아니라 자기가 스스로 학문하기를 즐겨 그 부친에게 항상 고등학문을 배우고자 청하나 부친은 허락지 아니하며 여자는 고등학문의 필요가 없음을 말하는지라" 조중환, 《쌍옥루》 상, 보급서관, 1913, 10쪽.

53) 박선미, 《근대여성 제국을 거쳐 조선으로 회유하다》, 창비, 2007, 49쪽.

54) 극웅, 〈여자해방문제〉, 《여자계》 4호, 1920. 3., 11쪽.

청년은 남성이더라

1) 최남선, 〈해에게서 소년에게〉, 《소년》 창간호, 신문관, 1908. 11., 2~4쪽.

2) 〈태백범太白虎〉, 《소년》 2년 10권, 신문관, 1909. 11., 110~111쪽.

3) 〈태백산가其二〉, 《소년》 3년 2권, 신문관, 1910. 2., 5쪽.

4) 공육, 〈해상대한사〉, 《소년》 창간호, 신문관, 1908. 11., 33쪽.

5) 공육, 〈교남홍과〉, 《소년》 2년 8권, 1909. 9., 190쪽.

6) 〈봉길이지리공부〉, 《소년》 창간호, 신문관, 1908. 11., 67쪽.

7) 공육, 〈해상대한사〉, 《소년》 창간호, 신문관, 1908. 11., 31쪽. : 〈해상대한사 (2)〉, 《소년》 1년 2권, 신문관, 1908. 12.

8) 공육, 〈해상대한사 4 − 삼면 환해한 우리 대한의 세계적 지위(3)〉, 《소년》 2년 2권, 1909. 2., 13쪽.

9) 공육, 〈해상대한사 3 − 삼면 환해한 우리 대한의 세계적 지위(2)〉, 《소년》 2년 1권, 신문

관, 1909. 1., 13쪽, 16~17쪽.

10) 〈쾌소년세계주유시보〉(1,2,3,4,5,12호), 〈거인국표류기(걸리버여행기 하권)〉(1,2호:번역),
〈로빈손무인절도표류기〉(4,5,6,8,9,10: 번역), 〈봉길이의 지리〉(1,2,3,5,6,13호), 〈북극탐색
사적: 육삭일망간 탐빙 표류기〉(3, 4, 5, 6호), 〈북극탐색사적:북극도달의 양대 쾌남아〉
(18호) 등.

11) 〈쾌소년세계주유시보〉, 《소년》 창간호, 신문관, 1908. 11., 77쪽.

12) 〈북극탐색사적 : 육삭일망간 탐빙표류담〉, 《소년》 2년 1권, 1909. 1., 54쪽.

13) 〈쾌소년세계주유시보〉, 《소년》 1년 2권, 신문관, 1908. 12., 10쪽.

14) 〈어떻게 이것을 얻었나〉, 《소년》 2년 6권, 1909. 7., 62~64쪽.

15) 〈세계적 지식의 필요〉, 《소년》 2년 5권, 신문관, 1909. 6., 54~64쪽.

16) 〈쾌남아의 소견법〉, 《소년》 2년 6권, 1909. 7., 52쪽.

17) 김동인, 〈마음이 옅은 자여〉, 《창조》 3호, 1919. 12., 32쪽.

18) 나도향, 〈젊은이의 시절〉, 《백조》 창간호, 1922. 1., 24쪽.

청년의 지방의식은 애국심보다 강하다?

1) 정관, 〈구한말 재일본 한국유학생 단체운동〉, 《대구사학》 제 25집, 1984, 134쪽.

2) 〈각 학생친목회에 대한 권고〉, 《대한매일신보》, 1909. 11. 13.

3) 《청춘》 3호, 1914. 12., 신문관, 95쪽.

4) 천정환, 《끝나지 않는 신드롬》, 푸른역사, 86~87쪽.

5) 《청춘》 3호, 1914. 12., 신문관, 96쪽.

6) 최남선, 〈청추淸秋의 삼운동회〉, 《청춘》 3호, 96쪽.

7) 선우전, 〈여의 경성감과 희망, 경성인과 지방인〉, 《개벽》 48호, 1924. 6., 64쪽.

8) 〈반도에 기다 인재를 내인 영 · 미 · 로 · 일 유학사〉, 《삼천리》 5권 1호, 1933. 1., 24쪽.

9) 계인상, 〈구투를 벗어요(2)〉, 《학지광》 19호, 1920. 1., 43~44쪽.

10) 김상태 편역, 《윤치호 일기》, 역사비평사, 2001 '서북파와 기호파'의 대립에 관해서는
《윤치호의 일기》를 참조해서 재구성함.

11) 장규식, 《일제하 한국 기독교 민족주의 연구》, 혜안, 2001, 1장 참조.

12) 김상태, 〈평안도 기독교 세력과 친미엘리트의 형성〉, 《역사비평》 1988 겨울호,
186~188쪽.

13) 예긴대, 1921년 1월 기준으로 동경에 유학하고 있는 학생 청년의 수효를 비교해 보아
도 이는 쉽게 알 수 있는 사안이다. "경기도 127인, 충청남북도 64인, 전라남북도 197
인, 경상남북도 199인, 황해도 17인, 평안남북도 86인, 강원도 7인, 함경남북도 100인,
북간도 1인 미상 104인 통계 902인" 박춘성, 〈일본 동경에 유학하는 우리 형제의 현황
을 들어 써〉, 《개벽》 9호, 1921. 3., 82쪽.

14) 김상태, 〈지역감정은 언제부터〉, 《우리는 지난 100년 동안 어떻게 살았을까》 2, 역사비
평사, 1988, 272쪽.

15) 고흥화, 《자료로 엮은 한국인의 지역감정》, 성원사, 1989, 49쪽.

16) 《독립신문》1921년 5월 21일자에 따르면, 구체적인 요구 내용은 다음과 같다. "전민족
적 통일기관을 설치하고 그 설치한 중앙최고기관에 전국민의 정신과 마음과 힘을 집
중하여 중앙의 노력을 확대케 할 것', '사회의 공론을 세우고 큰 사람이나 적은 사람이
나 물론 어떠한 사람이든지 다 그 공론에 복종케 할 것'"

청년의 기원을 돌아보며

1) 이광수, 〈야소교의 조선에 준 은혜〉, 《청춘》 9호, 13~18쪽 가운데서 발췌함.

2) 이광수, 〈금일조선야소교회의 결점〉, 《청춘》 11호, 1917. 5., 82쪽.

3) 木村直惠, 《〈靑年〉の誕生》, 新曜社, 1998 : 岩田重則, 《ムラの若者·くにの若者》, 未來社,
1996. : 北村三子, 《靑年と近代》, 世職書房, 1998.

4) 《독립신문》, 《협성회회보》, 《매일신문》, 《조선크리스도인회보》, 《대한크리스도인회보》
등 1900년대 이전의 인쇄 매체에서 '청년'은 언제나 '청년회'의 이름으로 등장했다.

5) 〈회명분석〉, 《독립신문》, 1898. 7. 16.

6) 〈청년회와 청년애국회를 분간할 일〉, 《대한크리스도인회보》, 1898. 7. 27.

7) 조재곤, 《그래서 나는 김옥균을 쏘았다》, 푸른역사, 2005, 173~174쪽.

8) 이광린, 〈초기의 배재학당〉, 《개화파와 개화사상 연구》, 일조각, 1989. : 이만열, 《한국
기독교 수용사 연구》, 두레시대, 1998. : 장규식, 《일제하 한국 기독교 민족주의 연구》,
혜안, 2001. 참조.

9) 사실 배재학당 내의 학생 YMCA도 처음에는 '기독학생회'로 불렸으며, '학숙청년회'로
명명된 것은 이후의 일이다.

10) 전택부, 《한국 기독청년회 운동사》, 정음사, 1980, 5., 6장 참조.

11) 전택부, 《한국 기독청년회 운동사》, 정음사, 1980, 27~31쪽.

12) 조현범, 〈문명과 야만—타자의 시선으로 본 19세기 조선〉, 책세상, 2002, 41~43쪽.

13) 류대영, 〈초기 미국 선교사 연구〉, 한국기독교역사연구소, 2001, 56~57쪽.

14) 류대영, 〈초기 미국 선교사 연구〉, 한국기독교역사연구소, 2001, 152~4쪽.

15) 워싱톤G. Washington

16) 비스마르크Otto von Bismarck

17) 〈각 교회의 학부모와 청년 학생에게〉, 《그리스도회보》, 1911. 5. 30.

18) 《기독교의 청년》, 김영제 역술, 전 일책, 정가 일십전, 우세郵稅 이전, 신문관 발행, 《청
춘》 창간호 광고.

19) 이만열, 《한국기독교문화운동사》, 대한기독교출판사, 1987. : 김윤성, 〈개항기 개신교
의료선교와 몸에 대한 인식틀의 '근대적' 전환〉, 서울대학교 대학원(석사), 1994.

20) 장덕수, 〈신춘을 영迎하여〉, 《학지광》 4호, 1915. 2., 2쪽.

21) 일기자, 〈유학생소식: 야소교〉(2), 《반도시론》 1권 3호, 1917. 6., 74쪽. 재在 동경 조선
연합교회는 백여 명을 수용할 수 있는 예배당이 있으나 매주 예배하는 유학생이 늘어
나자, 수백 명의 유학생이 교당의 신출을 고대한다는 소식을 전한다.

22) 《소년》 3년 6권, 1910. 6., 1쪽.

23) 장덕수, 〈신춘을 영하여〉, 《학지광》 4호, 1915. 2., 2쪽.

24) R. W. Emerson(신문수 옮김), 《자연》, 문학과지성사, 1993, 35~36쪽.

부랑청년 전성시대

◉ 2008년 6월 24일 초판 1쇄 인쇄
◉ 2008년 6월 30일 초판 1쇄 발행
◉ 지은이　　　　　　소영현
◉ 펴낸이　　　　　　박혜숙
◉ 편집인　　　　　　백승종
◉ 책임편집　　　　　정진라
◉ 디자인　　　　　　조현주
◉ 영업 및 제작　　　변재원
◉ 인쇄　　　　　　　백왕인쇄
◉ 제본　　　　　　　정민제책
◉ 종이　　　　　　　화인페이퍼
◉ 펴낸곳　　　도서출판 푸른역사
　　　　　　　우 110-040 서울시 종로구 통의동 82
　　　　　　　전화: 02)720 - 8921(편집부) 02)720 - 8920(영업부)
　　　　　　　팩스: 02)720 - 9887
　　　　　　　E-Mail: 2007history@naver.com
　　　　　　　등록: 1997년 2월 14일 제13-483호

ISBN　978-89-91510-72-2　03900